dtv

ZONI WEISZ

Der vergessene Holocaust

Mein Leben als Sinto,
Unternehmer und Überlebender

Aus dem Niederländischen
von Bärbel Jänicke

dtv

Ausführliche Informationen über
unsere Autoren und Bücher
www.dtv.de

Das Buch ist auch als eBook erhältlich.

Die Übersetzung dieses Buches wurde von
der niederländischen Stiftung für Literatur gefördert.

N ederlands
letterenfonds
dutch foundation
for literature

Deutsche Erstausgabe 2018
© 2016 Zoni Weisz and Uitgeverij Luitingh-Sijthoff B. V.,
Amsterdam, The Netherlands
Titel der niederländischen Originalausgabe:
›De vergeten Holocaust. Mijn leven als Sinto, ondernemer en overlevende‹
erschienen bei Luitingh-Sijthoff B. V., Amsterdam
© der deutschsprachigen Ausgabe:
2018 dtv Verlagsgesellschaft mbH & Co. KG, München
Das Werk ist urheberrechtlich geschützt.
Sämtliche, auch auszugsweise Verwertungen bleiben vorbehalten.
Umschlaggestaltung: Isabella Grill/dtv unter Verwendung eines Fotos
aus dem Privatbesitz des Autors
Satz: Fotosatz Amann, Memmingen
Gesetzt aus der Garamond
Druck und Bindung: CPI/Ebner & Spiegel, Ulm
Gedruckt auf säurefreiem, chlorfrei gebleichtem Papier
Printed in Germany · ISBN 978-3-423-28164-5

Für Elly, die mir alles gegeben hat

Finsternis kann keine Finsternis vertreiben.
Das gelingt nur dem Licht.

Hass kann den Hass nicht austreiben.
Das gelingt nur der Liebe.
Martin Luther King

INHALT

VORWORT

Johan Weisz – mit Sinti-Namen Zoni genannt – hat als Kind das Schlimmste erlebt, das einem Menschen widerfahren kann: den Verlust von allem, was ihm lieb war. Seine Befreiung 1945 ist zwar die Befreiung von der Angst vor Gewalt und Mord, aber keine Befreiung von den erlebten Traumata; ein Vergessen ist unmöglich.

Zoni ist mit seinem Schicksal unter den jugendlichen Überlebenden keine Ausnahme – eine Ausnahme aber stellt die Art und Weise dar, wie es ihm gelungen ist, sich entgegen allen inneren und äußeren Widerständen ins Leben zu kämpfen und eine Normalität zu erlangen und sich dabei – alles andere als selbstverständlich – von Beginn an zu seiner Herkunft als Sinto zu bekennen. Denn auch nach Kriegsende begegnet die Gesellschaft den Angehörigen der Minderheit mit Ignoranz, ja mit Ablehnung und Ausgrenzung. Niemand außer den eigenen – ebenso traumatisierten – Leuten ist willens zu helfen.

Es dauert, wie bei fast allen Überlebenden des nationalsozialistischen Terrors, Jahrzehnte, bis Zoni beginnt, über seine Erlebnisse öffentlich zu sprechen. Er findet die Kraft, für die Anerkennung des Völkermords und für die Gleichberechtigung der Sinti und Roma zu kämpfen. Das Erinnern und der Kampf gegen Schweigen und Vergessen sind ihm Pflicht – Zoni ist die Stimme der Opfer und der Überlebenden, wie diese seine Autobiografie eindrucksvoll belegt. Unermüdlich klärt er über den Völkermord an den Sinti und Roma – den, wie er es nennt: »vergessenen Holocaust« – auf. Sein Bemühen ist von vielen Rückschlägen und wiederkehrender Ernüchterung begleitet, doch Zoni gibt nicht auf. Zoni ist aufgrund seiner Persönlichkeit und seines Wirkens Vorbild und Identifikationsfigur für Angehörige der Minderheit jeden Alters – in den Niederlanden, in Deutschland, ja, weltweit. Er ist es auch für uns »Gadje«.

Seit Jahren setzt Zoni sich für eine behutsame kulturelle Öffnung der Sinti und Roma ein, klärt über ihre Gepflogenheiten auf. Zugleich appelliert er an »seine Menschen«, die eigene Kultur in jedem Fall zu wahren und sich gegenüber der Mehrheit weiter zu öffnen und zu erklären. Denn: »Unbekannt macht unbeliebt«, so seine Worte. Die Sinti und Roma gehören zu den Kulturen ihrer jeweiligen Heimatländer und zur europäischen Kultur – und sind eine Bereicherung, keine Last. Angesichts der nationalsozialistischen Verbrechen und ihrer Millionen Opfer, darunter mehrere Hunderttausend Roma und Sinti, trägt Deutschland eine besondere Verantwortung für die Wahrung der Menschenrechte. Zugleich versteht sich die aufgrund der Erfahrungen des Zweiten Weltkrieges gegründete Europäische Union als Gemeinschaft der Werte. Der höchste dieser Werte ist der Schutz der »unverletzlichen und unveräußerlichen Rechte des Menschen« (Präambel des Vertrags über die Europäische Union). Roma und Sinti haben dieselben Rechte und Pflichten wie jeder Europäer, aber noch immer nicht dieselben Chancen. Antiziganismus ist Alltag – auch in Deutschland und den Niederlanden.

Als wir 2012 das Mahnmal für die ermordeten Sinti und Roma Europas in Berlin – gleich neben dem Reichstagsgebäude – einweihten, gab es die Hoffnung, dass dieses sichtbare Zeichen deutscher Verantwortung nicht nur Symbol bleibt, sondern die politisch Verantwortlichen zum Handeln bewegt. Die Bilanz ist ernüchternd. Und dennoch: Zoni Weisz kämpft weiter; es ist seine Berufung. Dafür danke ich Dir ganz persönlich, mein Freund!

Uwe Neumärker
Direktor der Stiftung Denkmal für die ermordeten Juden Europas

EINLEITUNG

Kein Mensch ist nur *Eines*. Wir haben eine Nationalität, eine Ausbildung, einen Beruf, eine Familie. Dieses Buch handelt von alldem, was ich in meinem Leben bin oder gewesen bin. Ich bin Ehemann, Vater, Großvater, Florist, Gestalter, ein Sinto und ein Überlebender des Holocaust. Keine dieser einzelnen Rollen meines Lebens erzählt meine ganze Geschichte, erst gemeinsam machen sie mich zu dem, der ich bin.

Für dieses Buch musste ich aus meinem Gedächtnis schöpfen. Vor allem, was meine früheste Jugend angeht, habe ich kaum andere Quellen als meine eigenen Erinnerungen. Obwohl ich ein gutes Gedächtnis habe, bin ich natürlich nicht unfehlbar. Außerdem muss ich die Regeln beachten, an die alle Sinti gebunden sind. Ich kann – zumal, wenn es um unser Brauchtum geht – nicht alles erzählen, damit würde ich ungeschriebene Regeln übertreten. Überdies möchte ich die Privatsphäre einiger Personen schützen.

Ich hoffe, dass meine Geschichte jedem, der einen schwierigen Start ins Leben hatte, eine Hilfe sein kann. Man kann vieles überwinden, wenn man es nur will und die richtigen Menschen findet, die einem dabei helfen.

Bei diesem Buch – wie auch bei so vielen anderen Dingen, die ich tue – war mir meine Frau Elly eine große Hilfe. Sie ist für mich von unschätzbarem Wert. Ich danke auch dem Journalisten und Autor Philip Dröge dafür, dass er an den richtigen Textstellen Punkte und Kommas gesetzt hat.

Ich danke meiner Tante Leen sowie Annie und Gonnie, die mich in der dunkelsten Phase meines Lebens liebevoll in ihre Familie aufnahmen und mir so eine Zukunft gaben.

Zoni Weisz, Dezember 2015

1

EINE WELT, DIE ES NICHT MEHR GIBT

Es ist ein Tag wie jeder andere. Aus meiner Wohnung im ersten Stock eines Hauses in der Amsterdamer Zeilstraat gehe ich die Treppe zu meinem Laden im Erdgeschoss hinunter.

Es ist noch leicht dämmerig, daher mache ich zunächst das Licht an; dann schließe ich für das Personal, das bald kommen wird, die Tür auf. Wie immer schaue ich in den Terminkalender, um zu sehen, welche Bestellungen darin notiert sind. So weiß ich ungefähr, wie mein Tag aussehen wird.

Die kalte Morgenluft schlägt mir entgegen, als ich, wie jeden Tag, nach draußen gehe, um einen Blick auf das Schaufenster zu werfen. Das Fenster sieht noch gut aus. Dies ist der beste und schönste Blumenladen in Amsterdam-Süd, vielleicht auch in der ganzen Hauptstadt, und das sieht man von draußen. Das Schaufenster ist mein Stolz und meine Visitenkarte.

Nicht nur mit meinem Geschäft kann ich sehr glücklich sein. Ich bin noch nicht dreißig und alles läuft wie geschmiert; mein Leben fühlt sich komplett an. Oben füttert meine Frau gerade unseren neugeborenen Sohn Sander. Zwei Wochen ist er alt, mein erstes Kind. Mir war nicht bewusst, dass ein Mensch einen anderen so innig lieben kann.

Aber warum fühle ich mich dann so fürchterlich elend? Meine Füße sind schwer wie Blei; jeder Schritt, den ich gehe, kostet mich große Mühe, tief in meinem Inneren scheint ein scharfes Messer zu stecken. Obwohl ich acht Stunden geschlafen habe, bin ich völlig erschöpft.

Während ich zusehe, wie die Menschen mit dem Fahrrad und der Straßenbahn zu ihrer Arbeit eilen, spüre ich einen Kummer, den ich kaum bezwingen kann. Einen alten, tiefen Schmerz, der urplötzlich in mir aufgestiegen ist. Fast hätte ich vergessen, dass ich ihn in mir trage.

Letzte Nacht hatte ich einen schrecklichen Traum. Mit meinem neugeborenen Sohn in den Armen lief ich über eine schneebedeckte Ebene. Es war eiskalt; der Wind schnitt mir durch die Lumpen, die ich trug. Wir waren nicht allein. Mit uns taumelten Hunderte durch die Nacht: Männer, Frauen, Kinder. Wir wurden von Soldaten mit Hunden gehetzt, die ständig schrien, dass wir nicht stehen bleiben dürfen.

Unsere Bewacher sehe ich auch heute Morgen noch haarscharf vor mir. Sie trugen grüngraue Uniformen mit schwarzen Lederkoppeln und glänzenden hohen Reitstiefeln. Diese Uniform erkenne ich unter Tausenden: Sie waren Mitglieder der SS. Und so verhielten sie sich auch. Die Bewacher schossen jedem, der nicht mehr mithalten konnte, gnadenlos in den Kopf. Ohne Pardon. Selbst die Kranken und Verwundeten mussten weiter, strauchelnd und notfalls mit blutenden Füßen. Auszuruhen, und sei es nur *eine* Sekunde lang, kam einem Todesurteil gleich.

In meinem Traum war ich in heller Panik, voller Angst, dass ich es nicht schaffen würde. Mein kleiner Sohn, der auch in meinem Traum kaum zwei Wochen alt war, schien immer schwerer zu werden. Meine Arme wurden mit jedem Schritt kraftloser. Bald würde ich ihn nicht mehr halten können, und das kleine Bündel würde mir aus den Armen fallen.

Im Traum war mein Körper von Kummer erfüllt. Ich wollte ihn nicht zurücklassen, wollte meinem Körper, der immer mehr an Kraft verlor, nicht nachgeben, aber ich konnte doch nicht mehr. Der Augenblick, an dem ich ihn fallen lassen würde, rückte immer näher.

Als ich aufwachte, war die schneebedeckte Ebene verschwunden, doch die Trostlosigkeit meines Traumes verfing sich wie ein zäher Nebel in meinem Geist.

Natürlich hatte ich, wie jeder Mensch, schon öfter Albträume. Doch keiner war je so entsetzlich wie dieser. Das Bild, das mir letzte Nacht durch den Kopf gespukt war, war so detailgenau und lebensnah, als hätte ich wirklich an diesem Todesmarsch teilgenommen.

Denn darum handelte es sich, wie mir sofort nach dem Aufwachen bewusst wurde: Ich befand mich auf einem der berüchtigten Todesmärsche. Deren Schilderungen kenne ich nur allzu gut. Ende des Zweiten Weltkrieges haben die Nazis Menschen in den Konzentrationslagern vor den nahenden russischen Truppen zum Abzug gezwungen. Es war der strenge Winter 1944–1945, doch das hielt diesen Exodus nicht auf. Tausende kamen auf diesen Märschen durch Hunger, Durst, Erschöpfung, Krankheit und die Kugeln ihrer Bewacher ums Leben. Wer überlebte, war sein Leben lang gezeichnet.

Ich selbst habe keinen dieser Märsche miterlebt. Ich war nie in einem Konzentrationslager inhaftiert. Aufgrund eines läppischen Zufalls und dank des rechtschaffenen Charakters eines niederländischen Polizisten habe ich als Siebenjähriger den Zug nach Auschwitz buchstäblich verpasst. Doch ich kenne die Geschichten über die Menschen, die auf diesen Märschen vor Erschöpfung starben. Ich habe darüber Dokumentarfilme gesehen und Bücher gelesen. Außerdem ist mein Vater in Hitlerdeutschland umgekommen. Nicht auf einem Todesmarsch, doch unter sehr ähnlichen Umständen. Wie meine Mutter und meine Geschwister ums Leben gekommen sind, weiß ich damals noch nicht.

Die Bedeutung des Traumes ist klar: Ich habe Angst um mein Kind. Angst, dass ihm dasselbe passieren könnte wie zahllosen anderen Verfolgten meines und seines Volkes.

Vergangene Nacht, zwanzig Jahre nach dem Ende des Krieges, scheint es, als sei der Schmerz und das Leiden meines Vaters und aller anderen Kriegsopfer durch einen Traum auf mich übertragen worden. Ein Trauma mit Verzögerung. Vielleicht ist es die Geburt meines Sohnes, die in meinem Geist diese neue Luke geöffnet hat, oder vielleicht ist es einfach die Zeit, die den Schmerz wie einen Bumerang zurückwirft. Jahrelang habe ich so getan, als ob ich mich von alldem Elend, das meiner Familie im Krieg widerfahren ist, freigemacht hätte. Aber heute, an diesem Wintermorgen im Jahr 1965, ist der Holocaust in mein Leben zurückgekehrt. Und ich weiß, dass er nie mehr daraus verschwinden wird, denn er ist ein Teil von mir.

Meine Erzählung ist jedoch mehr als nur eine Erzählung von Krieg und Verfolgung. Die Geschichte meines Volkes ist selbst so groß, dass Nazideutschland dagegen verblasst. Sie ist älter als ich, und beginnt lange, bevor ich auf die Welt gekommen bin.

Mein Volk kam einst über die Berge und entlang mächtiger Flüsse aus Indien. Wir waren ein besonderes Volk. Wenn wir durch die trockene Steppe in eine Stadt gelangten, war das immer ein Fest. Das war auch gar nicht so erstaunlich, denn Musik und Tanz begleiteten uns auf all unseren Reisen. Unsere Vorfahren waren so virtuos, dass sie sogar in den Palästen der mächtigsten Maharadschas spielten.

Seit Menschengedenken waren wir unterwegs, und selbst den reichsten Herrschern gelang es nicht, uns mit Gold und Steinhäusern an *einen* Ort zu binden. Die Wagen meiner Vorfahren zogen im Laufe der Jahrhunderte immer weiter nach Westen. Warum? Das weiß niemand, einfach weil wir nichts über unsere grandiose Geschichte zu Papier gebracht haben. Meine Vorfahren konnten nicht einmal lesen und schreiben. Ihre Sprache war die Musik, und die vom Vater an den Sohn überlieferten Erzählungen bildeten die Chroniken unseres Volkes.

Von anderen wissen wir, dass wir in Persien waren. Von der dortigen Geschichtsschreibung wurden wir als Boten der Poesie und

18

Wohnwagen in einem Lager. Sie sind mit schönen Schnitzereien verziert.

des Glücks gefeiert. Unsere Klänge hallten eine gewisse Zeit in den Palästen dieses mächtigen Reiches wider. Doch selbst die herrlichen Lustgärten Isfahans und Schiras' konnten uns nicht zum Bleiben verleiten. Wir zogen weiter, denn die Unrast ist uns in die Wiege gelegt. Einige von uns landeten in Nordafrika; daher nennt man uns auf Französisch *Gitanes*, eine Verballhornung von »Ägypter«.

Jahrhunderte später tauchten wir plötzlich in Schriften aus Osteuropa auf, wo unsere Musik sowohl zum Synonym des Lachens als auch des Weinens wurde. Einige Jahrhunderte darauf malte Vincent van Gogh unsere Wagen in einem Feld in der Provence. Der spanische Komponist Manuel de Falla schrieb eine wunderbare Komposition über das reisende Leben, das wir führten. Damals durchzogen wir schon eine Weile das flache Land hinter den Dünen, wo die Menschen das Meer gebändigt hatten.

Europäer nennen uns Gitanes, Zigeuner oder *Manouches*. Wir selbst sagen lieber *Sinti*.

Wir sind ein Volk, das immer auf Reisen ist, nicht, um irgendwo anzukommen, sondern um unterwegs zu sein. Rastlosigkeit ist *das* Kennzeichen unserer Kultur. Ebenso wie unsere Regeln, von denen einige so geheim sind, dass ich sie nicht einmal aufschreiben darf. Diese Gesetze schützen uns auf der großen Reise.

Im Gegensatz zu unserem Brudervolk, den *Roma*, haben unsere Leute immer, von Ort zu Ort ziehend, in Wagen gelebt. Der Bestimmungsort ist nicht wichtig; die Reise ist das Ziel. Wir ziehen von Aachen nach Lüttich, von Pécs nach Debrecen, von Enschede nach Maastricht, immer auf der Suche nach einem Ort, wo wir eine Weile bleiben können, wo das Leben gut ist und wir Freunde haben.

Doch schließlich brechen wir immer wieder auf. Niemand weiß genau, warum – auch wir selbst nicht. Und niemand weiß, wo wir morgen sein werden, nur, dass es anderswo sein wird als heute.

In diese jahrtausendealte Tradition werde ich am 4. März 1937 hineingeboren. Nicht in Isfahan oder der Provence – meine Wiege steht in einem Krankenhaus in Den Haag. Doch es wäre ein Irrtum, anzunehmen, dass ich deshalb ein Den Haager wäre. Sinti-Frauen gebären dort, wo sie sich gerade aufhalten. Es hätte auch Doetichem sein können, oder Coevorden, oder jedes Dorf dazwischen.

Hier ereignet sich jedoch etwas Besonderes: Mein Vater lässt mich auf dem Standesamt registrieren. Der Beamte des Einwohnermeldeamtes nimmt meine Namen in seine Akten auf und gibt mir damit die niederländische Nationalität und eine Identität. Das ist ungewöhnlich, vor allem in jener Zeit. Viele Sinti gibt es offiziell gar nicht, was in einer Welt, in der Tinte auf Papier oftmals die einzige Wahrheit darstellt, ein Problem ist. Das Einwohnermeldeamt bestätigt, dass es mich *gibt*.

Meine Eltern geben mir nicht *einen*, sondern gleich zwei Namen. Was für das komplizierte Leben, das ich als Reisender zwischen sesshaften Menschen führe, symbolisch zu sein scheint. Das macht mich flexibel, ist aber verwirrend, für andere wie auch für mich selbst. Für den niederländischen Staat heiße ich Johannes. Ein großartiger hebräisch-griechischer Name, der festgefügt dasteht wie ein Haus und »Gott ist gnädig« bedeutet.

Für meine Eltern und die übrige Sinti-Gemeinschaft bin ich jedoch Zoni, was in Romanes, unserer eigenen Sprache, »das Geschenk Gottes« bedeutet.

Welchen Namen ich verwende, ist in meinem Leben von da an immer eine Einschätzungssache gewesen. Auf wichtigen Formularen bin ich Johan oder Johannes, ebenso wie im Geschäftsleben; für Freunde und Verwandte bin ich Zoni. Es passt zu meinem Leben, das zwei völlig unterschiedliche Seiten hat, die des Sinto und die des *Gadjo*, des Nicht-Sinti.

In meinen ersten Jahren spielt die Frage, welches Leben ich führen werde, überhaupt keine Rolle, zumal ich darauf natürlich kaum Einfluss habe. Nicht lange nach meiner Geburt verlassen meine Eltern das Haus in Den Haag, in dem sie während der Schwangerschaft meiner Mutter für kurze Zeit gewohnt haben. Sie nehmen ihr altes Leben wieder auf. Das heißt reisen, endlos über das Land ziehen.

Mein Vater und meine Mutter sind ein besonderes Paar. Mein Vater ist das Kind von Sinti aus Litauen und Deutschland; der Vater meiner Mutter war ein Sinto-Zirkusartist aus Italien und ihre Mutter eine Frau aus einem *Gadje*-Ort. Ihre Eltern waren jedoch Fahrende, die man heutzutage »Wohnwagenbewohner« nennt. Also Niederländer, die nomadisch leben und mit den Sinti auf gutem Fuß stehen, aber doch ganz anders als diese sind. Irgendwann – Jahreszahlen sind nicht unsere Stärke – sind meine Eltern gemeinsam weggelaufen. Da sie einige Wochen wegblieben, galten sie in der Gemeinschaft meines Vaters als verheiratet. So war das damals.

Zu heiraten bedeutete, dass sie einen eigenen hölzernen Wagen bestellen konnten, um eine Familie zu gründen. In diesem Wagen beginne ich als Baby meine eigene Reise.

In den ersten sechs Jahren spielt sich mein Leben auf einer Fläche von 5,5 auf 2,2 Meter ab. So groß ist der traditionelle Wagen meiner Eltern, in dem ich gemeinsam mit ihnen und meinen jüngeren Schwestern Rakli und Lena wohne. Ich weiß das noch so genau, weil wir den Behörden die genauen Maße angeben mussten, um eine Reisegenehmigung zu erhalten. Mit solchen Wagen sind die Leute meines Volkes jahrhundertelang durch Europa gezogen, auf Reisen im Tempo eines trottenden Pferdes.

Meine ersten Erinnerungen beziehen sich auf das Leben entlang der Straßen. Es ist eine Welt, die es schon lange nicht mehr gibt; eine von Sandwegen, endlosen Wäldern und kleinen Bauernhöfen geprägte altmodische Szenerie. Ich sehe mich selbst noch neben meinem Vater auf dem sechzig Zentimeter breiten Brett sitzen, das uns als Bock dient. Unser Pferd zieht den Wagen. Wie wichtig dieses Tier für mich und mein Volk ist, kann ich kaum in Worte fassen. Pferde, oder *Gray*, geben uns die Freiheit, die wir so sehr brauchen. Ohne Pferde wären wir gewiss ein anderes Volk geworden. Das Geräusch von Hufeisen auf dem Pflaster macht mich heute noch froh.

Hinter dem Brett führt eine Tür zum Wohnbereich des Wagens. Wie klein diese wenigen Quadratmeter einem modernen Betrachter auch erscheinen mögen, enthalten sie doch alles, was man braucht. Als Kind kenne ich nichts anderes. Es ist ein komplettes Haus, allerdings eines auf Rädern. Links steht ein kleiner Ofen, rechts sogar eine Anrichte und ein kleiner Schrank für das Geschirr. Einen Tisch gibt es nicht – jedoch ein paar Stühle. An den Wänden hängen Blumentöpfe. Es ist unheimlich gemütlich.

Rechts: Grundriss einer Wohnwagenausstattung. Das Mobiliar war kleinformatig. Alles war sehr gemütlich, mit Pflanzenschalen aus Keramik an den Wänden. Das Leben spielte sich zu einem großen Teil im Freien ab. Es galt die Regel: Immer die Schuhe auszuziehen, bevor man den Wagen betritt.

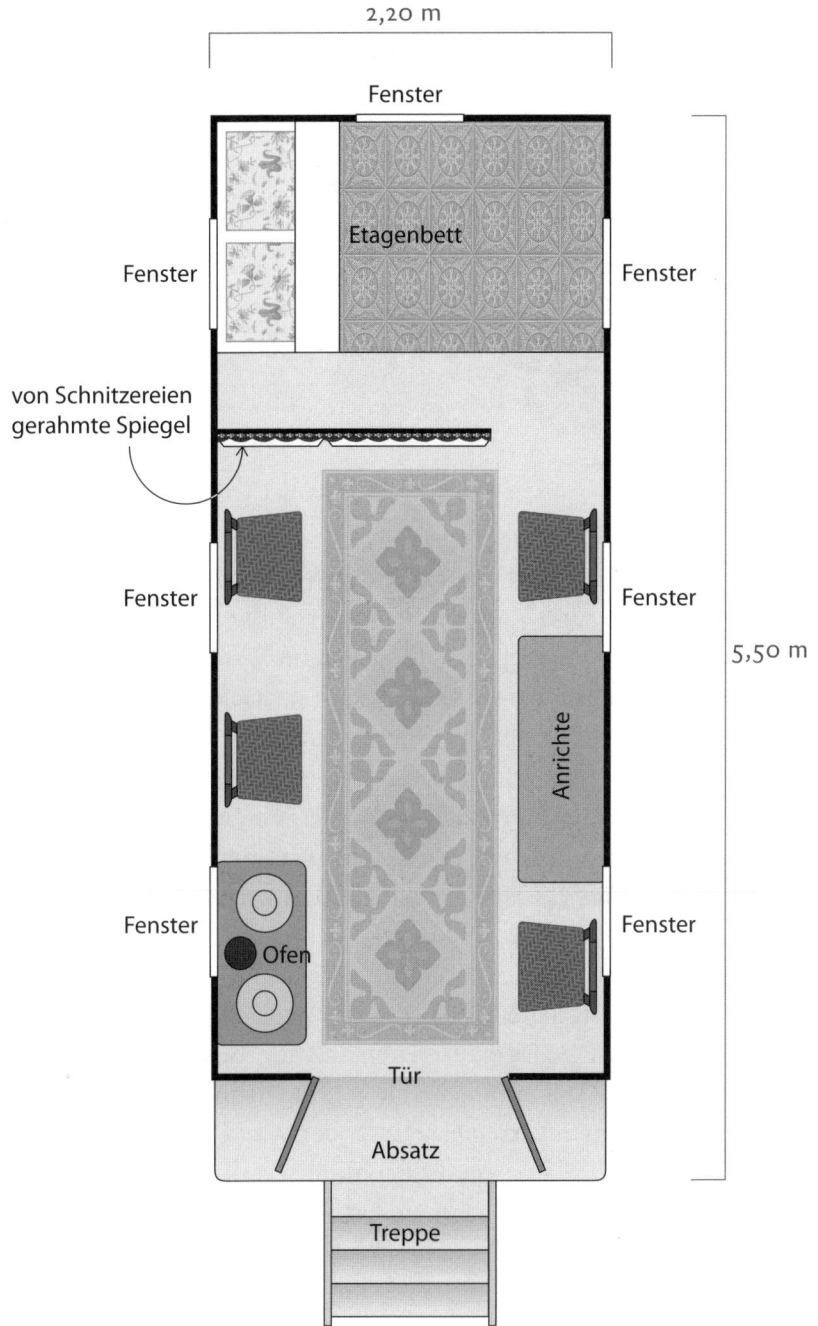

2,20 m

Fenster

Fenster

Etagenbett

Fenster

von Schnitzereien
gerahmte Spiegel

Fenster

Fenster

5,50 m

Anrichte

Fenster

Fenster

Ofen

Fenster

Fenster

Tür

Absatz

Treppe

Seitenansicht eines Wohnwagens, wie er vor dem Krieg und
in den Fünfzigerjahren verwendet wurde.

Nicht, dass wir uns oft drinnen aufhielten. Mit meinen jüngeren
Schwestern Rakli und Lena bin ich fast ständig im Freien zu finden, auch bei Eis und Regen. Wir spielen im Wald, auf einem Bau-
ernhof, oder wo immer wir gerade Station machen. Wir waschen
uns in Bächen oder unter der Pumpe eines freundlichen Bauern.
Bevor ich zum ersten Mal warmes fließendes Wasser auf meiner
Haut spüre, sollte es Jahre dauern. In zwei Eimern tragen wir das
Wasser zum Wagen: Einer wird zum Waschen verwendet, der
zweite zum Trinken. Diese Eimer würden wir niemals verwech-
seln; in der Welt der Sinti ist das eines der großen Tabus.

Selbst geschlafen wird manchmal im Freien. Außer wenn es sehr
kalt ist oder regnet; dann kriechen wir drinnen buchstäblich unter
die Decke. Im Wagen ist eine Trennwand angebracht, die das hin-
tere Drittel abteilt. Sie ist aus prachtvoll bearbeitetem Holz gefer-
tigt und mit Spiegeln versehen. Hinter der Wand steht ein Etagenbett; wir Kinder schlafen gemütlich im oberen Bett, unsere Eltern
im unteren. An diese herrlichen Federbetten und die reich verzier-
ten Bezüge, die der Stolz meiner Mutter waren, habe ich selige
Kindheitserinnerungen.

24

So ziehen wir von Stadt zu Stadt und von Dorf zu Dorf. Durch unseren Lebensstil sind wir Außenseiter. Mit meinen Eltern und meinen Schwestern spreche ich unsere eigene Sprache, das Romanes. Eine uralte Sprache, die gewöhnliche Niederländer nicht verstehen. Nur mit meiner Mutter spreche ich hin und wieder Niederländisch und mit den Leuten unterwegs. So wie viele Sinti bin ich also zweisprachig aufgewachsen.

Die Straßen sind noch leer. Selbst größere Orte in den Niederlanden nehmen sich im Vergleich zu heute noch sehr bescheiden aus. Es gibt noch keine Autobahnen. Die Zeit vergeht viel langsamer. Stunden und Minuten sind nicht von Belang; unser Maß sind die Jahreszeiten. Meine Kindheit ist eine stille Welt von unbefestigten Wegen und Natur.

Unser Pferd leiht unserer Rastlosigkeit seine Kräfte. Dieses Tier ist in unserer Kultur von so großer Bedeutung, dass wir niemals Pferdefleisch essen würden, ganz gleich, wie viel Hunger wir hätten. Immer weiter, unterwegs zu einem Platz, an dem sich handeln lässt, womit auch immer. Je nach Ort und Saison verkauft mein Vater Teppiche oder Geigen, und manchmal einfach beides gleichzeitig.

Er ist meisterhaft darin, seine Dienste oder Produkte an den Mann zu bringen. Ein einfacher Teppich aus Antwerpen wird in seinen Händen im Handumdrehen zu einem echten Perser der besten Weber der Levante. Seine Geigen braucht er nicht schönzureden, denn sie sind an sich schon prachtvoll. Musik ist den Sinti schließlich heilig. Oft ist er mit seinen Instrumenten beschäftigt. Lage für Lage schleift er mit einem Stück Glas Holzschichten vom Resonanzkasten. So wird die Geige immer dünner, bis ihr Klang unnachahmlich schön ist.

Sinti sind von Natur aus Opportunisten, die Chancen ergreifen, wo immer sie sich gerade ergeben. Das müssen wir auch; denn man weiß nie, was der nächste Tag bereithält. Wenn die Geschäfte einmal schleppend laufen, mäht mein Vater gegen ein bescheidenes Salär

Mein Vater im Alter von
etwa 20 Jahren.

mit einer Sense bei einem Bauern das Gras. Ich sehe ihn noch mit einem Stück Metall und einem Hammer dasitzen. Damit dengelt er das Sensenblatt dünn, um es anschließend messerscharf zu schleifen.

In den letzten Jahren vor dem Krieg gibt es nur 3 500 Sinti in den Niederlanden. Unser Volk ist also eine Besonderheit. Manchmal pfeift man uns aus oder beäugt uns mit argwöhnischen Blicken, wenn wir durch ein Dorf oder eine kleine Stadt fahren. Manche halten uns für asozial und verschlagen. Oder schlimmer noch: für Diebsgesindel. Wer bestohlen worden ist, verdächtigt schnell diese schmutzigen Zigeuner, die mit ihrem Karren vorbeigekommen sind. In den Zeitungen stehen in dieser Zeit Geschichten darüber, dass wir sogar kleine Kinder entführen.

Ich erinnere mich noch, wie wir einmal auf der Durchreise abends in der Nähe eines Dörfchens unser Lager aufgeschlagen haben. Eine Stunde darauf kommt der Ortspolizist auf seinem Fahrrad vorbei. Dass wir irgendwo stehen müssten, verstehe er durchaus, aber wir sollten nicht denken, dass wir hier länger als einen Tag willkommen wären. Morgen käme er zur gleichen Zeit wieder und dann wären wir besser verschwunden. So wie ihn gibt es viele Gesetzeshüter, die uns sehr viel lieber gehen als kommen sehen. Wie sehr – das sollten wir erst später merken.

Doch auf unserer endlosen Reise begegnen wir auch vielen fröhlichen Gesichtern. Ganze Dörfer laufen manchmal zusammen, wenn wir über einen schmalen Weg herangetrabt kommen. Als Kind spüre ich die Neugier, wenn die Dorfbewohner unseren Wagen voller Verwunderung betrachten. Später wird mir klar, dass gewöhnliche Bürger unser Leben oft romantisieren und sich insgeheim danach sehen. Für uns ist dieses Leben ganz alltäglich, doch für die Bewohner der normalen Welt ist es spannend und mysteriös. Wir bringen einen Hauch ferner Länder mit uns, auch wenn wir nur aus Veenendaal oder Helmond kommen.

Wenn der Winter beginnt, suchen Sinti meist einen geeigneten Ort, an dem sie eine Weile bleiben können. Als Nomaden sind wir in der kalten Jahreszeit natürlich verwundbar und haben ein Bedürfnis nach etwas Stabilität und Sicherheit. Am günstigsten ist ein Ort, an dem schon einige grundlegende Dinge, vor allem Kanalisation und fließendes Wasser, vorhanden sind. Manche Gemeinden weisen uns bestimmte Plätze zu, aber hin und wieder stellt uns auch ein Bauer einen geeigneten Platz zur Verfügung.

Fast immer stehen auf solchen Plätzen schon einige andere Sinti. Ich weiß nicht, wie es dazu kommt, aber es scheint so, als würden wir uns immer wieder begegnen. Die Begrüßung unter Sinti ist immer herzlich, und schon bald fließen die Geschichten darüber, wo jeder gewesen ist, wie von selbst aus ihnen heraus. Der Wagen wird mit vereinten Kräften auf die *Stiep* gesetzt, auf kleine Holzpfosten, die dafür sorgen, dass das mobile Haus nicht jedes Mal beim Betreten oder Verlassen federt. Sie zeigen an, dass man an diesem Ort eine Zeit lang bleibt.

Jeder, der neu ankommt, kriegt sofort etwas zu essen – ausnahmslos. »Ihr seid gereist, ihr seid hungrig«, höre ich die Frauen sagen, während sie die Kelle tief in den Topf tauchen, um die Teller zu füllen. Wir essen immer gemeinsam – Eintöpfe, Nudeln oder Suppe. Manchmal enthalten sie das Fleisch eines uns heiligen Tieres, des Igels. Die Männer fangen das stachelige Tierchen mit Jutesäcken. Wir glauben sogar, dass uns das nach Knoblauch schmeckende Fleisch zusätzliche Kraft verleiht. Diese Überzeugung stammt aus einer Zeit, als der Igel für die Sinti oft die einzige Fleischquelle war. Ganze Familien haben dank der Igel überlebt.

Die Männer sprechen nach dem Essen natürlich über Geschäfte und die Welt um uns herum. Sie sitzen um das Feuer, das *Romani Yak*. Sobald wir zusammen sind, sammelt jemand Holz und es wird ein Feuer entfacht. Man tauscht Informationen aus, überlegt, wo die Reise nach der Winterpause hingehen soll. Wo sich womöglich »noch etwas verdienen lässt« und welcher Bauer bereit ist, einem Arbeit und vielleicht den Komfort einer heugefüllten Scheune zu geben. Die jüngsten Nachrichten über Verwandte und Freunde machen die Runde: Wer ist gestorben, welche Familie hat Zuwachs bekommen? Es wird Musik gemacht.

Auf einem solchen geschützten Platz bleiben wir in den kältesten Monaten des Jahres. Doch keinen Tag zu lange, denn sobald der erste Frühlingshauch in der Luft liegt, brechen wir wieder auf. Immer lockt die Ferne.

So verhält es sich auch im Frühling 1940 und in den beiden darauffolgenden Frühjahren. Europa steht um uns in Flammen und Hitlers Armeen überrennen ein Land nach dem anderen. Auch die Niederlande trifft am 10. Mai dieses Schicksal. Die Besatzungsmacht geht rücksichtslos vor, das neutrale Land wird innerhalb einer Woche besetzt. Die militärische Abwehr bricht nach der Bombardierung Rotterdams endgültig zusammen.

Nicht, dass ich von diesem Elend auch nur das Geringste bemerkt hätte. Kämpfe sehen wir keine, und die deutschen Soldaten, denen wir begegnen, sind einfach die üblichen *Gadje*, wenn auch in unbekannter Uniform. Auch meine Eltern verändern ihre Lebensweise zunächst nicht; sie ziehen nach wie vor durchs Land. In anderen Ländern verbieten die Deutschen nach der Besatzung schon die nomadische Lebensweise, doch in den Niederlanden legen sie uns anfangs keine Steine in den Weg.

Meine Erinnerungen an diese Zeit sind nicht vom *Blitzkrieg*, von Soldaten und Kapitulation, sondern von ganz anderen Geschichten erfüllt. In ihnen spielt wieder unser Pferd die Hauptrolle. Immer, wenn wir irgendwo vorübergehend unser Lager aufgeschlagen haben, schaut mich mein Vater lachend an. Er zeigt auf unser Pferd, das ausgeschirrt auf der Weide grast.

»Wenn du es schaffst, auf das Pferd zu klettern, darfst du es reiten.«

Reiten! Dieses Wort klang in meinen Ohren honigsüß.

Auf einem Pferderücken zu sitzen, das ist in meinem jungen Leben, wonach es mich am meisten verlangt. Doch ich weiß, dass es noch eine Weile dauern wird, bis ich dieses Vergnügen haben werde. Denn auch wenn es kein besonders großes Pferd ist – Sinti haben eine Vorliebe für kleine, kräftige Tiere –, als kleiner Junge von sechs Jahren schaffe ich es natürlich nie und nimmer, seinen Rücken zu erklimmen. Mein Kopf reicht nicht einmal bis zum Bauch des Tieres. Das dauert wohl noch ein paar Jahre.

Dann sehe ich am Straßenrand einen Kilometerstein. Ich führe das Pferd dorthin und klettere unter großen Mühen auf den Stein. Mit äußerster Anstrengung gelingt es mir schließlich, ein Bein über den Pferderücken zu schwingen. Ich halte mich an der Mähne fest und spüre, wie der Stein unter meinem Fuß weggleitet. Zum ersten Mal in meinem Leben sitze ich allein auf einem Pferd. Das ist für einen Sinto ein Moment in seinem Leben, den er nie mehr vergisst. Ich komme mir vor, als hätte ich als Erster einen hohen Berg erklommen.

Doch auch wenn ich nichts davon mitbekomme, tobt um uns herum natürlich dennoch der Krieg. Und selbst in meine kleine Kinderwelt dringt allmählich etwas von den Schrecken ein, unter denen Europa leidet.

Ich spüre, dass meine Eltern sich Sorgen machen. An den Orten, zu denen viele Sinti kommen, haben sie natürlich die üblichen Geschichten gehört. Geschichten über Deutschland und darüber, wie schwer es unser Volk in diesem Land hat. Wir haben keine Zeitungen, denn mein Vater kann überhaupt nicht und meine Mutter nur wenig lesen, so dass ihnen Berichte wie der folgende entgehen:

> Der Chef der [Berliner] Polizei hat angeordnet, dass sich alle *Zigeuner, Halbblut-Zigeuner* und Personen, die die Lebensweise von *Zigeunern* führen, bei der Polizei zu melden haben, damit Nachforschungen im Rahmen der Rassenbiologie durchgeführt werden können. Gruppen umherziehender Zigeuner sollen zerstreut werden, Zigeuner dürfen sich zukünftig nicht mehr im Grenzgebiet aufhalten, außerdem sollen sie aus Städten mit mehr als 500 000 Einwohnern nicht mehr verjagt werden, vermutlich um zu verhindern, dass sie die ländlichen Regionen überschwemmen.
> ›Algemeen Handelsblad‹, 15. Dezember 1938

Den Mangel an Zeitungen gleichen die Sinti durch Geschichten aus, die sie sich an den langen Abenden im den Lagern erzählen. So sickern Berichte wie dieser über die Feindseligkeit des neuen deutschen Regimes schließlich dennoch durch. Seit 1933 werden die Wagen der Sinti bei unseren östlichen Nachbarn gelegentlich angehalten und deren Bewohner festgenommen und abgeführt. 1936 ist Berlin sogar völlig »zigeunerfrei« gemacht worden, um die Olympischen Spiele so »rein« wie möglich zu halten. Sinti und Roma werden in einen Vorort gebracht, wo eine neue Art von Unterkünften eingerichtet wird. Als »Konzentrationslager« bezeichnen sie die Nazis mit einem neuen Wort.

Verwandte und Freunde tuscheln mit der Zeit immer öfter auch über eine andere Art von Lagern, in der deutsche Familienmitglie-

u t e r.) In het
waarschuwing
eraal Harrison,
aarin verklaard
ist onjuiste be-
Iritsche troepen

lood.

a v a s). In den
vijf terroristen,
d. Een andere

ZUID-AFRIKA

KOMEN IN
STAD

RETORIA), 15

HET DUITSCHE RIJK

**ZIGEUNERVRAAGSTUK WORDT
GEREGELD**

BERLIJN, 14 Dec. (H a v a s.) Duitschland
wil thans het vraagstuk der zigeuners regelen.
De chef van de politie heeft gelast dat alle
Zigeuners, halfbloed-Zigeuners en personen,
die de leefwijze der Zigeuners volgen, zich bij
de politie melden, opdat nasporingen op het
gebied der rassen-biologie kunnen worden
gedaan. De Zigeuners, die in groepen rondtrekken, zullen verstrooid worden, de Zigeuners zullen zich niet meer in de grensgebieden
mogen ophouden, verder zullen zij niet meer
uit de steden met meer dan 500.000 inwoners
verjaagd mogen worden, vermoedelijk om te
voorkomen, dat zij het platteland over-
stroomen.

De voorloopige
voor den landdag
het D. N. B. mel
2.088.833 ingelever
Memelduitsche lijst
stembiljetten; de
eenigden 268.658 b
Het percentage va
derhalve 87.1.
Tegenover het ja
bijna 100.000 ste
Memelduitsche lijs
heeft gekregen.
De nieuwe landd
zijn minst 25 Men
tellen (thans 24)
(thans 5).
De definitieve uit
gemaakt.

›Algemeen Handelsblad‹. Auf diese Weise wurde das »Zigeunerproblem« in der
Presse thematisiert. Das war der Ansatz zur definitiven Lösung des Problems:
der Beginn des Holocausts.

der gelandet sind. Um zu arbeiten, so hoffen sie. Niemand weiß
jedoch genau, was sich hinter dem Stacheldraht abspielt. Dieses
Lager, über das die Menschen nur zu tuscheln wagen, liegt jedenfalls weit weg: bei der Stadt Dachau, im direkten Umland von
München.

Für Reisende wie die Sinti sind Grenzen und Distanzen etwas
Abstraktes, doch die Gefährlichkeit dieses Ortes strahlt bis in die
Niederlande aus. Als Kind nehme ich wahr, dass meine Familie
unruhig ist. Wieso und weshalb, begreife ich jedoch nicht. Mehr
als eine vage Ahnung ist es nicht, und zudem ist diese Sache schnell
vergessen. Denn ich kann schon auf einem Pferd reiten!

Was ich glücklicherweise nicht sehe, ist, dass sich überall um uns
herum die Welt verändert. Die Juden werden vor unseren Augen
ausgerottet. Kurz nachdem die Deutschen in den Niederlanden
eingefallen sind, müssen sie einen Stern tragen, um auf der Straße
erkennbar zu sein. Ein paar Monate später dürfen sie fast nichts

mehr. Bald darauf beginnen Züge Richtung Osten zu fahren. Viehwaggons voller Menschen mit einem Stern auf der Brust, auf dem Weg in die Verdammnis.

Die Juden sind wie wir ein Volk von Außenseitern; daher empfinden wir eine gewisse Verwandtschaft mit ihnen. Von den Nazis werden wir ohnehin über einen Kamm geschoren. Als »fremdrassisch« bezeichnen sie uns, in pseudowissenschaftlicher Manier. Sie fürchten, dass unser Blut sie besudelt, die Juden und wir gelten als unrein, als eine Gefahr für das germanische Volk. Ebenso wie die Homosexuellen, die Geisteskranken, die Kommunisten und alle anderen, die nicht dem irrwitzigen arischen Vorbild entsprechen.

Ohne dass ich oder meine Eltern es wissen, werden wir schon seit Jahren von Typen studiert, die uns entsprechend ihrem System als »Untermenschen« betiteln. Natürlich sind sie selbst die »Übermenschen«. Erst viele Jahre später bekomme ich die Fotos der »Rassenbiologischen Forschungsstelle des Reichsgesundheitsamtes« zu Gesicht, auf denen zu sehen ist, wie die Schädel von Mitgliedern unseres Volkes vermessen werden.

Je länger der Krieg andauert, desto stärker spüre ich, dass etwas nicht stimmt. Meine Eltern vermitteln mir diesen Eindruck unbewusst, obwohl wir nie miteinander darüber reden. Sinti haben ein untrügliches Gespür für Gefahr, nur so konnten wir in den vergangenen Jahrhunderten überleben. Dieses Gespür hat auch mein Vater. Er bemerkt, dass sich über unseren Köpfen eine dunkle Wolke zusammenbraut. Was den Juden widerfahren ist, kann uns auch geschehen, denkt er wohl.

Im Herbst 1943 fasst mein Vater einen Entschluss: Wir werden vorläufig nicht mehr weiterziehen, verkündet er. Die Deutschen haben es verboten. Wir könnten zwar in einem »festen« Lager bleiben, aber mein Vater findet es wegen der Besatzung klüger, für eine Weile etwas weniger aufzufallen. Auch wenn uns die Deut-

32

schen bisher in Ruhe gelassen haben, denkt er, sei es gut, vorübergehend anders zu leben. So, als ob wir *Gadje* wären.

Unser Wagen hält vor der Laarstraat 85 in Zutphen. Die Kinder
aus der Nachbarschaft schauen neugierig, was sich da auf der
Straße abspielt. Hier werden wir in nächster Zeit wohnen, erklären uns unsere Eltern. Es ist ein Gebäude, in dem sich früher eine
Metzgerei befand. Nun steht es leer und kann unserer Familie als
Unterkunft dienen. Was meine Eltern jedoch wahrscheinlich nicht
wissen, ist, dass Metzger Menk, der frühere Bewohner des Hauses, Jude war und mit seiner Frau in das Vernichtungslager Auschwitz deportiert wurde. Als wir einziehen, sind sie schon in den
Gaskammern ermordet worden.

Ein richtiges Haus! Für mich als kleinen Jungen ist das nichts
Geringeres als eine Sensation. So etwas habe ich noch nie erlebt,
bisher war mein Zuhause nur ein paar Quadratmeter groß und
immerzu holpernd in Bewegung. Wie ein Besessener renne ich
durchs Haus, um gleich alle Ecken und Winkel zu erforschen.
Meinem Gefühl nach ist die Wohnung so riesig wie ein Palast, in
dem Könige gewohnt haben.

Unten gibt es einen Laden, in dem mein Vater einen Teil seines
Teppichvorrats auslegt. Er wird zum neuen Ausgangspunkt für
seine Geschäfte, denn wir brauchen natürlich Geld. Über eine
kleine Treppe gelangt man in die völlig leeren Wohnräume. Von
den kahlen Wänden schallen die aufgeregten Stimmen von meinen Schwestern Rakli und Lena und mir dumpf wider. Oben
befinden sich die Schlafzimmer. Zum ersten Mal bekommen wir
einen eigenen Platz zum Schlafen. Dieser zusätzliche Raum
kommt gerade recht, denn wenige Monate zuvor haben meine
Eltern noch einen kleinen Jungen bekommen: meinen kleinen
Bruder Emile.

Meine Eltern holen ihre Möbel aus dem Wagen und machen sich
daran, die Wohnung über der früheren Metzgerei einzurichten.
Wir haben bei Weitem nicht genug Möbel, um die leeren Zimmer

auch nur annähernd zu füllen, aber mit unseren Möbeln fühlt sich trotzdem alles schnell heimelig an.

Mich beschleicht jedoch das merkwürdige Gefühl, dass unser Leben ganz anders sein wird als zuvor.

Dass sich viel verändert, wird einige Tage darauf noch deutlicher. Wir haben uns mittlerweile im Haus eingerichtet und meine Mutter ruft mich zu sich. Sie müsse mir etwas Wichtiges erzählen, sagt sie und schaut mir dabei liebevoll in die Augen. Ihr langes Haar fällt offen über ihre Schultern.

Ich bin sechs Jahre alt, und jetzt, da ich in einem festen Haus wohne, ist es an der Zeit, etwas zu tun, was Sinti ihrer Lebensweise wegen selten möglich ist. Sie ergreift eine Gelegenheit, die sich ohne den Krieg vielleicht nie ergeben hätte.

»Du gehst ab nächster Woche zur Schule!«, sagt sie. »Dort wirst du lesen, schreiben und rechnen lernen.«

Ich habe keine Ahnung, was ich mir darunter vorstellen soll, aber spannend erscheint es mir schon.

2

DER ÜBERLEBENDE

Der 24. Oktober 2012 ist in Berlin ein kalter und nasser Tag. Das passende Wetter für einen Moment, auf dem Melancholie lastet. Seit Langem fordern Menschen aus der Gemeinschaft der Roma und Sinti von der Regierung in Berlin ein deutsches Denkmal für den *Porajmos*. So nennen wir den Versuch der Nazis, unsere Völker auszurotten. Schon 1992 sichert die deutsche Regierung die Errichtung eines Denkmals zu, doch die Gespräche über seinen Ort und seine Gestaltung versanden schon bald in endlosen Diskussionen. Am heutigen Tag, zwanzig Jahre später, werden wir das von dem israelischen Künstler Dani Karavan entworfene Denkmal endlich enthüllen. Dass wir hier sind, ist zu einem wesentlichen Teil Romani Rose vom »Zentralrat Deutscher Sinti und Roma« zu verdanken, der sich für die Realisation dieses Denkmals eingesetzt hat, und dem Einsatz von Bundeskanzlerin Angela Merkel. Sie setzte allen Diskussionen ein Ende und entschied, dass das Denkmal einfach entstehen müsse.

Gemeinsam mit ihr stehe ich nun mit dem Rücken zum Reichstag, dem Gebäude, das in der Geschichte des Nationalsozialismus eine so bedeutende Rolle gespielt hat. Unsere Blicke sind auf eine schlichte, runde Wasserschale gerichtet. Dieses Becken wirkt wie mit Tinte gefüllt, so schwarz ist das Wasser. Es symbolisiert unseren tiefen Kummer darüber, dass so viele Sinti und Roma den Krieg nicht überlebt haben und so viele andere traumatisiert worden sind. Als Zeichen des Gedenkens und der Besinnung liegt auf einem Stein im Wasser jeden Tag eine frische Blume.

Ich darf im Namen der Sinti-Gemeinschaft bei der Einweihung des Denkmals sprechen. Das bietet mir eine Gelegenheit, Menschen vom »vergessenen Holocaust« zu erzählen. Die Vernichtung der Roma und Sinti ist in vielen Geschichtsbüchern höchstens eine Fußnote, falls wir überhaupt Erwähnung finden. Wir wurden marginalisiert, und das nicht nur in den Jahren von 1934 bis 1945, erkläre ich meinen Zuhörern. »Nichts haben die Länder aus dem Krieg gelernt. Sonst wären sie mit den Sinti und Roma anders umgegangen, als der Frieden kam.« Meine Worte streuen undiplomatisch Salz in eine offene Wunde, aber sie sagen die Wahrheit.

Dann spricht die Bundeskanzlerin. Angela Merkel sagt, dass die Deutschen eine Pflicht hätten sich zu erinnern, auch an die Verfolgung von Menschen, die von den Nazis als Abschaum, als »Untermenschen« betrachtet wurden. Dieser an die Vergangenheit erinnernde Ort erfülle sie mit »Trauer und Scham«. Das sind schöne Worte. Sie meint sie ernst, das spüre ich.

Nach den Ansprachen verharren wir alle einige Minuten in Schweigen. Wir denken an all die Menschen, die nicht mehr unter uns sind. Das Gedicht am Rand des Beckens spricht für uns:

> Eingefallenes Gesicht
> erloschene Augen
> kalte Lippen
> Stille
> ein zerrissenes Herz
> ohne Atem
> ohne Worte
> keine Tränen

Da stehe ich nun, an diesem Ort der Erinnerung – ein »Überlebender«. Über die Menschen, die trotz aller Schrecken das Ende des Krieges erlebt haben, ist viel gesagt und geschrieben worden.

Viele der Erzählungen enthalten die gleichen Elemente: Schmerz und Kummer, aber auch ein Gefühl von Schuld und Beklemmung. Warum war ich nicht dabei, als die anderen ermordet wurden? Warum hat das Schicksal ausgerechnet mich verschont? Das sind Fragen, die ich mir selbst unzählige Male gestellt habe. Antworten habe ich jedoch nie erhalten.

Unter Juden ist das überwältigende Schuldgefühl derer, denen es gelungen ist, den Holocaust zu überleben, ein bekanntes Phänomen. Oft sprechen Menschen nicht über die Hölle, die sie im Getto oder Konzentrationslager durchlitten haben, sondern geben das Schuldgefühl auf vielfältige Weise weiter. »Transgenerationales Trauma« nennen Psychologen dieses Phänomen. Mit knapper Not davonzukommen, kann seltsamerweise so schmerzlich sein, dass sogar zwei oder drei nachfolgende Generationen darunter leiden.

Bei den Sinti ist das nicht anders. Vielleicht ist das Schweigen bei uns sogar noch ausgeprägter als bei den Juden. In der Regel wagen die Mitglieder unserer Gemeinschaft nicht, laut vom Krieg zu sprechen. Mit dem Tod umzugehen, fällt uns nicht leicht. Er ist in unserer Kultur eines der größten Tabus. Daher erzählen viele Überlebende die Geschichten über den *Porajmos* (»das Verschlingen«) nur im Flüsterton weiter, als ob wir uns für das, was geschehen ist, schämen müssten. Als ob ein Teil der Schuld auch uns selbst träfe.

Ich habe mir jedoch vor langer Zeit vorgenommen, meine Geschichte immer laut zu erzählen. Es muss sein und deshalb tue ich es. Wenn es nötig ist, spreche ich sogar in der Höhle des Löwen – in Berlin. So dass niemand sagen kann, er wisse nicht, was am 16. Mai 1944 und in den Monaten danach geschehen ist.

Im Frühling 1943 deutet nichts auf die Hölle hin, die sich nun vor uns auftun sollte. Dank unserer Wohnung in der Laarstraat in Zutphen ist meine Familie unauffälliger als in der Zeit zuvor, in

der wir in einem Wohnwagen durch das Land zogen. Die Strategie, für eine gewisse Zeit in der normalen Gesellschaft unterzutauchen, scheint aufzugehen. Die Deutschen lassen uns in Ruhe, denken wir. Da Sinti anders als Juden keinen Stern tragen müssen, können wir zum Beispiel problemlos über die Straße gehen. Für mich als Kind ist es nicht so viel anders als zuvor.

Natürlich wissen die Leute in unserer Nachbarschaft, dass wir durchaus anders sind. Vor allem mein Vater mit seiner wettergegerbten Haut und seinen dunklen Haaren sticht unter den blonden Holländern heraus. Das sollte schon bald Folgen haben. Kurz nachdem wir in die alte Metzgerei eingezogen sind, wird aus einem Haus in der Nachbarschaft ein Tischtuch gestohlen. Ein Lausbubenstreich wahrscheinlich, denn wer kommt schon auf die Idee, ein Tischtuch zu stehlen?

Das Haus in der Laarstraat 85 in Zutphen, in dem wir von Beginn des Jahres 1943 bis zur Razzia am 16. Mai 1944 wohnten.

Prompt kommt die Polizei meinen Vater holen. Dieser »Zigeuner« wird es wohl gewesen sein, ist ihre Begründung. Wahrscheinlich ist er über das Dach in die andere Wohnung eingestiegen. Obwohl es keinerlei Hinweis darauf gibt, dass er der Dieb ist, muss er sie aufs Polizeirevier begleiten, wo sie ihn lange verhören. Wo hat er diese Tischdecke gelassen? Schließlich lassen sie ihn gehen, denn Beweise gibt es keine. Natürlich nicht.

Es ist ein Zwischenfall in einer sonst ziemlich ruhigen Zeit. Überall um uns herum wütet der Krieg, doch als Kind merke ich davon wenig. Eigentlich habe ich sogar schöne Erinnerungen an unseren Aufenthalt in Zutphen. Oft gehe ich am Ende der Laarstraat angeln. Dort liegt der Berkelsingel, ein kleiner Kanal, in dem sich die Fische im Schatten der Brücke tummeln. Die Brücke führte damals noch aus der Stadt heraus, aufs Land, mit seinen Wiesen und Wäldern. Den kleinen Kanal gibt es immer noch, doch

die Wiesen sind heute mit Wohnvierteln und Einkaufszentren ge-
pflastert.

Dank unseres festen Wohn- und Aufenthaltsortes lerne ich sogar die Eltern meiner Mutter kennen. Nun, da wir an einem Ort
bleiben, können sie zu Besuch kommen. Vor allem mein Opa, ein
hünenhafter Mann mit einer dunklen Haut, blauen Augen und
einer tiefen Stimme, beeindruckt mich sehr. Er ist ein wunder-
barer Musiker und spielt Bandoneon. Meine Mutter erzählt, dass
er Zirkusartist war und heute vor vollen Sälen Puppentheater
spielt. Opa durfte sogar im königlichen Palast für die kleine Prinzessin Juliana spielen, höre ich. Für mich klingt das so, als ob er
auf einem anderen Planeten gewesen sei.

Die Schule gibt meinem Leben mehr Struktur, als ich es jemals
gewohnt war. Noch nie lief meine Woche so geregelt ab. Meine
Schwestern und ich lernen dort lesen und schreiben; wir sind die
erste Generation in meiner Familie, für die das Alphabet kein Geheimnis mehr birgt. In der Klasse zu sitzen, gibt mir auch einen
Einblick in das fremde Leben der *Gadje*. Dazu gehört auch die
Feier am Nikolaustag – mein erster 5. Dezember ist ein monumen-
tales Ereignis in meinem jungen Leben.

Die Schüler verschiedener Schulen in Zutphen kommen in einem
Theater- und Festsaal zusammen. Dort warten wir natürlich auf
den Heiligen Nikolaus und die Schar seiner bunt gekleideten Hel-
fer. Dann betritt der Heilige den Saal. Er nimmt auf der Bühne Platz
und ruft nach und nach alle Kinder zu sich. Jedes Kind bekommt
vom Nikolaus ein persönliches Geschenk in die Hand gedrückt.

Mein Blick weicht nicht von der Bühne. Der lange weiße Bart,
das scharlachrote Gewand, seine fröhlichen Gesellen – ich bin
vollkommen fasziniert. Ganz gespannt sehe ich zu, wie die anderen Kinder ihre Geschenke in Empfang nehmen. Dass auch ich
gleich zum Nikolaus vortreten darf, kommt mir nicht in den Sinn;
für mich ist es so, als würde ich mir eine Vorstellung ansehen, in
der andere agieren.

Plötzlich höre ich, wie eine dunkle Stimme meinen eigenen Namen vom Blatt abliest: »Zoni Weisz?«

Ich habe gesehen, wie es die anderen Kinder machten: Nach vorne gehen, dem Heiligen die Hand geben und antworten, wenn er etwas fragt. Bescheiden hatte ich mich hinten in den Saal gesetzt, daher ist der Weg zur Bühne ziemlich weit. Meinem Empfinden nach dauert dieser Gang unendlich lange, ich habe das Gefühl, dass mir alle mit ihren Blicken folgen. Schließlich gehe ich die Treppe hoch und bekomme zum ersten Mal in meinem Leben ein Geschenk vom Nikolaus. Ein wunderschönes Malbuch. Mein junges Glück ist vollkommen.

Und doch. Ich spüre etwas.

Als Kind kann ich es nicht einordnen, doch das Gefühl, dass sich etwas über uns zusammenbraut, kommt immer wieder in mir auf. Vielleicht registriere ich subtile Signale meiner Eltern. Sie machen sich bestimmt Sorgen.

Ihnen kommt zu Ohren, dass in Deutschland schon seit 1937 Sinti aufgegriffen und in Lager deportiert worden sind. Es gibt Berichte über Razzien in anderen besetzten Ländern. Die Nazis machen Jagd auf alle, die sie für »unerwünscht« halten: Kommunisten, Homosexuelle, geistig Behinderte. Und natürlich auf »Zigeuner«, die sie als asozial ansehen.

Als ich noch mit meinen Eltern durch die Lande zog, habe ich einmal eine Razzia miterlebt. Wir standen auf einem kleinen Lagerplatz, als plötzlich von allen Seiten deutsche Soldaten heranstürmten. Sie waren nicht speziell auf der Suche nach Sinti, sondern suchten einfach nur Männer zum Arbeitseinsatz in Deutschland; dafür hatten sie sich zufällig unser Lager ausgesucht. Ich war beim Spielen und sah aus dem Augenwinkel, wie mein Vater auf die Dachschräge eines Stalls in der Nähe des Lagers kletterte. Schnell folgten ein paar andere Männer seinem Beispiel.

Vom Boden aus konnte man die Männer, die auf dem geteerten

Dach lagen, nicht sehen, daher entkamen sie ihrer letzten Reise Richtung deutscher Waffenindustrie. Anderen gelang es nicht, rechtzeitig zu fliehen; fünf von ihnen wurden von den Deutschen abgeführt. Ich hörte die Frauen vor Panik schreien, es waren Laute, die durch Mark und Bein gingen. Selbst als kleiner Junge war mir klar, dass wir die Männer wahrscheinlich nie wiedersehen würden.

Doch vorerst blieb es bei diesem einen Mal. Nicht nur wir, auch die anderen niederländischen Sinti und Roma leben in relativer Sicherheit. Die wenigen Male, die ich deutsche Soldaten sehe, lassen sich an den Fingern einer Hand abzählen.

Als Kind denke ich nicht weiter darüber nach, aber meine Eltern werden sich über diese ungewöhnliche Situation bestimmt ihre Gedanken gemacht haben. Haben die Deutschen die Sinti vergessen? Denken sie, es sei nicht der Mühe wert, uns zu verfolgen? In den Niederlanden sind wir nur ein paar Tausend, und vielleicht sind ihnen das viel zu wenig für eine Hetzjagd. Hatte Heinrich Himmler nicht gesagt, dass die Sinti wegen ihrer Wurzeln im alten Indien eigentlich als Arier angesehen werden müssten? Ist dies vielleicht der Grund dafür, dass wir nicht festgenommen und abgeführt werden?

Aber meine Eltern sind nicht naiv. Per Buschtrommel haben auch sie gewiss gehört, dass im Januar 1944 mehrere Hundert Sinti und Roma in Belgien festgenommen worden waren. Was danach mit diesen Menschen geschah, können sie nicht wissen. Denn keiner von ihnen kehrt zurück, um davon zu berichten. Die belgischen Sinti werden direkt nach Auschwitz deportiert. Dorthin wurden auch schon einige Tausend Volksgenossen aus Ländern wie Polen und Ungarn gebracht. Viele von ihnen werden sofort nach ihrer Ankunft umgebracht. Nur kräftige Männer und Frauen dürfen eine Zeit lang am Leben bleiben, um zu arbeiten.

Meine Mutter. Sie war damals ungefähr 20 Jahre alt.

Der kalte Winter geht in das herrliche Frühlingswetter des Jahres 1944 über. Wir haben wieder einmal Besuch. Meine *Bibi* (Tante) Moezla schaut bei uns vorbei. Sie ist die Schwester meines Vaters und nach der Landschaft an der Mosel, in der sie geboren ist, benannt. Bibi Moezla ist eine starke, eine sehr dunkle Erscheinung mit einem durchdringenden Blick. Wir haben Respekt vor ihr, aber sie ist sehr lieb zu mir. Mein Vater und meine Tante Moezla stehen sich auch sehr nahe.

Sie hat ihren kleinen Sohn, meinen Cousin Pienda, dabei. Er ist im gleichen Alter wie ich, wir verstehen uns sofort gut. Was bedeutet, dass wir auf Abenteuertour gehen. Wir laufen in den Wald in der Nähe des Lagerplatzes, streunen den ganzen Tag herum und kommen erst zur Essenzeit wieder zurück.

Wenn ich mich auch schnell an das Leben in einem Haus angepasst habe, so ist es doch schon seit einiger Zeit unübersehbar, wie sehr ich das Leben im Freien vermisse. Bis wir nach Zutphen zogen, hielt ich mich den größten Teil des Tages unter freiem Himmel auf. Der Wald ist mein Element, vor allem jetzt, da es etwas wärmer wird. Als echter Sinto ist das Leben in geschlossenen Räumen für mich zu statisch, zu begrenzt. Ich brauche die Weite.

Meine Tante muss lachen, als wir schmutzig, aber zufrieden in die ehemalige Metzgerei zurückkehren. Es sind Frühjahrsferien, und sie sagt, dass ich mit ihr kommen und bei ihr wohnen könne. Sie steht mit ihren sieben Kindern auf einem Lagerplatz beim Dorf Vorden, zehn Kilometer von Zutphen entfernt. Ihr Mann ist vor einigen Jahren gestorben, daher führt sie nun allein die Regie über den ganzen Wagen und die große Kinderschar.

»Gib mir den Jungen doch mit. Die Stadt ist doch nichts für ihn«, versucht sie, ihren Bruder zu überzeugen. Mein Vater hält ein bisschen frische Luft – und vielleicht eine Dosis Sinti-Lebensstil – ebenfalls für eine gute Idee, also brechen Bibi Moezla, Pienda und ich gegen Abend nach Vorden auf.

In dieser Nacht schlafe ich zum ersten Mal seit langer Zeit wieder in einem Wagen. Es ist ein herrliches Gefühl, als wäre ich nach Hause gekommen.

Durch eine Laune des Schicksals ist ausgerechnet diese Nacht die letzte, die ich in Ruhe und Unschuld verbringen werde. Während ich meine Tante nach Vorden begleite, geht bei allen niederländischen Polizeidienststellen ein Befehl der Besatzer ein. Am nächsten Tag, dem 16. Mai 1944, soll, auf Geheiß der Deutschen, eine große koordinierte Aktion stattfinden. Der Auftrag ist einfach: Alle »zigeunerartig aussehenden Menschen« sollen aufgegriffen und deportiert werden. Ihr vorläufiges Ziel ist das Lager Westerbork in Drente.

Im Nachhinein betrachtet ist es ein Wunder, dass es so lange gedauert hat. Schon Anfang des Jahres 1943 hat das Reichssicherheitshauptamt in Berlin befohlen, dass alle Zigeuner familienweise aus den Niederlanden in die Lager in Deutschland überführt werden sollen.

Anderthalb Jahre wartet dieser Befehl auf seine Durchführung. Warum es so lange dauert, weiß niemand – vielleicht sind die Nazis mit der Vernichtung der Juden zu beschäftigt. Aber an diesem Maitag fällt dann doch das Beil. Ohne dass wir etwas davon mitbekommen haben, ist vier Tage zuvor eine Order der deutschen Besatzer an die niederländische Polizei ergangen. Alle »sich in den Niederlanden aufhaltenden Personen, die die Merkmale von Zigeunern aufweisen«, sollen ab sieben Uhr in der Frühe festgenommen werden:

Zu diesem Personenkreis zählen alle, die aufgrund ihres Aussehens, ihrer Sitten und Gebräuche als Zigeuner oder Zigeunerhalbblut bezeichnet werden können, sowie alle Personen, die nach Art der Zigeuner umherziehen.

politie 1 gnⵣⵏⵃⵓⵉⵔⵖⵏ pol nm
telexbericht nr. 5134.   nijmegen, 14 mei 1944. 15.08 uur =lz=

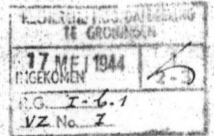

aan: den heer gewestelijk politiepresident,
     te a m s t e r d a m, r o t t e r d a m, e i n d h o v e n,
     a r n h e m en g r o n i n g e n.
(ter kennisneming aan den heer hoofd recherche-centrale den haag)

          z e e r d r i n g e n d.
          ================================
          g e h e i m.
          ==============

agendanr. u.d. ro 1/org. 1-geheim.
.onderwerp: aanhouding van de zigeuners in het bezette nederlandsche
           gebied en onderbrenging naar het kamp westerbork.

        de befehlshaber der sicherheitspolizei und des sd. zond mij
ten aanzien van het bovenstaande een bericht, hetwelk vertaald als-
volgt luidt:

''met het doel eener centrale aanhouding van alle in nederland
verblijvende personen, die de kenmerken der zigeuners bezitten,
moeten met instemming van den befehlshaber der ordnungspolizei
op dinsdag, 16 mei 1944 te 7.00 uur alle zigeunerfamilies, alle
kinderen inbegrepen, door personeel van de nederlandsche politie
onverwijld naar het kamp westerbork wordenovergebracht en wel tot
uiterlijk 20.00 uur.
        onder het bovenstaande vallen alle personen, die op grond
van hun uiterlijk, hun zeden en gewoonten als zigeuners of als
zigeunerhalfbloeden kunnen worden aangemerkt, zoomede alle personen,
die naar de geaardheid der zigeuners rondtrekken.
        de op transport te stellen gezinnen mogen de noodige onder- en
bovenkleeding en mondvoorraad - mits door hen zelf gedragen -
medenemen.
        indentiteitspapieren moeten per gezin worden ingenomen en met
een lijst van de overgebrachte personen bij de overgave in het
kamp worden afgegeven.
        het achtergebleven eigendom van bovenbedoelde personen wordt in-
beslaggenomen en moet - in afwachting van een latere inventarisatie -
voor wegmaking enz. gevrijwaard worden. (''ist sicherzustellen'').
gebouwen ruimten en woonwagens moeten verzegeld worden.''

An die niederländische Polizei ergangener Befehl zur Durchführung
der »Zigeunerrazzia«, 16. Mai 1944.

Niederländische Polizeieinheiten folgen massenhaft diesem Befehl zur Festnahme von Roma und Sinti. Nur wenige Polizisten hegen Zweifel, ob das zu ihrem Aufgabenbereich gehört. Befehl ist Befehl. Vom kleinsten Dorf bis in die größte Stadt machen sich im Morgengrauen Polizisten auf den Weg, das Schicksal eines ganzen Volkes zu besiegeln.

So auch in Den Haag, wo einige Familien dieselbe Strategie verfolgen wie wir. Sie sind vorübergehend in Häuser gezogen, weil sie sich dort in Sicherheit wägten. Doch diese Strategie geht nicht auf. Dank des säuberlich geführten niederländischen Melderegisters wissen die Polizisten genau, wo diese Menschen wohnen. Noch bevor es Mittag wird, sind sie schon auf dem Transport.

Erst später erfahre ich, dass mein *Kakoe* Louis, mein Onkel, zu dieser Zeit in Den Haag wohnt. Gemeinsam mit seiner Familie hat auch er ein kleines Haus bezogen. An diesem Morgen ist er nicht zu Hause; die Polizei nimmt daher nur seine Frau und seine drei Kinder fest. Als mein Onkel später am Morgen nach Hause kommt, erfährt er von seinen Nachbarn, was geschehen ist. Seine Familie wurde zum Bahnhof Hollands Spoor gebracht, wo sie auf den Zug nach Norden warten müssen.

Louis beeilt sich, es gelingt ihm glücklicherweise gerade noch rechtzeitig, sie zu finden. Auf dem Bahnsteig hat er Gelegenheit, mit seiner Frau zu sprechen. Es wäre zu erwarten, dass die Polizei nun auch ihn festnimmt, doch die Beamten argumentieren ganz nach ihrer Beamtenlogik. Die Razzia ist für sie bereits beendet, und der Befehl fordert von den Polizisten, nur diejenigen zu deportieren, die bei den Hausdurchsuchungen aufgegriffen wurden. Mein Onkel war nicht zu Hause, also muss er nun auch nicht mehr mit.

Man kann es auch anders sehen. Vielleicht wollen sie Louis die Chance geben, sein Leben zu retten. Es gibt auch rechtschaffene Polizisten, die an diesem Tag dafür sorgen, dass Menschen entkommen können. Mein Onkel könnte sich von seiner Familie verabschieden, auf dem Absatz kehrtmachen und eine Weile irgendwo in der Stadt untertauchen. Es gibt bestimmt Freunde, bei denen er unterkommen kann. Aber der Bruder meines Vaters ahnt, was mit seiner Familie geschehen wird, und trifft eine überaus tapfere Entscheidung: Er schließt sich dem Transport freiwillig an und fährt mit ihnen nach Westerbork. Das Los seiner Frau und seiner Kinder wird auch sein Los.

Niemand aus der Familie überlebt den Krieg. Später erzählen mir Überlebende davon, was auf dem Bahnhof passiert ist.

Für mich kommt der Schock um acht Uhr morgens. Wir sind gerade aufgewacht, als plötzlich in der Ferne Geschrei zu hören ist. Ein Mann fährt wie ein Wahnsinniger mit seinem Fahrrad auf das Lager zu, in dem der Wagen meiner Tante Moezla steht. Erst können wir nicht verstehen, was er ruft, aber als er näherkommt, erfassen wir seine Hiobsbotschaft: »Sie sind festgenommen worden.«

Mir ist sofort klar, wer mit »sie« gemeint ist. Er kommt aus Richtung Zutphen, es geht um meine Familie.

Eine Welle der Panik erfasst mich. Als Kind begreife ich nicht alles, doch ich fühle umso mehr. Das, wovor wir uns alle instinktiv gefürchtet haben, ist eingetroffen. Ich höre meine Tante Moezla leise jammern, als sie hört, dass morgens um sieben die Polizei vor der Tür der alten Metzgerei stand. Sie haben meine Familie fortgeführt und zum Bahnhof gebracht. Ihr Bruder, mein Vater und die ganze übrige Familie wurden abgeführt. Selbst mein Brüderchen, das noch ein Baby ist, haben sie mitgenommen. Wir fürchten, dass ihr Leben in Gefahr ist.

Wie furchtbar ihr Schicksal auch ist, meine Tante kann sich nicht lange darüber grämen, was ihrem Bruder widerfahren ist. Sie muss an sich und ihre eigene Familie denken. Und natürlich an mich, ihren Neffen, der dank seines Besuchs bei ihr der Razzia entkommen ist. Vorläufig jedenfalls. Eine Stunde ist verstrichen, und vielleicht ist die Polizei nun auf dem Weg, uns zu ergreifen. Wo sich unser kleines Lager befindet, ist kein Geheimnis; die Polizisten wissen bestimmt, dass sich in der Nähe von Vorden noch ein paar Zigeuner aufhalten.

Das Lager besteht aus vier Wagen: aus dem meiner Tante und außerdem drei Wagen von Fahrenden, umherziehenden Niederländern, die zwar keine Sinti und Roma sind, aber doch denselben Lebensstil haben. Die Erwachsenen denken angestrengt nach. Was ist jetzt zu tun? Die Fahrenden glauben, sicher zu sein. Sie sind doch schließlich keine Sinti! Wenn die Polizei kommt, können sie erklären, dass der Befehl der Deutschen für sie nicht gilt. Sie können ihre Reisepapiere vorzeigen.

Ob das funktionieren wird, weiß zu diesem Zeitpunkt noch niemand. Meine Tante ist sich jedenfalls sicher, dass ihr diese Möglichkeit zu entkommen nicht offensteht. Da sie echte »Zigeuner« sind, wird die Polizei sie und ihre Kinder ohne viel Federlesen festnehmen. Ebenso wie der Rest unseres Volkes werden auch wir dann verschwinden.

Bibi Moezla steht auf. Es ist keine Zeit mehr zu verlieren. Wir müssen fliehen, sagt sie. Dann beginnt sie zu organisieren. Schnell packt sie ein paar Dinge in ein Tuch. Wir lassen den Wagen stehen und gehen zu Fuß. Nicht die Straße entlang, das ist zu gefährlich. Polizisten und Zivilisten mit einem scharfen Blick können uns schon aus großer Entfernung erkennen. Wir müssen über einsame Wege am Waldrand entlanggehen. Unsichtbar müssen wir sein. Wohin? Das überlegen wir uns später; jetzt müssen wir einmal möglichst weit von hier fort.

Wir gehen so schnell, wie wir es mit all den Kindern schaffen. Meine Tante ist eine Glucke; sie hält die Gruppe zusammen und mahnt uns ständig zur Eile. Ihr ältester Sohn Hannes fungiert als eine Art Kundschafter. Er geht voraus, um nachzusehen, ob der Weg sicher ist. Bei einem Bauern, der Milchkannen an die Straße gestellt hat, stiehlt er ein paar Becher Milch für uns. So haben wir etwas Kraft, um weiterzulaufen. Es funktioniert: Niemand bemerkt uns.

In dieser Nacht schlafen wir unter freiem Himmel. Weit weg von Dörfern und Hauptverkehrsstraßen, und hoffentlich weit genug entfernt von Polizisten und Soldaten, um nicht entdeckt zu werden. Im Dunkeln weckt mich die Kälte; ich bin völlig durchgefroren. Ich vermisse meinen Vater und meine Mutter, meine kleinen Schwestern Rakli und Lena und mein Brüderchen Emile. Wo werden sie diese Nacht wohl schlafen?

Wir müssen uns etwas einfallen lassen, das ist Tante Moezla klar. Bisher hatten wir Glück, aber es ist nicht sicher, ob wir noch eine weitere Nacht unter dem Sternenhimmel auf freiem Fuß bleiben werden. Wir fallen auf, es ist Krieg, und nach Anbruch der Dunkelheit darf sich niemand mehr draußen aufhalten. Die kleinste Bewegung ist daher für die Polizei ein Indiz, dem sie nachgeht. Wir sind gefährdet, vor allem, weil wir so viele sind. Zum Glück hat Bibi Moezla einen Plan.

Am nächsten Tag laufen wir weiter. Wir gehen zu dem 15 Kilometer entfernten Dörfchen Beltrum, erklärt uns meine Tante. Dort gibt es, wie sie weiß, eine Molkerei. Auf ihren Reisen ist sie schon einmal durch dieses Dorf gekommen. Damals hat sie dort Kunstblumen verkauft. »Die Leute dort waren sehr nett«, erzählt sie. Wenn wir Glück haben, können wir uns in der Molkerei verstecken. Dann haben wir auf jeden Fall ein Dach über dem Kopf, Milch zum Trinken und eine Möglichkeit, uns vor der Polizei zu verstecken.

Wie Bibi Moezla es geschafft hat, weiß ich bis heute nicht, doch als wir in der Fabrik ankommen, redet sie mit ein paar Leuten, die dort arbeiten. Dann winkt sie uns schnell herein; wir dürfen in der Fabrik schlafen. Es gibt also doch noch gute Menschen auf dieser Welt. Helden, die begreifen, dass man einer verfolgten Familie Unterschlupf gewähren muss, auch wenn man sich dadurch selbst in Gefahr bringt.

Dennoch ist das alles nicht besonders beruhigend. Der Innenbereich der Molkerei besteht aus einem gefährlichen Gewirr von Röhren, Kesseln und Maschinen. Das macht einen gewaltigen Eindruck auf mich. Weil wir nicht wissen, wer alles Zugang zu dem Gebäude hat, müssen wir uns verstecken, sagt Moezla. Sie zeigt uns eine Stelle unter den Kesseln, in denen die Milch pasteurisiert wird. Dort gibt es eine wenige Dezimeter große Lücke, in die wir kriechen müssen.

Der Platz ist kaum groß genug, um darin zu liegen. Kaum, dass ich mich unter dem Kessel befinde, habe ich das Gefühl, nicht mehr atmen zu können. Mein ganzes bisheriges Leben lang habe ich in einem engen Wagen geschlafen, das aber ist anders. Über meinem Kopf brummen große Maschinen, die die Milch von einem Kessel zum anderen pumpen. Bis heute weckt die Erinnerung an den engen Raum, den ich zum Schlafen hatte, Panik in mir.

Als wäre die klaustrophobische Enge nicht schon schlimm genug, sind von draußen immer wieder beängstigende Geräusche zu hören. Gegenüber der Fabrik liegt die Ortskommandantur der Deutschen. Den ganzen Abend marschieren sie ein und aus. Die Stiefel, die die deutschen Soldaten tragen, haben genagelte Sohlen. Sie knallen hart auf das Kopfsteinpflaster der Straße, was uns allen das Gefühl gibt, sie seien in unmittelbarer Nähe. Es wirkt so, als könnten sie jeden Augenblick unter den Kessel schauen, und dann wären wir geliefert. Vor Angst bin ich wie gelähmt. Ich wage kaum zu atmen.

Trotzdem muss ich in dem engen Raum geschlafen haben, denn am nächsten Tag werde ich mit einem Schlag wach. Meine Tante rüttelt mich am Arm. Etwas ist völlig schiefgelaufen. Mein Cousin Hannes hat versucht, für die Familie etwas Essbares zu stehlen, und ist wahrscheinlich dabei erwischt worden, denn er kommt nicht mehr zurück. Das Einzige, was wir tun können, ist warten. Auch nach ein paar Stunden bleibt Hannes noch verschwunden; keine Spur von ihm ist in Sicht. Vielleicht haben ihn die Deut-

schen von der Ortskommandantur geschnappt, oder die niederländische Polizei. Das kann nur bedeuten, dass auch er deportiert
würde.

Wer immer Hannes aufgegriffen hat, wird sich zweifellos um-
schauen, ob in der Nähe nicht noch mehr von diesem Gesindel zu
finden ist. In der Molkerei können wir nicht bleiben, sagt Moezla.
Das ist zu gefährlich. Also beginnt erneut die Rennerei über die
Felder. Wir hasten Richtung Vorden, denselben Weg zurück, den
wir gekommen sind. Getrieben von Instinkt und Verzweiflung,
laufen wir wie auf Autopilot. Wo sollen wir diese Nacht schlafen?
Wie soll meine Tante ihre Kinder und mich am Leben erhalten?
Zwei Tage lang haben wir nur etwas Milch getrunken, und alle
haben furchtbaren Hunger.

Meiner Tante wird mit der Zeit immer klarer, dass weiter zu
flüchten sinnlos ist. Jeder Weg, der ihr einfällt, endet bei der Polizei oder den deutschen Soldaten. Außerdem hat ihr die Einsicht,
dass Hannes wahrscheinlich festgenommen wurde, die Kraft geraubt. Ich kann sehen, dass sie den Mut zu verlieren droht.

»Sie haben meinen Sohn«, sagt sie mit zittriger Stimme, wäh-
rend wir auf einem schmalen Pfad in Richtung Vorden gehen.
Nach einem Stoßseufzer fasst sie einen Entschluss. »Es gibt keinen
Ausweg mehr. Wir stellen uns.«

Als wir in Vorden ankommen – es ist noch hell –, gehen wir geradewegs zu der kleinen Polizeidienststelle im Zentrum des Dorfes.
Dort sitzt schon mein Cousin Hannes; er wurde tatsächlich erwischt, als er in der Umgebung der Molkerei etwas zu essen organisieren wollte.

Die Polizisten sind glücklicherweise nett zu uns. Sie setzen
meine Tante und uns Kinder in einen Verhörraum und bringen uns
etwas zu essen und zu trinken. Zum Glück sehen sie in uns nur ge-
hetzte und verzweifelte Menschen, keine staatsfeindlichen Sub-
jekte. Einer der Polizisten ist besonders freundlich zu uns. Seine

Reaktion lässt erkennen, dass ihn unser Schicksal berührt. Von ihm bekomme ich noch zusätzlich etwas zu trinken.

Die Polizisten müssen natürlich entscheiden, was mit uns geschehen soll. Das ist nicht ganz einfach, denn die Großaktion wurde schon vor zwei Tagen abgeschlossen. Alle Gefangenen sind bereits abgeführt worden. Sie ziehen ihren Dienstbefehl zurate, um zu sehen, ob sich darin Anweisungen für diese unvorhergesehene Situation finden. Die Besatzer verlangen, dass alle aufgegriffenen Zigeuner unverzüglich nach Westerbork gebracht werden. Aber hat das denn 48 Stunden später noch Sinn?

Sie beginnen zu telefonieren, um mehr Informationen zu bekommen. Vielleicht wissen ihre Vorgesetzten, was mit uns geschehen soll. »Hier sind noch einige Personen für Westerbork, was sollen wir mit ihnen anfangen?« Nach kurzer Beratung ergibt sich, dass ausgerechnet an diesem Tag ein Zug aus Westerbork in Richtung Osten fährt. Sein Ziel ist das Konzentrationslager Auschwitz. In diesem Zug befinden sich alle in den Niederlanden aufgegriffenen Sinti und Roma. Wie wir heute wissen, sind es 245. Wenn sich die Polizisten beeilen, können sie den Zug noch irgendwo auf der Strecke abpassen und uns den Deutschen übergeben, die den Transport begleiten.

Also gehen wir schnell zum kleinen Bahnhof von Vorden. Drei Polizisten begleiten uns auf dieser Fahrt. Sie sollen Tante Moezla und ihre Kinder nach Assen bringen, wo der Zug nach Westerbork kurz anhalten wird. Dort sollen wir einsteigen.

Der nette Polizist, der mir noch zusätzlich etwas zu trinken gegeben hat, ist auch dabei. Er schaut uns während der Fahrt immer wieder mit besorgtem Blick an. Wahrscheinlich weiß er, was es mit diesem ominösen Namen Auschwitz auf sich hat. Erst lange nach dem Krieg sollte mir klar werden, dass er zum Widerstand gehörte und er über unser Los vielleicht besser informiert war als seine Kollegen.

Der Bahnsteig in Assen ist verlassen. Wir sind überpünktlich.

Am 16. Mai 1944 kamen die inhaftierten Sinti und Roma in Westerbork an.

Nach drei Tagen im Durchgangslager Westerbork wurden 245 Sinti und Roma, darunter meine ganze Familie, am 19. Mai 1944 mit dem sogenannten »Zigeunertransport« nach Auschwitz deportiert.

Wir warten auf den Zug aus Westerbork. Mit Tante Moezla und den anderen sitze ich auf einem Bänkchen; die Polizisten stehen um uns herum. Ich nehme die seltsame Umgebung genau in mich auf. Ich sehe eine verschnörkelte Gusseisenkonstruktion, die das Holzdach des Bahnsteigs trägt. Die Erinnerung an die Überdachung prägt sich in diesem dramatischen Moment tief in mein Gedächtnis ein.

Es ist herrlich draußen. Für ein Kind könnte das ein schöner Ausflug sein, wenn nicht eine gewaltige Bedrohung auf allem lastete.

Endlich wird die Stille durchbrochen und wir sehen, wie sich in der Ferne der Zug aus Westerbork nähert. Schnaufend zieht die schwarze Lokomotive eine lange Reihe Viehwaggons hinter sich her.

In diesem Moment beugt sich der nette Polizist zu uns herab. Durch die Ankunft des Zuges sind seine Kollegen kurzzeitig abgelenkt. Sein Blick ist intensiv. Wir sollten ihm gut zuhören, sagt er. »Wenn ich meine Mütze absetze, müsst ihr um euer Leben rennen. Was immer ihr auch tut, steigt nicht in diesen Zug.« Nach diesen Worten wendet er sich wieder ab, als sei nichts geschehen.

Der Zug aus Westerbork hält rumpelnd am Bahnsteig. Überall aus der Lokomotive zischt Rauch und Dampf.

Mitten in dem Wirrwarr entdecke ich plötzlich eine bekannte Farbe. Aus einem der kleinen vergitterten Fenster in einem Viehwaggon hängt ein hellblauer Stoff. Diese Farbe würde ich unter Tausenden erkennen: Es ist die Farbe des schönen Mäntelchens meiner kleinen Schwester Rakli. Irgendwie haben meine Eltern bestimmt erfahren, dass wir auf dem Bahnhof sein könnten und wollen uns damit signalisieren, in welchem Waggon sie festsitzen. Mein Blick bleibt an dem Mantel hängen. In dieser fürchterlich hektischen Umgebung ist er ein unerwarteter Ruhepol. Dann nimmt ihn jemand fort. Ich könnte schwören, dass ich einen

Moment lang hinter den Gittern des Waggons meine Mutter sehe. Aber ist sie kahl geschoren? Plötzlich sehe ich auch meinen Vater, er ruft meinen Namen.

Ich will ihm natürlich auch etwas zurufen. Wider alles Erwarten haben wir uns in dem momentan herrschenden gewaltigen Chaos gefunden. Doch zugleich wird meine Aufmerksamkeit von etwas ganz anderem angezogen. Auf der anderen Seite des Bahnsteigs fährt parallel zum *Sondertransport* ein regulärer Zug der niederländischen Bahn ein. Auch in diesen schrecklichen Zeiten, an diesem höllischen Tag, geht das Leben seinen normalen Gang, auch heute fahren Menschen von Groningen nach Zwolle.

Die Zeit scheint sich in diesem Moment zu verlangsamen. An allen Ecken und Enden passiert etwas, aber alles geht sehr langsam. Der Personenzug kommt zum Stehen, einige Türen öffnen sich. Auf der anderen Seite des Bahnsteigs herrscht hektisches Treiben. Deutsche Soldaten springen von dem Transport aus Westerbork und rufen sich aufgeregt Befehle zu. Alles muss wie üblich *schnell* gehen. Manchmal werden sie von den Lokomotiven übertönt, die schnaufen, um während des Halts unter Dampf zu bleiben.

In diesem Moment nimmt der nette Polizist seine Mütze ab.

Das Erstaunliche ist: Wir alle sehen es und zögern keine Sekunde. Alle in unserer Gruppe begreifen, welche Chance sich uns jetzt bietet. Meine Tante, ihre Kinder und ich nehmen die Beine in die Hand und rennen los. Da wir nirgendwo anders hinkönnen, sprinten wir zu dem Personenzug, der in Assen gehalten hat. Die Polizisten verfolgen uns nicht. Die Soldaten schlagen keinen Alarm. Die Hand von Tante Moezla fasst den kupfernen Knauf, und die Tür schwingt auf. Sie führt direkt in ein Abteil.

Ich schaue zurück und höre, wie mein Vater schreit: »Moezla, Moezla, pass gut auf meinen Jungen auf!«

Auf wundersame Weise gelingt es unserer, aus einer Erwachsenen und acht Kindern bestehenden Gruppe, innerhalb von wenigen Sekunden in den Zug zu gelangen. Eines der älteren Kinder zieht die Tür mit einem harten Ruck zu. Wir kriechen zwischen die Bänke, um uns zu verstecken.

Ängstlich schauen wir über den Fensterrand nach den Deutschen. Sie sind vor allem mit sich selbst beschäftigt. Im Gedränge scheint niemand zu bemerken, dass die zusätzlichen Passagiere – der Grund dafür, dass sie in Assen angehalten haben – nicht eingestiegen sind.

Viel Zeit, um uns darüber zu wundern, bleibt uns jedoch nicht, denn in diesem Moment setzt sich unser Zug ruckelnd in Bewegung. Meine Sicht reicht gerade bis über den Rand des Abteilfensters hinaus, ich schaue nach dem Zug auf der anderen Seite des Bahnsteigs. Er setzt sich ebenfalls in Bewegung, aber in die Gegenrichtung. Für den Bruchteil einer Sekunde sehe ich das Gesicht meines Vaters, noch immer hinter dem Fenster. Seine Finger umklammern die Gitterstäbe. Unsere Blicke begegnen sich noch für einen Moment, oder bilde ich mir das ein? Dann führen uns die Züge in verschiedene Richtungen.

Obwohl ich noch ein kleiner Junge bin, weiß ich, dass dies das letzte Mal ist, dass ich ihn gesehen habe. Starr blicke ich dem Zug so lange wie nur möglich hinterher. Mein Kindergehirn überschlägt sich, und ich speichere innerhalb kürzester Zeit eine Menge von Eindrücken in meinem Gedächtnis. So, als wäre mir in diesem Augenblick bewusst, dass ich nichts vergessen darf, dass ich diese Geschichte später erzählen muss. Das Mäntelchen, den Polizisten ohne Mütze, die Augen meines Vaters – ich sehe sie noch immer vor mir, als wäre es gestern gewesen.

HET PERRON

Einsteigen, schnell, schnell, de trein op het perron
Westerbork, waar hun laatste reis begon
M'n zusjes blauwe jasje voor het rooster van die beestenwagen
Dat beeld, nog steeds niet te verdragen.

Ik zie mijn moeder haar mooie haar, ooit glansde het in de zon
O, die trein op het perron.
Van haar mooie haar beroofd, onteerd door nazihand
Voor altijd op mijn netvlies ingebrand

Daar is mijn vader, radeloos, hij roept: We zien elkaar
Waarom, waarom, na vijftig jaar
Weet ik nog het antwoord niet
Wanhoop, vertwijfeling, intens verdriet.

Langzaam zet de trein zich in beweging,
Wanhoop, angst, verdriet gaan door me heen
Bewakers schreeuwen, laarzen stampen,
Ik ben alleen.

Op dat perron verloor ik alles wat me dierbaar was
Alles, ook m'n zusjes blauwe jas
Ik heb gebeden, geschreeuwd, ik wil bij jullie zijn
Samen, samen sterven, voelen dezelfde pijn.

Na vijftig jaar, mijn kinderen zijn nu groot, is de pijn niet
    minder
Overwinnen zij hun dood?

Zoni, 1994

DER BAHNSTEIG

Einsteigen, schnell, schnell, der Zug am Bahnsteig
Westerbork; wo ihre letzte Reise begann
Das blaue Mäntelchen meiner kleinen Schwester vor dem
  Gitter dieses Viehwaggons
Das Bild, noch immer unerträglich.

Ich sehe meine Mutter, ihr schönes Haar, einst glänzend in der
  Sonne
Oh, dieser Zug auf dem Gleis
Ihres schönen Haares beraubt, entehrt von Nazihand
Für immer auf meine Netzhaut eingebrannt.

Dort ist mein Vater, bestürzt, er ruft: Wir sehen uns
Warum, warum, nach fünfzig Jahren
Weiß ich darauf noch keine Antwort
Entsetzen, Verzweiflung, tiefster Kummer.

Langsam setzt der Zug sich in Bewegung
Entsetzen, Angst, Kummer durchfahren mich
Aufseher schreien, Stiefel stampfen
Ich bin allein.

Auf diesem Gleis verlor ich alles, was mir kostbar war
Alles, auch das blaue Mäntelchen meiner kleinen Schwester
Ich habe gefleht, geschrien, ich will bei euch sein
Mit euch zusammen, zusammen sterben, denselben Schmerz
  fühlen.

Nach fünfzig Jahren, meine Kinder sind jetzt groß, ist der
  Schmerz nicht geringer
Verwinden sie ihren Tod?

3.

IN DER SCHUSSLINIE

Die fünf Tage nach unserem Entkommen aus Assen sind ein schwarzes Loch für mich. An unsere Zugfahrt habe ich fast keine Erinnerungen mehr; nur die Ausstattung des Abteils kann ich mir noch einigermaßen vergegenwärtigen. Über der Bank hing ein Eisengestell, auf dem Fahrgäste ihr Gepäck unterbringen konnten. Dieses Gestell war leer; als Flüchtlinge hatten wir schließlich nichts dabei.

Aber wohin wir fuhren, oder wie, weiß ich nicht mehr. Auch nicht, ob wir vom Schaffner kontrolliert wurden und wie sich meine Tante dabei womöglich herausredete. Kamen andere Fahrgäste in unser Abteil? Dauerte die Fahrt lange? Stiegen wir um? Ich kann es nicht sagen. Dass ich die Ereignisse auf dem Bahnhof von Assen bis ins Detail in Erinnerung behalten habe, von der Zugfahrt danach aber nahezu nichts mehr weiß, gehört für mich zu den großen Mysterien des menschlichen Gehirns.

Auf der Grundlage dessen, was ich heute über die Abläufe in Westerbork weiß, kann ich einiges rekonstruieren. Die Transporte aus dem Lager Westerbork fuhren im Krieg üblicherweise nordwärts. Die Züge fuhren über Assen zum Groninger Grenzort Nieuweschans. Dort übergab die Niederländische Bahn die Waggons an die Deutsche Reichsbahn. Diese beförderte die Opfer durch das von Adolf Hitler beherrschte Gebiet in die Vernichtungslager.

Wir fuhren genau in die umgekehrte Richtung, also müssen wir nach Süden unterwegs gewesen sein. In Zwolle stiegen wir wahrscheinlich in den Zug nach Zutphen um.

Was sich bei mir jedoch durchaus erhalten hat, ist eine Art Echo meines Gefühls während dieser Zeit. Das bleischwere Bewusstsein, etwas Fürchterlichem entronnen zu sein. Damit ist allerdings beileibe keine Erleichterung verbunden, sondern eher die schreckliche Erkenntnis, dass ich meine Familie unwiderruflich verloren habe. Wie stark ist meine Sehnsucht, bei ihnen zu sein, um mit ihnen dorthin zu gehen, wo sie hingehen. Ich will mit meinem Vater, meiner Mutter und mit meinen kleinen Schwestern sprechen. Für mich als kleiner siebenjähriger Junge sind sie alles.

Irgendwo in diesem Gemenge von Gefühlen liegt auch die Erinnerung an den Trost, den ich bei meiner Tante Moezla finde. Inmitten von Chaos und Panik vermittelt sie mir Geborgenheit.

Vieles von dem, was ich über diese Tage weiß, habe ich erst später erfahren oder mir aus den Erzählungen anderer zusammengereimt. So weiß ich heute, dass es sich bei dem Abtransport aller verhafteten Sinti und Roma aus den Niederlanden um eine einmalige Aktion der Besatzer handelte. Sie filmten die Deportation sogar, als ob sie voller Stolz festhalten wollten, wie sie das Zigeunerproblem in den Niederlanden mit einem Schlag gelöst hatten.

Was als aufmunternder Propagandafilm gedacht war, wurde nach dem Krieg jedoch zu einem auf Zelluloid gebannten Monument der Untaten des Naziregimes. Vor allem wegen der Aufnahme, auf der ein Mädchen mit einem Kopftuch ängstlich aus der Tür eines Güterwaggons schaut. Jahrelang galt eine Einzelbildaufnahme dieser Szene als Symbol der Judenverfolgung. Seit 1994 wissen wir dank der Recherchen des Journalisten Aad Wagenaar, dass dieses Mädchen Settela Steinbach hieß und eine Sintezza aus Limburg war. Sie befand sich im selben Zug wie meine Familie.

Heute weiß ich auch, dass die Roma und Sinti nach der Razzia am 16. Mai in den Niederlanden wieder relativ sicher waren. Die

Die Aufnahme des Mädchens zwischen den Waggontüren galt jahrelang
als das Bild der Judenverfolgung, bis der Journalist Aad Wagenaar entdeckte,
dass es sich um eine Sintezza, ein Sinti-Mädchen, handelte: Settela Steinbach.

Polizei ging nicht mehr aktiv nach »Zigeunern« auf die Suche, obwohl wahrscheinlich auch später noch Mitglieder meines Volkes
festgenommen und deportiert wurden. Aber in großem Maßstab
passierte das nicht mehr. Da es uns gelungen war, dem Zug nach
Auschwitz zu entkommen, war das Leben meiner Tante, ihrer sieben Kinder und mein eigenes gerettet.

Im Sommer 1944 haben wir diese Information natürlich noch
nicht. Als meine Bibi Moezla nach unserer Zugfahrt nach Vorden
zurückkehrt, muss sie überlegen, wie sie die nächste Zeit überleben kann. Wo kann sie hin? Wem kann sie vertrauen? Sie fürchtet, jeden Moment von der Polizei wieder festgenommen zu wer-

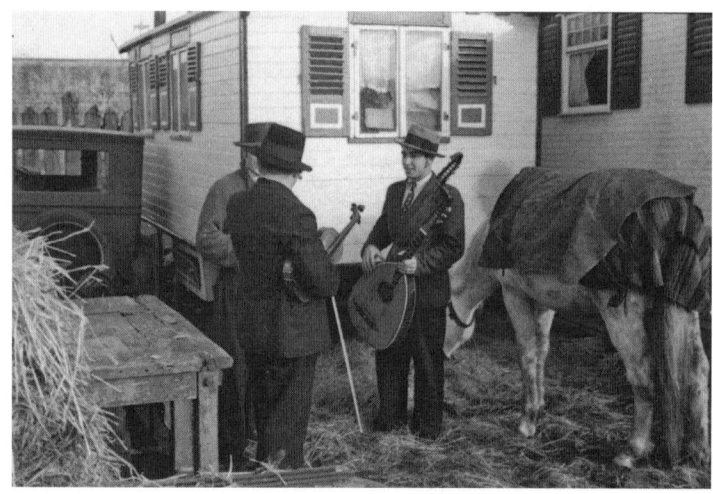

Auf diesem Foto ist ein »Zigeunerlager« am Rande von Haarlem während
des Krieges zu sehen. Mit der Geige in der Hand in Rückenansicht steht Lolo Adell,
hinter ihm Josef Basili, und der Mann mit der Laute ist Frans Basili.
Musik war und ist noch immer eine der wichtigsten Einkommensquellen der Sinti.

den. Vielleicht hat sie dann weniger Glück. Auf jeden Fall muss sie
dafür sorgen, bei Gefahr schnell wieder flüchten zu können.

Deshalb fasst sie einen Beschluss, den ich als Erwachsener
durchaus verstehe, der aber für den kleinen Jungen, der ich damals
war, deshalb nicht minder herzzerreißend ist.

Einige Tage nach unserer Rückkehr bringt Moezla mich in das
fünf Kilometer von Vorden entfernt gelegene Doetichen. Dort
steht ihr Bruder, mein Onkel Koen, mit seinem Wagen in einem
Lager. Bei ihm sei ich sicherer, sagt Bibi Moezla, ohne mir zu erklären, warum. Wenn sie mich hier zurücklässt, hat sie in diesen
schwierigen Zeiten natürlich auch einen Esser weniger durchzu-
füttern. Vielleicht kann sie dann auch schneller flüchten.

Koen ist auf jeden Fall mobiler als Moezla. Er ist mit einer Fahrenden verheiratet, und sie haben keine Kinder, daher können sie
schneller reisen.

Meine Erinnerungen an Koens Frau sind nicht besonders positiv. Vom ersten Moment an spüre ich, dass sie alles andere als begeistert davon ist, sich um mich zu kümmern. Sie ist kühl und lässt mich immer wieder spüren, dass ich nicht willkommen bin.

Dennoch hat Moezla wohl damit recht, dass ich bei ihnen sicherer bin. Ich merke schnell, warum. Koen ist clever; er ist ein guter »Organisator«, der immer dafür sorgt, dass er nicht zu kurz kommt. Irgendwie hat er es sogar geschafft, der Razzia zu entkommen, und das, obwohl er in einem Wagen lebt, was ihn nicht gerade unauffällig macht. Warum wurde mein Vater, der in einem Haus wohnte, festgenommen und Koen nicht? Ich kann es nicht erklären. Aber je besser ich meinen Onkel kennenlerne, desto weniger erstaunt es mich.

An seine Cleverness habe ich sogar ein dauerhaftes Andenken. Einige Tage, nachdem ich bei ihnen eingezogen bin, nimmt mich Koen zu meinem offiziellen Wohnort Zutphen mit, der nur wenige Kilometer entfernt liegt. Dort gehen wir ins Rathaus.

Ich müsse einen Ausweis haben, sagt mein Onkel. Damit ich den Deutschen und der Polizei gegenüber nachweisen kann, wer ich bin. Das könne irgendwann darüber entscheiden, ob ich ungestraft davonkäme oder als Streuner aufgegriffen würde. Um sich einen Personalausweis ausstellen zu lassen, muss man eigentlich 15 sein, und ich bin erst sieben. Dennoch macht ein Gemeindebediensteter die Papiere fertig – Koen ist auch gewitzt darin, einen Beamten herumzukriegen.

Ich muss vor einem Schreibtisch Platz nehmen. Der Mann vom Standesamt spannt ein dickes graues Papier in seine Schreibmaschine ein. Es ist der Personalausweis mit der Nummer Z34/018766.

»Johannes Weisz« tippt er in die Zeile, in der der Name des Inhabers stehen muss, meinen offiziellen Namen. Darunter kommt mein Geburtsdatum.

Dann betätigt er einige Male den Schalthebel, so dass die Schriftzeile einige Zentimeter tiefer ansetzt. In die Zeile, in die der Beruf des Ausweisinhabers einzutragen ist, schreibt er »studierend«. Mit der Tabulatortaste wandert er nach rechts und tippt dann drei Worte auf die Seite, auf die der Gemeindestempel kommt: »kann nicht schreiben«.

Mit einem ratternden Geräusch zieht er den Personalausweis aus der Maschine. Dann rollt er meinen Zeigefinger über eine eiskalte, mit schwarzer Tinte eingefärbte Natursteinplatte und drückt ihn quasi als Unterschrift auf die Innenseite des Papiers. Das Dokument ist fertig. Nach meiner Eintragung ins Geburtsregister in Den Haag ist das der erste offizielle Beleg dafür, dass es mich gibt. Ein siebenjähriger Student, der nicht lesen kann, mit einem Namen, auf den er nicht hört.

Bis auf das Geburtsdatum ist das ganze Dokument eine Ansammlung von Halbwahrheiten und Lügen.

Nachdem der Personalausweis fertig ist, bleibt Koen noch eine Weile stehen und tuschelt mit einem Beamten. Dabei blicken sie sich hin und wieder nach mir um. Schließlich kommt mein Onkel zu mir und nimmt meine Hand. Wir gehen jetzt irgendwohin, verstehe ich. Ein anderer Beamter kommt aus einem kleinen Raum und begrüßt uns. Gemeinsam gehen wir nach draußen.

Wohin der Weg führt, wird mir sehr schnell klar. Wir gehen zur früheren Metzgerei, in der ich mit meinen Eltern gewohnt habe.

Als wir vor dem Haus stehen, sehe ich, dass an der Vordertür ein Siegel angebracht ist. Der Beamte der Gemeinde Zutphen durchtrennt es. Dann greift er nach einem großen Schlüsselbund und sucht den Schlüssel, der in das Schloss der Haustür passt. Mit einem deutlichen Klicken springt das Türschloss auf. Der Beamte dreht kräftig den Türknauf; das Haus, in dem ich ein Jahr lang gewohnt habe, steht offen. Zu dritt gehen wir hinein.

Ich traue meinen Augen nicht. Das Haus ist völlig leer. Es sieht genauso aus wie damals bei unserer Ankunft: kein einziges Möbelstück ist stehen geblieben. Jeder Schritt klingt daher hohl. Nichts deutet darauf hin, dass hier vor zwei Wochen noch eine Familie gewohnt und auf das Ende des Krieges gewartet hat. Ich gehe durch die leeren Zimmer und frage mich, wo all unsere Sachen geblieben sind. Die Teppiche, mit denen mein Vater handelte? Sind weg. Die Töpfe und Pfannen meiner Mutter? Nicht mehr zu finden. Selbst die jahrhundertealte, kostbare Amati-Geige, der ganze Stolz meines Vaters, ist spurlos verschwunden.

Als ich Koen anschaue, sehe ich, dass er ebenso erschrocken ist wie ich. Immerhin ist es auch sein Bruder, der verschwunden ist. Er berät sich mit dem Beamten, der uns die Wohnung gezeigt hat. Was ist hier geschehen? Wer hat die Sachen mitgenommen? Wie kann eine Geige, die Tausende Gulden wert ist, spurlos verschwinden? Es gibt keine zufriedenstellende Antwort. Ebenso wie bei der jüdischen Familie, die vor uns hier wohnte, ist es so, als wäre unser Leben von unsichtbarer Hand vollkommen ausradiert worden. Nichts deutet mehr darauf hin, dass wir einmal hier waren.

Niedergeschlagen ziehen wir die Haustür wieder hinter uns zu. Hier ist nichts mehr für uns zu holen.

Die Wochen darauf sind die Hölle. Nicht nur für mich, sondern auch für meinen Onkel. Ich bin bockig und widerspenstig. Sobald ich einschlafe, habe ich schreckliche Albträume. Tagsüber weine ich viel und bin nicht ansprechbar. Niemand kann mich aufheitern oder ablenken. Die Kälte, die meine Tante ausstrahlt, macht die Sache natürlich auch nicht besser. Die Ereignisse der letzten Zeit haben mich sehr mitgenommen. Als kleiner Junge habe ich gesehen, wie meine Eltern abtransportiert wurden. Wie kann ich das jemals wieder aus meinem Kopf bekommen?

Ich merke meinem Onkel und meiner Tante an, dass ihnen meine Gegenwart auf die Nerven geht. Ich brauche Betreuung, jemanden, der sich ständig um mich kümmert. Darauf sind sie nicht eingestellt. Niemand hat sie darauf vorbereitet, einen kleinen Jungen mit psychischen Problemen bei sich aufzunehmen.

Um in Kriegszeiten einen Personalausweis zu bekommen, muss man
15 Jahre alt sein.

Dennoch wird genau das nach den Gesetzen und Bräuchen
meines Volkes von ihnen erwartet. Für Sinti ist die Familie heilig.
Wenn ein Bruder oder eine Schwester, ein Cousin oder eine Cousine, ein Kind oder ein Enkelkind in Not sind, hilft man. Eltern-
lose Kinder nimmt man auf, ohne Fragen zu stellen. Ungeachtet
der Konsequenzen für einen selbst; ohne Vorbehalt. Meiner Tante
Moezla war das klar, aber meinem Onkel Koen nicht so ganz.
Vielleicht ging das auf den Einfluss seiner Frau zurück.

Wer den Knoten durchhaut, weiß ich nicht, aber mein Aufenthalt im Wagen meines Onkels ist schon bald vorbei. Nach
vier Wochen muss ich meine wenigen Sachen packen; ich werde
umziehen, erklärt er mir. Zum dritten Mal innerhalb weniger
Wochen.

Wir fahren mit dem Zug nach Nimwegen, wo die Eltern meiner
Mutter wohnen. Ich habe sie erst ein einziges Mal gesehen, bei uns
zu Hause in Zutphen. Nun reicht mich mein Onkel Koen wie eine
heiße Kartoffel an sie weiter.

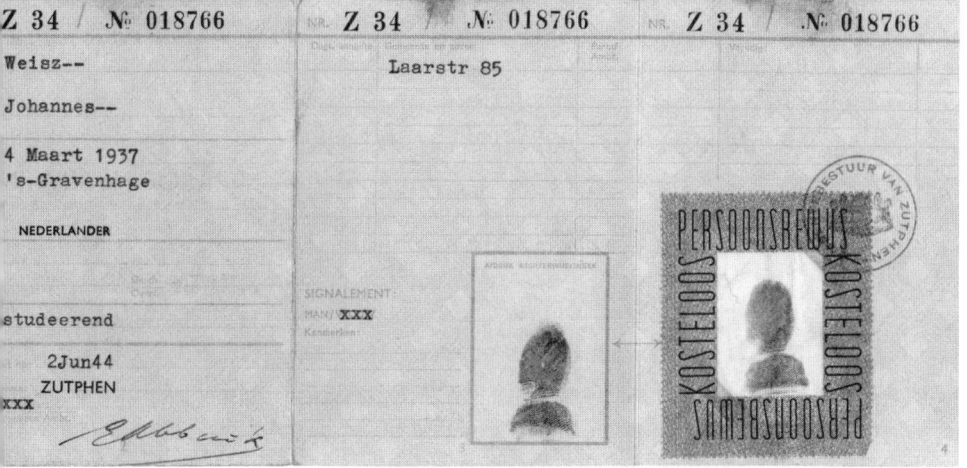

Mein Onkel Koen nahm mich am 2. Juni 1944 mit ins Rathaus in Zutphen und erreichte, dass ich als Siebenjähriger einen Personalausweis bekam. Unter allen Umständen, auch in der Zeit, in der ich untertauchen musste, hatte ich meinen Ausweis bei mir. Er war der einzige Beleg, dass es mich gab.

Meine Großeltern wohnen in einer Erdgeschosswohnung in der Nähe der Bahngleise. Heute sind in diesem Viertel alle Häuser längst abgerissen, aber 1944 gibt es in diesem Teil von Nimwegen noch ein Viertel mit kleinen Häusern, die Nieuwe Marktstraat. An einem ruhigen, von drei Häusern umgrenzten Hof wohnen meine Großeltern. Vor dem Küchenfenster steht ein Birnbaum.

Koen liefert mich ab. Das ist mein neues Zuhause, hier soll ich mich nun einleben, so viel verstehe ich. Obwohl ich diese Menschen kaum kenne. Das behagliche kleine Haus macht jedoch gleich einen angenehmen Eindruck auf mich. Ich gehe ins Wohnzimmer, das mit Fotos von Familienmitgliedern und Heiligen übersät ist. Auf dem Kaminsims stehen Bilder von Maria und dem Heiligen Herzen. Meine Großeltern nehmen ihren katholischen Glauben besonders ernst.

Zum ersten Mal, seit ich meine Tante Moezla verlassen musste,

> **Deze wenken bij het P.B. bewaren**

WENKEN, IN ACHT TE NEMEN BIJ HET PERSOONSBEWIJS (P.B.)

1. U moet het P.B. te allen tijde bij U dragen en desgevorderd vertoonen aan iederen opsporings-ambtenaar.
2. U moet het P.B. zeer zorgvuldig bewaren.
3. Het P.B. moet binnen 5 dagen persoonlijk of per aangeteekenden brief ter aanvulling of wijziging aangeboden worden:
   a. bij **vestiging** in een andere gemeente (aanbieden in de gemeente van vestiging, dus niet in de gemeente van vertrek);
   b. bij **huwelijk, huwelijksontbinding, verhuizing of adresverandering** binnen de gemeente;
   c. bij **wijziging** van beroep of nationaliteit, en bij naamsverandering.
   Bij **vertrek naar het buitenland** moet het P.B. in de gemeente van vertrek aangeboden worden op den dag van vertrek of ten hoogste vijf dagen tevoren.
4. Bij **overlijden** moet het P.B., gelijktijdig met de aangifte van overlijden, worden ingeleverd in de gemeente, waar het overlijden plaats vond.

N. S. 18347 II   Z.O.Z.

Vorderes und hinteres Einlegeblatt des Personalausweises.

5. Een P.B., waaraan een of meer der voorgeschreven kenmerken **ontbreken** of welks **geldigheidsduur** is **verstreken**, is ongeldig.

6. Een P.B., dat zoo **onduidelijk of onleesbaar** is, dat vaststelling van de identiteit van den houder niet mogelijk is, is ongeldig.

7. Een ongeldig P.B. moet onmiddellijk **ingeleverd** worden.

8. Voor de leden van een gezin of samenwoning kan het P.B. door één hunner ter wijziging worden aangeboden of worden ingeleverd.

9. Ingeval van **vermissing of ontvreemding** van een P.B. moet onmiddellijk aangifte worden gedaan bij de politie. Ook kennis geven aan den burgemeester. Deze kan een nieuw P.B. afgeven, tenzij er gegronde redenen bestaan zulks te weigeren.

10. Niemand mag zich van zijn P.B. ontdoen of daarin eenige verandering, aanvulling of toevoeging aanbrengen of doen aanbrengen. Ook is het verboden zijn P.B. aan een ander ten gebruike af te staan of het P.B. van een ander te gebruiken.

11. Overtreding van de voorschriften wordt gestraft met hechtenis van ten hoogste 14 dagen of geldboete van ten hoogste ƒ 100,—.

spüre ich wieder etwas Wärme. Meine Oma tut ihr Bestes, um mir das Gefühl zu geben, dass ich willkommen bin. Als wir alle zusammensitzen, winkt sie mich zu sich heran.

Als ich vor ihr stehe, sieht sie mich genau an.

»Wie heißt du nochmal?«, fragt sie neugierig.

»Zoni«, antworte ich.

Meine Oma schüttelt den Kopf. »Das ist ein Zigeunername«, sagt sie.

Mein Onkel zeigt ihnen meinen neuen Personalausweis. Plötzlich begreife ich, dass es damit leichter ist, mich bei anderen unterzubringen. War das von Anfang an der Zweck des Ganzen? Viel Zeit, um darüber nachzudenken, bleibt mir nicht.

Meine Großmutter sieht sich das graue Schriftstück aufmerksam an und liest die Angaben, die darin stehen.

»Von jetzt an heißt du Johan.«

Als erwachsener Mann, viele Jahrzehnte später, ist mir klar, dass meine Oma mich zu beschützen versuchte, indem sie meinen christlichen Namen verwendete. Ein kleiner Junge, der plötzlich bei zwei älteren Menschen wohnt, fällt natürlich auf. Mit einem ausländisch klingenden Namen würden die Leute vielleicht noch mehr Fragen stellen. Aber in diesem Moment fühlt es sich für mich an, als müsste ich verleugnen, wer ich bin. Sie nimmt mir meinen Namen, meine Identität. Als ob sie mich der Familie, zu der ich gehöre, endgültig entreißen würde. Dieser Moment wird mich mein Leben lang verfolgen.

Mein Onkel Koen steht mit einem beiläufigen Abschiedsgruß auf. Er kehrt nach Doetinchem zu seiner Frau zurück. Das Letzte, was ich von ihm sehe, ist, dass er die Tür hinter sich zuzieht und über den Hof geht. Ich habe ihn nie wiedergesehen. Selbst als Siebenjähriger beschließe ich, dass er für mich gestorben ist. Seine Familie im Stich zu lassen, ist in unserer Kultur so ziemlich das größte Tabu, doch das kümmert ihn keinen Deut. Schamlos, so finde ich das schon als Kind.

In dem kleinen Haus gibt es kein eigenes Schlafzimmer für mich. Daher schlafe ich von diesem Abend an mit meiner Oma in einem Alkoven. Mein Großvater, ein italienischer Sinto, übernachtet gewöhnlich im Wohnzimmer vor dem Fenster. Dort steht sein Sessel, in dem er abends langsam einnickt und dann den Rest der Nacht sitzend oder halb liegend verbringt.

Als ich zum ersten Mal mit meiner Großmutter im Alkoven unter der Decke liege, habe ich keine Ahnung davon, dass einige Hundert Kilometer südlich von uns ein Kampf um die Herrschaft in Europa wütet. Um Ideen, um das Recht, zu sein, wer man ist. Einige Tage, nachdem ich meinem Personalausweis bekommen habe, sind 24 000 alliierte Soldaten in der Normandie gelandet. Sie marschieren im Eiltempo nach Nordosten. Zwei Wochen nach meiner ersten Nacht in Nimwegen werden sie Paris einnehmen. Zwei weitere Wochen darauf erobert die Britische 3. Division Maastricht.

Die Hoffnung, die Deutschen noch vor dem Winter zu besiegen, steigt. In den Niederlanden sieht es sogar kurzfristig so aus, als würde das deutsche Regime aufgrund von Chaos und Panik auf einen Schlag zusammenbrechen. Am 5. September 1944, dem sogenannten »Dolle Dinsdag«, fliehen Soldaten und Mitglieder der NSB (»Nationaal-Socialistische Beweging in Nederland«, nationalsozialistische Partei) nach Deutschland, als Gerüchte kursieren, die Alliierten könnten jeden Augenblick den Widerstand der Wehrmacht brechen.

Den Deutschen gelingt es zwar, die Niederlande wieder unter Kontrolle zu bekommen, doch scheint sie dieser Zwischenfall ernstlich geschwächt zu haben. Um ihre Moral ist es jedenfalls nicht zum Besten bestellt. Die Alliierten hingegen sind optimistisch. Sie sehen eine Chance, den Krieg schnell zu beenden. Wenn es ihnen gelingt, ins Ruhrgebiet vorzustoßen, könnten sie die Deutschen der Möglichkeit berauben, ihre Truppen mit Nachschub zu versorgen. Das bedeutete das Ende des Krieges, eine Chance, jegliche Verfolgung und Gewalt zu stoppen.

Unter dem Namen *Market Garden* schmiedet Feldmarschall Bernard Montgomery einen ziemlich gewagten Plan, um den Durchbruch zu erzwingen. Mithilfe von Fallschirmspringern will er die Brücken über die großen Flüsse der Niederlande einnehmen und so für die Kerntruppe den Teppich Richtung Deutschland ausrollen. Dieser Teppich soll bei Eindhoven beginnen und über Grave bis nach Arnheim verlaufen. Von dort aus könnten die Alliierten dann nach Osten vorstoßen.

Ein sehr riskanter Plan. Der Korridor ist schmal und daher besonders anfällig für Flankenangriffe. Entscheidend für Montgomery ist die Eroberung der Brücke über die Waal, die noch nicht mal einen halben Kilometer von dem kleinen Haus meiner Großeltern entfernt liegt. Meine Großeltern und ich wissen zu dieser Zeit natürlich nichts von Montgomery und seinen Plänen. Aber wir sind unmittelbar davor, Teil seines Vernichtungsschlages gegen Hitlers Truppen zu werden.

Der Himmel scheint aufzureißen, als die deutsche Abwehr auf die Flugzeuge mit den amerikanischen Fallschirmspringern zu feuern beginnt. Den Deutschen ist klar, dass dies eine kriegsentscheidende Schlacht werden kann, sie kämpfen mit Leib und Seele. Nach ihrer Landung beginnen die amerikanischen Soldaten mit der Eroberung der Waalbrücke. Im Alkoven liegend höre ich eines Abends, als ich erst wenige Wochen in Nimwegen wohne, das Explodieren der Bomben und Granaten. Das Haus liegt mitten in dem von beiden Parteien heftig umkämpften Gebiet. Bei Tante Moezla oder Onkel Koen wäre ich sicherer gewesen als hier.

Warum, weiß ich nicht, aber an diesem Abend haben meine Oma und ich im Alkoven den Platz getauscht. Normalerweise liege ich an der Außenseite, aber heute schläft meine Großmutter auf der Türseite. Plötzlich ist der pfeifende Ton eines Projektils in unmittelbarer Nähe zu hören. Eine Granate kehrt auf den Boden zurück und schlägt in der Nähe unseres Hauses ein. Dem Unheil verkün-

Der britisch-amerikanische Vormarsch, 19. September 1944.
Durch Nimwegen fahren ein Bren Carrier, zwei Daimler-Dingo-Scoutcars und
zwei Sherman-Panzer. Gegen die Bäume gelehnt, sitzen amerikanische
Fallschirmspringer und ruhen sich aus.

denden Pfeifen folgt das Donnern einer Explosion, die den Boden unter unserem Alkoven erzittern lässt.

Das Klirren von Glas, das Geräusch von Steinen, die nach der Explosion zu Boden fallen. Unmittelbar danach höre ich, wie meine Oma wimmert. Als ich hinschaue, sehe ich, dass ein kleiner Granatsplitter in ihrem Unterarm steckt. Schlagartig wird mir bewusst, dass ich normalerweise genau an dieser Stelle liege. Hätten wir nicht den Platz getauscht, wäre dieser Splitter vielleicht in meinem Körper gelandet. Zum zweiten Mal binnen weniger Monate wurde ich vom Krieg verschont.

In den nächsten Tagen geht es ums Überleben. Der Granatsplitter im Alkoven hat meine Großmutter nicht schwer verwundet, aber er ist ein Warnsignal, das uns deutlich macht, dass wir im Haus nicht sicher sind. Aufgrund der Lage der Wohnung in der Nähe einer großen Eisenbahnbrücke ist die Gefahr, dass wir erneut getroffen werden, groß.

Die folgende Nacht verbringen meine Oma und ich im Keller unter der nahe gelegenen Berufsschule. Mein Großvater weigert sich, seinen Platz zu verlassen. Er schläft wie gewöhnlich in seinem Sessel im Wohnzimmer – mag die Welt nun untergehen oder nicht.

Die Panik, die ich zuvor im Krieg selbst gespürt habe, sehe ich nun überall um mich herum. Wir gehen eng an die Mauer gedrückt in den Luftschutzkeller. Dieser Keller ist groß und über eine breite Treppe zu erreichen. Er wirkt sehr stabil und massiv. So dicht bei meiner Oma zu sitzen, verleiht mir Sicherheit. Ich sehe Männer, die auf ihren Knien liegen und beten. Einer der Männer ruft in seiner Angst immer wieder: »Mamilein, Mamilein!«

Wir hören die Granaten über uns einschlagen.

Die Alliierten gewinnen diese Schlacht. Sie erobern die Brücke dank des Nimwegener Jungen Jan van Hooft, der die von den Deutschen angebrachten Sprengladungen ganz alleine entschärft. Nun liegt der Weg nach Arnheim offen vor ihnen. Leider ist es zu spät für die Luftlandetruppen, die dort festsitzen. Der Durchstoß nach Deutschland und ein Ende des Krieges vor Weihnachten sind nicht mehr möglich. Die Niederlande gehen einem schrecklichen Winter entgegen; während die südliche Hälfte bereits befreit ist, hat der Norden noch einige Monate unter der Besatzung zu leiden.

In Nimwegen kommen britische und amerikanische Soldaten an. Ein paar Tage nach der Befreiung der Stadt sehe ich zum ersten Mal einen Soldaten der Alliierten. Er sitzt in einem seltsamen kleinen Panzer – den man, wie ich später erfahre, *Bren Carrier* nennt. Wegen der Bombardierung gibt es in Nimwegen wenig zu essen, deshalb halte ich instinktiv meine Hand auf. Das habe ich auch bei anderen Kindern gesehen, die dann Süßigkeiten bekommen haben. Der Soldat sieht mich an und greift in seinen Rucksack; er legt mir etwas Schweres in die Hand. Als ich mein Geschenk inspiziere, sehe ich, dass es ein Stück Seife ist.

Mit einem Blick hat der britische Soldat gesehen, dass ich Krätze habe. Eine Hautkrankheit, die ich mir wahrscheinlich während der Bombennächte in dem überfüllten Luftschutzkeller unter der Berufsschule zugezogen habe. Sie wird von Milben übertragen, die, vor allem an Orten, an denen Menschen dicht gedrängt beieinandersitzen, von einer Person zur anderen überspringen.

Doch Seife hat natürlich wenig Sinn ohne Wasser. Ich solle mitkommen, signalisiert er mir. Gemeinsam gehen wir zum Feldhospital, das die Alliierten am Ende der Straße in einem großen Zelt eingerichtet haben.

Eine Krankenschwester redet auf mich ein. Ich verstehe sie nicht; sie ist Amerikanerin. Eine schöne Frau ist sie nicht; das sehe ich sofort. Ihre Zähne stehen vorne ganz schief. In meiner kindlichen Unschuld denke ich, dass wohl alle amerikanischen Frauen so aussehen. Ihren Gesten entnehme ich, dass ich mich ausziehen soll. Da ihr das nicht schnell genug geht, hilft sie mir und zieht mir meinen Pullover über den Kopf. Als alle meine Kleider auf dem Boden liegen, setzt sie mich in eine Wanne und beginnt, mich von oben bis unten mit Wasser und Seife abzuschrubben. Das tut entsetzlich weh, und ich schreie laut.

Als ich völlig sauber bin, nimmt sie einen großen Topf mit stinkender gelber Salbe und schmiert mich von oben bis unten damit ein. In diesem Moment verliebe ich mich in diese merkwürdige Frau mit dem markant vorspringenden Gebiss. Es ist eine platonische Liebe voller Verwunderung über dieses merkwürdige Wesen aus einem fernen Land. Sie symbolisiert für mich eine unbekannte neue Welt, fernab des kleinen Kreises, in dem ich mich bewege. In diesem Moment kann ich noch nicht wissen, dass ich 25 Jahre später häufiger in ihrem Land zu Gast und sogar im Fernsehen zu sehen sein werde.

Zum Feldhospital gehört auch eine Feldküche für die Truppe. Offensichtlich findet die Krankenschwester, dass ich zu mager bin. Glitschig vor Salbe werde ich daher an einen Tisch gesetzt. Ich soll etwas essen, entnehme ich den unbekannten englischen Wörtern, mit denen sie auf mich einreden. Das muss man mir nicht zweimal sagen, denn was sie mir hier bieten, ist ein Festmahl. Ich bekomme Tutti Frutti mit Reis und eine Tasse Tee mit viel Milch und Zucker. Noch nie hat ein Essen so gut geschmeckt.

Dabei lerne ich meine ersten englischen Wörter, denn ich will natürlich um Nachschlag bitten können.

Als die letzten Deutschen aus der Gegend vertrieben sind, beginnt sich Nimwegen langsam zu erholen. Die Stadt hat während des Krieges sehr gelitten. Im Februar 1944 haben die Amerikaner das Zentrum bombardiert. Warum sie das taten, ist bis heute nicht ganz klar. Man vermutet, dass es ein Irrtum war, dass die Bomberpiloten dachten, es handele sich um die Stadt Kleve.

Hinzu kommen im September 1944 der Beschuss und die Gefechte während der Operation *Market Garden*. Beim Versuch der Alliierten, möglichst schnell nach Norden durchzubrechen, wurden Dutzende von Häusern und anderen Gebäuden wie etwa Schulen schwer beschädigt. In manchen Teilen Nimwegens scheinen nur noch Geisterhäuser zu stehen. Von einigen Gebäuden stehen nur noch die Außenmauern.

Dennoch herrscht überwiegend Erleichterung, und als sich abzeichnet, dass die Deutschen in der Gegend um Nimwegen besiegt sind und in einigen Monaten in ganz Europa in die Knie gezwungen sein werden, wird sogar ein Fest gefeiert. Manchmal beteilige ich mich an den Siegesfeiern, doch in jedem stillen Moment denke ich an meine Eltern, meine Schwestern und meinen kleinen Bruder Emile. Die Ungewissheit ist schier zum Verrücktwerden. Wo sind sie nur? Haben die Deutschen ihnen etwas angetan? Oder sind sie irgendwo in einem Arbeitslager und kommen bald zu mir zurück?

Tief in meinem Innern weiß ich, dass ich mir nicht zu viel Hoffnung machen darf. Mit der Befreiung tauchen die schrecklichsten Berichte darüber auf, was sich in den Konzentrationslagern der Deutschen abspielt. Der Schriftsteller A. den Doorlaard besucht 1944 das befreite niederländische Konzentrationslager in Vught. Er erklärt im Radio, er wolle über das, was er dort gesehen habe, nicht allzu viel berichten. »Ich möchte es Ihnen ersparen. Denn ich gebe keine Lehrstunde in Sadismus.« Er wolle allerdings nicht verhehlen, dass das Konzentrationslager »ein Schrei nach Gerechtigkeit und Vergeltung« sei.

Unter dem Eindruck solcher Schilderungen taucht wieder und wieder das Bild meiner Mutter in mir auf. Ihre langen schwarzen Haare hat man ihr in Westerbork abgeschoren. Immer wieder sehe ich ihr angsterfülltes Gesicht hinter den Gittern des Viehwaggons in Assen. Warum schert man den Kopf einer Frau kahl? Warum auch immer, es ist bestimmt kein gutes Vorzeichen. Immer wieder geht mir die Szene durch den Kopf, in der ich meinen Zug in die eine und den Waggon meiner Eltern in die andere Richtung fahren sehe. Es will mir nicht gelingen, diese Bilder aus meinen Gedanken zu verbannen.

Meine Großeltern kümmern sich gut um mich. Bei ihnen beginne ich zum ersten Mal, über die Ereignisse in Vorden und später in Assen zu sprechen. Obwohl ich nichts davon mitbekomme, muss es auch für sie schwer sein. Sie haben ihre Tochter, ihren Schwiegersohn und ihre Enkelkinder verloren, wir haben alle Kummer. Meine Großeltern wissen, dass in Deutschland schreckliche Dinge vor sich gehen, aber von dem Morden im industriellen

Maßstab, das sich zu dieser Zeit auf der anderen Seite der Front noch immer vollzieht, können auch sie sich keine Vorstellung machen.

Noch ein weiteres Mal unternehmen die Nazis einen Versuch, mich ums Leben zu bringen.

Zwei Wochen nach der Befreiung geht das Leben in der Stadt erneut seinen gewohnten Gang. Meine Großeltern sind der Ansicht, es sei sicher genug, dass ich wieder auf die Straße gehen kann.

Eines Morgens gehe ich über die Nieuwe Marktstraat am Bahndamm entlang zur Waal. Ich bin noch keine fünfzig Meter vom örtlichen Badehaus entfernt, als ich einen scharfen Pfeifton höre. Ein furchterregendes Geräusch, das ich von der Schlacht um Nimwegen gut kenne. Es entsteht, wenn eine Bombe im Anflug ist. Ich stehe mitten auf der Straße und kann nirgendwohin rennen. Außerdem geht es so schnell, dass mir keine Zeit zur Flucht bleibt.

Was folgt, ist ein schrecklicher Knall und das Gefühl intensiver Hitze auf meinem Gesicht. Dann bin ich weg.

Als ich wieder zu mir komme, ist es stockdunkel. Ich kann kaum ein paar Meter weit sehen, eine dicke Staubwolke hängt in der Luft. Als sich die Staubschwaden ein wenig verziehen, sehe ich überall Menschen auf dem Boden liegen. Die blasse Farbe des Staubs auf ihren Kleidern und ihrer Haut wird nur vom leuchtenden Rot des Blutes durchbrochen. Ich höre sie vor Schmerzen stöhnen. Manche bewegen sich nicht mehr, und an der Haltung, in der sie auf dem Boden liegen, kann man sehen, dass sie tot sind. Als ich einen Schritt zu gehen versuche, höre ich Glas unter meinen Füßen knirschen.

Erst da wird mir richtig bewusst, wie stark diese Explosion war. Dort, wo eben noch das Badehaus gestanden hat, klafft auf einmal nur noch eine Lücke. Von einer Sekunde auf die andere hat sie das ganze Gebäude dem Erdboden gleichgemacht, mit all den Menschen, die sich darin befanden oder gerade an ihm vorbeigingen.

Die Deutschen haben, wie ich später erfuhr, eine Kettenbombe auf das Gebäude abgeworfen. Zwei miteinander verbundene Bomben, von denen die erste den oberen Teil eines Gebäudes zerstört und die zweite den Bruchteil einer Sekunde später in der Öffnung, die die erste Bombe gerissen hat, explodiert und von innen her alle Wände sprengt. Diese Waffe ist dazu konstruiert worden, Bunker zu zerstören, warum aber jemand damit ein Badehaus in Schutt und Asche legen will, geht mir nicht in den Kopf. Die Bombardierung war anscheinend vor allem ein Versuch, Rache an einer Stadt zu nehmen, die die Alliierten mit offenen Armen empfangen hat.

Es dauert eine Weile, dann betrachte ich mich selbst. Blute ich irgendwo? Sind meine Kleider zerrissen? Habe ich mir vielleicht etwas gebrochen? Wie ich mich auch drehe und wende, an mir selbst kann ich nichts entdecken. Nicht die kleinste Schramme habe ich abgekommen. Selbst meine Kleider sind noch unversehrt, während wenige Meter vor mir ein toter Mann liegt. Zum dritten Mal innerhalb kurzer Zeit bin ich der Vernichtung entgangen. Warum? Ich kann es nicht begreifen. Wenn es Zufall ist, nimmt dieser manchmal wirklich sehr bizarre Formen an.

Die Bomben auf das Badehaus sind Teil des letzten gewaltsamen Aufbegehrens eines sterbenden Regimes. Während des langen Winters 1944/45 rücken die Alliierten weiter in das Nazireich vor. Beim französischen Örtchen Natzweiler stoßen sie im November 1944 zum ersten Mal auf ein Konzentrationslager, das offenbar ganz gezielt zur Vernichtung von Menschen errichtet wurde. Es war das KZ Natzweiler-Struthof. Hier gibt es Gaskammern und ein großes Krematorium. Einige Wochen später entdecken Soldaten der Roten Armee die Gräuel des Vernichtungslagers Auschwitz-Birkenau.

Als die deutsche Verteidigung immer mehr in sich zusammenbricht, treten die Verbrechen gegen die Menschlichkeit erst in ihrem ganzen Ausmaß zutage. Die Berichte darüber sickern nach und nach in die Zivilgesellschaft ein. Die Flugschriften, die in den gerade erst befreiten Niederlanden zirkulieren, berichten schon zu Beginn des Jahres 1945 vom »Mord- und Folterort« Auschwitz. Mein Opa und meine Oma sind sich darüber im Klaren, dass die Chance, meine Eltern je wiederzusehen, sehr gering ist.

Regelmäßig fragen meine Großeltern beim Roten Kreuz nach, ob mittlerweile etwas über das Schicksal meiner Familie bekannt ist. Diese Organisation hat einen *Tracing Service* eingerichtet, einen Dienst, der zu klären versucht, was mit den Menschen während des Krieges geschehen ist. Viele, die den Holocaust überlebt haben, erfahren auf diesem Wege, dass alle anderen Mitglieder ihrer Familie umgekommen sind. Doch es gibt auch Wunder; es kommt vor, dass Familienmitglieder wider alle Erwartung noch am Leben sind und sich auf diese Weise wiederfinden.

Für meine Großeltern und mich können die Leute vom Roten Kreuz nichts tun. Es gibt weder Hinweise darauf, dass meine Eltern und Geschwister noch leben, noch, dass sie tot sind. Das Einzige, was wir erfahren, ist, dass meine Familie nach Auschwitz deportiert wurde und im Lager angekommen ist. Die Nazis führten mit deutscher Gründlichkeit Register, in denen sie die Ankunftszeit im Lager, die Personalien und die Gefangenennummern vermerkten. Danach fehlt jede Spur von ihnen, als seien sie einfach verschwunden. Selbst ihre Vernichtung wurde nicht dokumentiert.

Meine Oma lässt es dabei nicht bewenden. Sie ist der Meinung, dass mir auf meine Frage, was geschehen ist, eine Antwort zusteht. Wenn die offiziellen Kanäle keine Auskunft geben können, wissen die überlebenden Sinti vielleicht, was mit ihrer Tochter und ihrem Schwiegersohn geschehen ist. Einige von ihnen sind inzwischen aus der Gefangenschaft in Deutschland zurückgekehrt. Schon bald nach der Befreiung nimmt sie mich mit zu einem Wohnwagencamp in der Nähe von Nimwegen. Sinti sind dort jedoch kaum zu finden; was die Ausrottung meines Volkes angeht, waren die Deutschen sehr effektiv.

Hier stehen hauptsächlich Fahrende, die den Rassenwahn der Deutschen größtenteils überlebt haben. Mein Schicksal berührt sie, und sie sind sehr nett zu mir, aber sie haben keine Informationen über meine Familie. Bis die ersten Berichte über das Schicksal der Tausenden von Sinti in die Niederlande durchsickern, sollte es noch eine Weile dauern. Und selbst dann fließen die Informationen nur spärlich. Sinti sprechen nicht gern über Tod und Verderben. Meine Großmutter und ich werden lernen müssen, mit der Ungewissheit zu leben. Eine offizielle Bestätigung, dass meine Mutter, meine Schwestern und mein kleiner Bruder nicht mehr am Leben sind, habe ich bis heute nicht, nur über das Schicksal meines Vaters erfahre ich zu einem späteren Zeitpunkt mehr.

Wir danken den Fahrenden, dass sie bereit waren, mit uns zu sprechen. Meine Oma und ich laufen vom Lager zur Hauptstraße zurück. Wir wollen mit dem Bus heimfahren. Zu Hause werden wir versuchen müssen, diese Enttäuschung zu verarbeiten.

Auf dem Weg zur Bushaltestelle kommen wir an einen Bahnübergang. Von Ferne nähert sich ein Zug, deshalb warten wir vor den Gleisen. Als die Dampflok vorbeischnauft, sehe ich, dass eine ganze Reihe Viehwaggons daran gekoppelt ist. Langsam rollen sie an uns vorbei. Wie ein Jahr zuvor in Assen sehe ich menschliche Schemen hinter den kleinen vergitterten Fenstern. Es sind deutsche Kriegsgefangene, die nach Hause zurückgebracht werden. Ihre beschämten Blicke und die aller Insignien und Abzeichen entledigten Uniformen – all das atmet eine Atmosphäre von Niedergeschlagenheit und Kummer.

Ohne dass ich genau weiß, warum, breche ich in Tränen aus. Der Transport der Soldaten reißt die ein Jahr zuvor geschlagene Wunde wieder völlig auf. Der Zug, die ängstlichen Blicke hinter den Fenstern – das habe ich alles schon einmal gesehen. Die Über-einstimmung ist zu groß.

Meine Oma weint mit mir. Ohne Worte versteht sie, was in mir vorgeht. Auf die gleiche Weise ist ihre Tochter Richtung Osten ge-fahren, ihrem Untergang entgegen. Selbst nach der Befreiung kann ein Krieg noch sehr schmerzhaft sein.

4.

WIE ICH HEISSE

L *adies and Gentlemen, Mister John Weisz!*« Auf das verabredete Zeichen hin gehe ich von meinem Platz in den Kulissen zu dem Stuhl, der im Scheinwerferlicht für mich bereitsteht. Auf dem Wege bemerke ich, wie mich die gigantischen Fernsehkameras näher heranzoomen. Dann nehme ich neben der hellblonden Moderatorin Platz. »Großartig, hier zu sein«, sage ich zu ihr.

Es ist gegen Ende der Sechzigerjahre, ich bin in Chicago. Es hätte aber auch Houston sein können. Oder Albuquerque, Boston, Richmond oder Louisville. In diesen Jahren bin ich es gar nicht anders gewöhnt, als noch am selben Abend, an dem ich in einer amerikanischen Stadt ankomme, von dem lokalen oder regionalen Fernsehsender interviewt zu werden. Kein Niederländer ist in jenen Jahren in Amerika häufiger auf den Bildschirmen zu sehen als ich.

Alles beginnt im Jahr 1968. Nachdem ich an einigen Blumenshows in den Niederlanden teilgenommen habe und bei der Europameisterschaft für Floristik Zweiter geworden bin, bittet mich das Internationale Zentrum für Blumenzwiebeln, als »Gesicht« der niederländischen Blumenindustrie aufzutreten. Als junger und erfolgreicher Blumenhändler habe ich für diese Funktion das passende Profil. Das bedeutet, dass ich viel reisen muss, vor allem in die USA. In Hochzeiten sitze ich etwa zwölfmal jährlich im Flieger in die Vereinigten Staaten. Gemeinsam mit einer Dame in Volendammer Tracht besuche ich dort Blumenshows. Die Besuche laufen immer

Foto der Werbetour für Blumenzwiebeln durch die USA und Kanada im Jahr 1970.

nach einem bestimmten Schema ab: Ich halte Vorträge und demonstriere, welche Gestaltungsmöglichkeiten Blumen aus den Niederlanden bieten. Außerdem spreche ich mit Vertretern der lokalen und regionalen Presse. Während ich unterwegs bin, sorgt meine Frau Elly mit unseren Mitarbeitern dafür, dass der Laden in Amsterdam läuft. Ohne sie wären diese häufigen Reisen nicht möglich.

Dank der Bemühungen von Marc Reynolds, unseres amerikanischen PR-Agenten, werden wir in jeder Stadt wie echte Stars empfangen. Marc ist großartig, ein Vollprofi, der weiß, wie er uns vermarkten muss. Er organisiert Hotels, Flugtickets, Auftritte und Pressetermine. In den Interviews geht es oft um die gleichen Themen. Wie es sich in den Niederlanden so lebt und woher unsere Begeisterung für Blumen rührt. Ein anderer Klassiker: Wie schafft man es, die Tulpen in einem amerikanischen Garten genauso schön hinzubekommen, wie in der Gartenanlage Keukenhof?

Heiter und stets mit einem Lächeln auf den Lippen halte ich immer wieder aufs Neue meinen Vortrag und gebe Tipps zur Pflege niederländischer Schnittblumen. Dabei bemühe ich mich, ein möglichst guter Botschafter für unser kleines Land zu sein. Ganz gleich, wie oft man mir auch dieselbe Frage stellt, ich antworte immer geduldig: John Weisz, der Mann, der die Niederlande in der Fremde repräsentiert. Es ist ein kleines Wunder, angesichts meiner Vorgeschichte.

Lassen Sie uns mit dem Namen John beginnen, der ortsüblichen Variante von Johan. Die Frage zieht sich wie ein roter Faden durch mein Leben: Heiße ich Zoni oder Johan, oder gar John? Was bin ich? Ein *Sinto* oder ein *Gadjo*? Mit den Jahren habe ich gelernt, dass ich beides sein kann; ich mache mir nicht mehr so viele Gedanken darüber. Auf meiner Amerika-Reise bin ich John, der versierte Blumenexperte. Bei meiner Tante Leen, die zur Familie meiner Mutter gehört, heiße ich Johan. Bin ich auf Besuch bei meiner Tante Moezla, der Schwester meines Vaters, werde ich wieder zu Zoni.

Das ist für andere manchmal verwirrend, doch es ist besser, als sich definitiv für den einen oder anderen Namen zu entscheiden. Der Blumenbranche habe ich viel zu verdanken; hier war ich immer Johan. Doch in meinem Herzen – *miro chi* – bin ich Zoni, und das werde ich immer bleiben.

Nijmegen 29/11   1944

Zeer WelEdelle Heer
Burgemeester
Hier mede verzoek ik u
Eedelle of u Zoo goed wilt zijn
om in lijsting te willen stellen
naar de familie Weisz die
ge woond hebben Haar str 8?
die de 16 Mei 1944 naar duits-
land zijn ge transporteerd
en wij hebben naar dien niets
meer van hen ver nomen
u moet weten wij zijn de ouders
van Vrouw Weisz en wij zoude
graag iets ver nemen of zij
nog in het leven zijn want wij
hebben het ouste zoontje bij
ons en die ver lang naar zijn
ouders Zoo blijf ik in af wagt
u onder Daarige
Dienaar S. J. Vos
Nr Niem Markt str 16-C
Nijmegen

De door U bedoelde personen werden door ons op
3 December 1945 opgeroepen om ter gemeente
secretarie te verschijnen. De oproep, gericht
aan het adres Laarstraat 85 alhier, kwam echter als onbestelbaar terug.
Door de controle op het bevolkingsregister
zal over enige tijd de genoemde straat ook ge-
controleerd worden. Ik verzoek U zich dan nog-
maals tot ons met hetzelfde verzoek te wenden,
daar wij U dan nadere gegevens kunnen verstrek-
ken.

                    Gemeente Secretarie
                      Afd. Bevolking
                      Zutphen.

Es dauert lange, bevor ich diese beiden Identitäten in mir selbst vereinen kann. Als kleiner Junge zerreißt mich fast die Entscheidung, wer ich sein will. Als 1945 in ganz Europa der Friede Einzug hält, beginnt für mich ein schwieriger Prozess. Während des Krieges war kaum Zeit innezuhalten und über mein Wesen, meine Identität nachzudenken, aber nun gerate ich ins Grübeln. Bei meinen Großeltern habe ich es gut, aber tief in mir verbirgt sich ein großer Kummer, der sich mit einem ständigen Zweifel mischt. Ich wohne in einem Haus aus Stein, sehne mich aber hin und wieder nach dem Leben im Wagen. Der Drang danach, ein Sinto zu sein, sitzt tief in mir. Niemand kann ihn tilgen.

Dieses Gefühl wird von der Ungewissheit, in der ich mich befinde, noch gesteigert. Niemand kann mir sagen, was mit meinen Eltern passiert ist. Ein halbes Jahr nach Kriegsende schreibt mein Großvater einen Brief an die Gemeinde Zutphen. Da er kaum Schulbildung hatte, bringt er die Worte fast phonetisch zu Papier. Ich erinnere mich noch an den Satz, in dem er fragt, ob sie mehr über das Schicksal der Familie Weisz wüssten, er schreibt: »Wir haben den ältesten Sohn zu uns ins Haus genommen und er sehnt sich nach seinen Eltern«.

Zwei Wochen später kommt der Brief meines Großvaters zurück. Der Beamte des Standesamtes hat sich nicht einmal die Mühe gemacht, für die Antwort einen eigenen Briefbogen zu verwenden; auf den Rand des Briefes meines Großvaters hat er ungerührt getippt: »Die von Ihnen bezeichneten Personen wurden von uns am 3. Dezember 1945 aufgefordert auf dem Gemeindesekretariat zu erscheinen. Die Aufforderung an die hiesige Adresse Laarstraat 85 wurde jedoch als unzustellbar zurückgesandt.« Bis heute kann ich darüber in Rage geraten, dass der Brief einfach so zu-

Seite 88: Brief meines Großvaters an den Bürgermeister von Zutphen mit der Bitte um mehr Informationen über die Familie Weisz.
Seite 89: Antwort der Gemeinde Zutphen.

rückgeschickt wurde. Ein Verhalten, das von Rohheit zeugt, finde ich.

Die Ungewissheit ist schier zum Verrücktwerden. Ich kann nicht anders, als darüber zu spekulieren, was geschehen sein könnte. Vielleicht sind meine Eltern ja in der russischen Besatzungszone gelandet. Die Kommunikation zwischen den westlichen und östlichen Sektoren, in die Europa nach dem Krieg unterteilt ist, ist schwierig. Oder sie sind noch immer auf dem Rückweg nach den Niederlanden, wissen aber nicht, wo ich abgeblieben bin. Es ist ein Optimismus wider besseres Wissen, das spüre ich sehr wohl. Doch die Hoffnung aufzugeben, käme einem Verrat gleich, und das will ich nicht.

Meine Identitätskrise, verknüpft mit meiner nagenden Ungewissheit, macht es für meine Großeltern immer schwieriger, mit mir klarzukommen. Oft kann ich nachts nicht schlafen und geistere im Haus herum. Wenn irgend möglich, laufe ich den weiten Weg zum Wohnwagenlager in der Nähe von Nimwegen. Dort stehen Brüder meiner Mutter. Sie sind zwar Fahrende, keine Sinti, aber sie haben wenigstens einen Wohnwagen. Wenn ich in dem Camp bin, fühle ich mich manchmal, als wäre ich in die Zeit zurückversetzt, bevor alles anders wurde.

Zwei meiner Onkel bieten mir sogar an, mich auf Dauer bei sich aufzunehmen. Ich versuche, bei ihnen zu bleiben, aber mir schwirrt noch zu viel im Kopf herum. Sie schaffen es nicht, mich zur Ruhe zu bringen, daher kehre ich jedes Mal wieder zu meinen Großeltern nach Nimwegen zurück. Dort fühle ich mich noch am ruhigsten. Heutzutage würde man mit einem Kind wie mir einen Psychologen aufsuchen und der würde eine schwere mentale Störung diagnostizieren. Doch 1945 gibt es niemanden, der auf diese Idee kommt.

Einer der wenigen, die wirklich etwas tun, um mir zu helfen, ist einer der Brüder der katholischen Schule, in die ich gehe. Bruder Antonius hat für mich etwas sehr Vertrautes: Er hat eine dunkle

Hautfarbe. Er ist ein »Indo«, erzählt man mir, ein Migrant europäisch-indonesischer Herkunft aus dem Fernen Osten. Mein Schicksal berührt Antonius, er versteht, was geschehen ist. Mit ihm kann ich sprechen, ihm kann ich meine Geschichte erzählen. Das hilft mir ein wenig, aber es ist mehr nötig, um mich wieder auf Spur zu bringen.

Zum Glück gibt es Tante Leen.

Sie ist eine Schwester meiner Mutter und ebenso wie ihre Brüder eine echte Fahrende, auch wenn sie in einem Haus in Apeldoorn wohnt. Zum ersten Mal begegne ich ihr, als sie mit ihren beiden Töchtern, meinen Cousinen Annie und Gonnie, zu meinen Großeltern zu Besuch kommt. Sie erinnert mich entfernt an meine eigene Mutter, vor allem wegen ihres dunklen langen Haars, das ihr über die Schultern fällt.

Tante Leen sieht mit einem Blick, dass meine Großeltern nicht mehr mit mir zurechtkommen, so gern sie auch helfen möchten. Seit dem Kriegsende bin ich ein Jahr älter und damit auch größer und lautstärker geworden. Mit meinem Hang zur Rebellion ist das keine gute Kombination. Ich bin voller Zorn, der sich immer wieder Luft macht. Meine Tante erkennt, dass das für meinen Opa und meine Oma, die Anfang siebzig sind, allmählich zu viel wird.

»Gebt mir den Jungen mal mit«, sagt sie zu ihren Eltern. Das sind fast dieselben Worte, die Tante Moezla zwei Jahre zuvor verwendet hat.

An diesem Abend sitze ich mit meiner Tante und meinen Cousinen im Bus nach Apeldoorn, wo Tante Leen wohnt. Den Augenblick, in dem ich dort aus dem Bus steige, betrachte ich heute als den Beginn meines derzeitigen Lebens.

Wieder wohne ich in der Nähe der Gleise. Dort stehen in jenen Jahren oft die billigsten Häuser. Meine neue Adresse ist Nieuwendijk 22, eine Straße in einer – gelinde gesagt – etwas weniger vornehmen Gegend. Tante Leen hat wenig Geld. Sie schält in der Küche für die Hotels von Apeldoorn gewaltige Mengen Kartoffeln. Eine harte und eintönige Arbeit, mit der sie wenig verdient.

Ihre Wohnung ist jedoch schön und groß und auf jeden Fall geräumiger, als ich es gewohnt bin. Es gibt sogar drei Schlafzimmer, so dass ich zum ersten Mal in meinem Leben ein eigenes Zimmer habe. Meine Tante und ihre beiden Töchter halten sich fast ständig in der Küche auf, wo der Ofen steht und es warm und gemütlich ist. Zum ersten Mal seit langer Zeit habe ich wieder das Gefühl, in einer Familie zu leben.

Doch anfangs geht es mir noch ziemlich schlecht. Ich weine viel und neige dazu, mich ganz in mich selbst zurückzuziehen und von der Außenwelt abzuschotten. Ich habe Heimweh nach einem Leben, das der Vergangenheit angehört, und es gelingt mir nur schwer, die Wahrheit über mein Leben zu akzeptieren. Doch wenn ich nicht mein ganzes Leben lang nachtragend und depressiv bleiben will, muss ich mich aufraffen.

Meine Tante begreift das. Nicht lange, nachdem ich zu ihr gezogen bin, kauft sie mir von ihrem wenigen Geld einen Fußball. Damit schickt sie mich nach draußen, um mit den Jungs aus der Nachbarschaft zu kicken. Das ist natürlich genau das Richtige, denn ich brauche Bewegung, muss mich ablenken und ein Kind unter Kindern sein. Messerscharf hat sie erkannt, dass mir das guttut. Zu Hause ist sie sehr mütterlich zu mir. Sie gibt mir viel Zuwendung. Diese Geborgenheit wirkt Wunder. Langsam komme ich zu mir selbst.

Das Zusammensein mit meinen kleinen Cousinen hat ebenfalls eine positive Wirkung. Es ist für sie gewiss nicht einfach, dass ich kurzerhand bei ihnen eingezogen bin. Sie müssen für einen Jungen, den sie noch nie gesehen haben, zusammenrücken. Außerdem bin ich kein vorübergehender Gast, sondern ein ständi-

Tante Leen unterschreibt als Trauzeugin bei unserer Hochzeit (28. August 1963).

ger Mitbewohner, der eine ganze Menge Probleme mit sich bringt.

Obwohl sich ihre Stimmung mit der Zeit etwas aufhellt, ist Annie anfangs nicht gerade begeistert davon, dass ich bei ihnen einziehe. Mit Gonnie habe ich hingegen gleich viel Spaß. Wir stromern durch die Nachbarschaft, was am Nieuwendijk auch bedeutet, dass sich eine Rauferei gelegentlich nicht vermeiden lässt. Im Winter sind wir häufig in der Nähe der Gleise zu finden, wo ein Behälter steht, in den die Dampfloks ihre Schlacke kippen. Nachdem eine Lokomotive dort Schlacke abgeladen hat, wühlen wir oft darin herum, um Kohlen zu finden, die noch nicht völlig abgebrannt sind. Die nehmen wir mit nach Hause, um damit den Ofen zu heizen. Denn wir müssen das Geld zusammenhalten.

Trotz alledem bekomme ich eines schönen Tages das herrlichste Geschenk, das ich mir vorstellen kann: eine Gitarre. Obwohl sie selbst keine Sintezza ist, begreift meine Tante, dass ich die Musik vermisse. Was ist schon ein Sinto ohne ein Instrument? Weil ich auf keinerlei Instrument spielen kann, fühle ich mich manchmal fast wie amputiert. Und was für eine herrliche Gitarre das ist, eine Levin Sunburst. Dieser Name passt zu ihr. Das Gehäuse ist dunkel lackiert; nur um das Schallloch ist der Lack heller, wie ein Sonnenstrahl.

Ich bin das glücklichste Kind auf der Welt und spiele sofort ein erstes Stück, den Klassiker ›Schon am frühen Morgen‹.

Wo ich spielen gelernt habe? Ich habe wirklich keine Ahnung. Im Wagen und später in Zutphen hatten wir bestimmt eine Gitarre. Der Besitz eines Instrumentes ist für einen Sinto so normal, dass ich mich nicht einmal mehr richtig daran erinnern kann. Musik ist bei den Sinti so allgegenwärtig, dass man wie von selbst spielen lernt. Ich nehme meine Gitarre mit nach draußen und beginne, für die anderen Kinder zu spielen und zu singen.

Tante Leen trifft für meine Zukunft noch weitere gute Entscheidungen. Ebenso wie meine Mutter erkennt sie die Bedeutung von Bildung. Sie schickt mich zur Gerardus-Majella-Schule, die schräg gegenüber dem Bahnhof von Apeldoorn liegt. Dort komme ich in die dritte Klasse. Niemand erfährt, woher ich komme oder was im Krieg passiert ist; mein Schuleintritt ist in vielerlei Hinsicht ein Neustart. Für meine Klassenkameraden bin ich ein normaler Junge. Ein Schüler wie alle anderen, der zufällig von Nimwegen nach Apeldoorn gezogen ist. Es ist befreiend, meine Vorgeschichte nicht ständig erklären zu müssen.

In meiner Klasse sind vor allem Kinder aus der Gegend von Apeldoorn, das sind häufig ruppige Jungs mit nicht allzu guten Manieren. Aber hier treffe ich auch Bartje Hendrikse, mit dem ich sofort Freundschaft schließe. Er ist ein Außenseiter, ein zarter Junge, der oft von anderen Jungen in der Klasse gepiesackt wird. In der Praxis läuft es darauf hinaus, dass ich mich oft mit den Quälgeistern prügele; von den anderen setzt sich niemand für Bartje ein. Der Krieg hat mich hart gemacht und dafür gesorgt, dass mir ein paar Bengel keine besondere Angst einjagen. Unrecht kann ich nicht ertragen. Vor allem nicht, wenn sich alle gegen einen Einzelnen wenden.

Meine Freundschaft mit Bartje eröffnet mir eine neue Welt. Er ist der Sohn eines Architekten und wohnt – was nicht erstaunt – in einem wunderschönen Haus mit einem großen Garten. Als ich ihn zum ersten Mal nach Hause begleite, traue ich meinen Augen kaum. So viel Reichtum habe ich noch nie erlebt. Ihr Wohlstand und ihre Kultiviertheit beeindrucken mich. Ich will mehr über diese Familie wissen, und vor allem über das Leben, das sie führt.

Am nächsten Wochenende beschließe ich, zu Bartje zurückzukehren, aber nicht, um mit ihm zu spielen. Ich bin neugierig darauf, wie es bei ihm zu Hause zugeht.

Ich zwänge mich durch den grünen Zaun in ihren Garten und verstecke mich im Gebüsch vor dem Wohnzimmerfenster. Als ich knapp über die Fensterbank spähe, kann ich einen Blick auf ihr Leben werfen. Die ganze Familie sitzt gemütlich am gemeinsamen Frühstückstisch. Es ist ein wunderschöner Anblick. Auf dem Tisch brennen sogar Kerzen in silbernen Kandelabern. Für mich wirkt es wie ein Festmahl, doch wahrscheinlich ist es das normale Sonntagsfrühstück der Familie.

Dann fällt mein Blick auf einen silbernen Marmeladenglashalter auf dem Tisch. Das ist zweifellos der schönste Gegenstand, den ich in meinem jungen Leben bisher gesehen habe. Dass man ein Marmeladenglas in einen Halter stellen kann, wäre mir nie eingefallen, und erst recht nicht, dass man einen solchen Halter aus Silber machen könnte. Aber nun, da ich ihn gesehen habe, lässt mich der Marmeladenglashalter nicht mehr los.

Ich bin nicht neidisch, sondern eher fasziniert. Was ich hier sehe, unterscheidet sich so stark von dem Leben im Haus meiner Tante Leen oder meiner Großeltern, dass ich es kaum fassen kann. Außerdem sieht diese Familie ausgesprochen glücklich aus – ein Umstand, den ich mit dem Reichtum, den ich hier erblicke, in Verbindung bringe.

In diesem Moment wird mir klar, dass ich auch ein solches Leben will. Erst wenn ich einen silbernen Marmeladenglashalter habe, kann ich glücklich sein, sage ich mir. Und das bedeutet, dass ich einen Beruf erlernen muss. So wie Bartjes Vater, der Architekt ist.

Aber was soll ich werden? Dazu fällt mir erst einmal nichts ein.

In den Jahren nach dem Krieg erreichen uns mit der Zeit immer mehr Berichte darüber, was in den Vernichtungslagern geschehen ist. Meine Familie ist in Auschwitz gelandet, dem wohl bekanntesten Konzentrationslager der Nazis. Dort praktiziert der berüchtigte Doktor Mengele, der seine Experimente mit Vorliebe an »Zigeunern« durchführt, weil sie gemäß der Rassenlehre zwar als arisch, aber degeneriert gelten. Bei Sinti- und Roma-Kindern ist er sogar beliebt, weil er Süßigkeiten unter ihnen verteilt. So kann er leichter sein nächstes Opfer selektieren. Die Kinder nennen ihn sogar »Onkel Mengele«.

Mit den Kriegsverbrecherprozessen in Nürnberg kommen mehr Details ans Licht. So erfahre ich, dass in der Nacht vom 2. auf den 3. August 1944 das »Zigeunerlager« in Auschwitz geräumt wurde, um Platz für Tausende ungarische Juden zu schaffen, die bereits unterwegs waren. An diesem Abend und in dieser Nacht wurden 3000 Sinti und Roma vergast und in den Krematorien verbrannt. Die Wahrscheinlichkeit, dass meine Familie unter ihnen war, ist so hoch, dass sie an Sicherheit grenzt. Eine Bestätigung werde ich dafür nie erhalten, aber es kann nicht anders sein.

Allmählich wird mir bewusst, dass meine Familie nie mehr zurückkommen wird. Natürlich war mir das auch vorher schon klar geworden, doch ich wollte die Hoffnung nicht aufgeben. Dann höre ich, dass sich in einem Wohnwagencamp in der Nähe des Örtchens Maarheeze zwei Sinti aufhalten, die die Konzentrationslager überlebt haben. Maarheeze liegt nahe genug, um sie aufzusuchen. Storo und Chawo sind nicht mit mir verwandt, aber ich kenne sie gut. Sie waren ebenso wie viele Sinti 1944 festgenommen und nach Deutschland deportiert worden. Als kräftige Männer haben sie überlebt. Ihre Arbeitskraft war den Nazis wichtiger als ihre Vernichtung.

Über die Geschehnisse zu sprechen, fällt ihnen schwer. Der Tod ist für unser Volk ja ein großes Tabu. Außerdem möchten sie mich mit ihren grauenerregenden Erzählungen nicht quälen. Solange man sie nicht hört, sind sie nicht geschehen. Doch ich dringe mit meinen Fragen in sie, denn um meiner selbst willen muss ich wissen, was genau geschehen ist.

Storo erzählt, dass einige Männer nach ein paar Monaten aus Auschwitz fortgebracht wurden. Die Frauen und Kinder blieben zurück. Die kräftigen Männer wurden in das Lager Mittelbau-Dora in der Nähe von Nordhausen verfrachtet, wo sich eine unterirdische Fabrik für ballistische Raketen der Typen V1 und V2 befand.

Sie erzählen mir, dass mein Vater auch zu der Gruppe der fortgeführten Männer gehört hat. Meine Mutter und seine Kinder musste er zurücklassen. Sie sind kurz darauf vergast worden, um im Lager Platz zu schaffen. Sie sind also nicht gemeinsam gestorben, wird mir bewusst.

Mein Vater und die beiden Männer wurden in der unterirdischen Waffenindustrie des Lagers Ellrich, einem Außenlager des Konzentrationslagers Mittelbau-Dora, eingesetzt. Dort mussten sie mit Dynamit und Spitzhacken neue Tunnel für den Bau und die Lagerung von Hitlers Geheimwaffen in die Felsen schlagen. Fast zwanzig Streckenkilometer haben die Deutschen dort von Zwangsarbeitern aus dem Fels hauen lassen.

Natürlich bombardierten die Alliierten den Industriekomplex, zu dem Mittelbau-Dora gehörte. Sie versuchten, die deutsche Kriegsmaschinerie ins Herz zu treffen. Vor allem, nachdem Hitler Anfang November 1944 damit begonnen hatte, seine neue Rakete, die V2, einzusetzen. Die V2-Raketen wurden auf Ziele im befreiten Belgien und in England abgefeuert.

Am 13. November 1944 schickten die Briten eine große Zahl schwerer Bombenflugzeuge tief nach Deutschland hinein, um die Fabriken, in denen diese Raketen gebaut wurden, zu zerstören. Als die Bomben bei Tagesanbruch auf Mittelbau-Dora fielen, wurde mein Vater, wie ich von den beiden Überlebenden erfuhr, von einem Bombensplitter getroffen.

»Hier steckte das Metall«, erzählt Storo, während er eine Hand auf die rechte Halsseite legt. Es fällt ihm sichtbar schwer, es mir zu erzählen, es muss ein schrecklicher Anblick gewesen sein. Trotzdem bitte ich ihn fortzufahren.

Sie hätten nichts zur Verfügung gehabt, um das Blut zu stillen, seufzt Storo. Sie brachten meinen Vater so schnell es ging zur Krankenbaracke, aber man konnte ihm nicht mehr helfen. Noch am selben Tag starb er an dem Blutverlust.

Mit einem Mal habe ich nun ein Todesdatum: den 13. November 1944.

Natürlich wusste ich schon, dass mein Vater und meine Mutter nie wieder zurückkehren würden. Doch diese Schilderung, und das, was ich zuvor über Auschwitz erfahren habe, bestätigen mir, dass ich meine ganze Familie verloren habe. Für mich gibt es nichts mehr zu hoffen.

Das sorgt auch dafür, dass bei mir ein Knoten platzt. Mein Aufenthalt bei Tante Leen ist nun von Dauer, wird mir bewusst. Ich verhalte mich auch immer mehr so, als ob ich ihr Sohn wäre, auch wenn es noch viele Jahre dauert, bevor ich sie zum ersten Mal »Mama« nenne. Ihr Haus in Apeldoorn ist mein Zuhause.

Das heißt auch, dass ich nun in die Zukunft blicken muss. Als sich das Ende meiner Volksschulzeit nähert, zeigt sich, dass ich keine große Wahl habe. Studieren ist zu dieser Zeit noch eine Frage von Rang und Stand, und dazu wohne ich auf der falschen Seite

INFORMATIEBUREAU VAN HET

NEDERLANDSCHE ROODE KRUIS

NATIONAAL OPSPORINGSBUREAU (NETHERL. NATIONAL TRACING BUREAU)
GEBOUW PANDER, VLAMINGSTRAAT 2, 'S-GRAVENHAGE, TELEFOON 183450 TOT EN MET 54 - GIRO 412785

AFDELING: J

XXXXXX No. J 19166

BETREFFENDE: Fam.WEISZ

BIJLAGEN:

Bij beantwoording dagtekening
afdeling en nummer van dit schrij-
ven aan te halen en antwoord uit-
sluitend te richten tot de Directeur
van het Informatiebureau

'S-GRAVENHAGE, 1 1NOV 1947 194

Mevrouw H.KUIK-Vos,
Nieuwendijk 22,
APELDOORN

In antwoord op Uw brief van 22 September 1947 kan ik U tot mijn
spijt slechts het volgende berichten:

JOHANNES   W E I S Z , geboren 8 Februari 1914,

JACOBA GERDA   W E I S Z - VOS, geboren 16 Nov. 1916,

AUGUSTA   W E I S Z , geboren 20 Mei 1939,

JOHANNA H.   W E I S Z , geboren 23 Januari 1941 en

EMILE   W E I S Z , geboren 7 Juni 1943,

werden op 19 Mei 1944 met het zogenaamde Zigeunertransport van
Westerbork uit naar Auschwitz gedeporteerd.

Nadere gegevens staan nog niet te mijner beschikking.

De fgd. Directeur,

(J.van de Vosse)

Corr.: C
Typ.:
Coll.:

Ⓐ 33561 - '47

INFORMATIE BUREAU VAN

HET NEDERLANDSCHE ROODE KRUIS

No. I C 1   /'46   's-GRAVENHAGE, 3 December   1948
                                           BENOORDENHOUTSCHEWEG 7 Vlamingstraat 2
                                           TEL. 183450 - 183454

Afdeling C Doc.
Dossier: J 76522

        Aan Mevr. H.Kuik-Vos
             Nieuwendijk 22
             APELDOORN .

        Tot mijn leedwezen rust op mij de plicht U
mede te deelen, zij het wellicht ten overvloede, dat bij
mijn Bureau via de International Tracing Service

het overlijdensbericht is binnengekomen van

        Johannes WEISZ

geboren 8 Februari 1914   te   Heerenveen
Het verscheiden heeft plaats gevonden 13 November 1944
ten 4.15 uur te Sangerhausen, tengevolge van longontsteking.

        Ik wil niet nalaten U hierbij de deelneming te
betuigen van het Nederlandsche Roode Kruis met dit voor
de nabestaanden zoo droevig verlies.

                                    De fgd. Directeur

                                    J. van de Vosse

Typ: CJCB/LM.
Coll: ·

Oben: Bericht des Niederländischen Roten Kreuzes mit der Bestätigung,
dass mein Vater am 13. November 1944 gestorben ist.
Links: Brief des Niederländischen Roten Kreuzes über die Deportation
unserer Familie.

Auf diesem Foto bin ich 15 Jahre alt. Gemeinsam mit Jan Verweijen
ging ich hier zur Hochzeit meiner Cousine und Pflegeschwester Gonnie.

der Gleise. Obwohl ich in der Schule gute Noten habe, beschließt die Schulleitung, dass ich auf die Berufsfachschule gehen soll – »das ist das Richtige für ihn«. Es ist eine vierjährige Ausbildung, in der man einen Beruf erlernt. Ich weiß noch nicht genug von der Welt, um an den Entscheidungen, die andere für mich treffen, zu zweifeln.

Die Berufsfachschule liegt in der Nähe der Volksschule. Es ist ein riesiges Gebäude aus den Dreißigerjahren mit hohen Decken. Dort werden allgemeine Unterrichtsfächer wie Geometrie, Physik und Sprachen gelehrt, und man erhält Unterricht, um einen speziellen Beruf zu erlernen. Bartje geht auf eine andere Schule, so dass unser Kontakt leider versandet. Ich habe anscheinend Begabung für den Beruf des Automechanikers, daher lande ich in der Klasse von Herrn Jansen. Wir finden sofort einen guten Draht zueinander. Er versteht mich, das spüre ich. Wahrscheinlich hat er auf Umwegen erfahren, was mir widerfahren ist.

Während des praktischen Unterrichts legt Jansen manchmal eine Hand auf meine Schulter und spricht väterlich mit mir, weil ich etwas richtig oder gerade falsch mache. Er brennt für seinen Beruf und sieht, dass ich ein guter Mechaniker werden kann. Ich selbst bin nicht gerade Feuer und Flamme für den Mechanikerberuf, doch ich tue, was man von mir erwartet, und arbeite, so gut ich es kann. Ich wohne nun einmal in einem Viertel, in dem die Leute gern an Autos herumbasteln und mit ihnen handeln. Werkeln und reparieren – das liegt mir außerdem im Blut.

So kommt es, dass ich unter Autos liege, obwohl es mir immer weniger gefällt, mich von oben bis unten mit Öl und Schmierfett zu bekleckern. Meister Jansen organisiert sogar ein Praktikum in der Garage Bossink für mich, einer ausgezeichneten Autowerkstatt in Apeldoorn. Wenn es um Autos geht, ist der alte Herr Bossink ein wahrer Zauberer. Er hört die Motoren sogar mit einem Stethoskop ab, um herauszufinden, wo das Problem liegt. Von dem Moment an, in dem ich ihn in dieser Weise arbeiten sehe, weiß ich,

Hier bin ich bei meiner Arbeit in der Werkstatt.

dass ich mich für diesen Beruf niemals so begeistern werde wie er.

Dennoch schaffe ich es, alle theoretischen und praktischen Prüfungen zu bestehen. Ich schließe die Schule mit einem Diplom ab. Ich bin 16 Jahre alt, und nun kann mein Arbeitsleben beginnen. Die Möglichkeit, weiter zu lernen, kommt mir überhaupt nicht in den Sinn; wer sollte auch dafür bezahlen? Bossink ist der Ansicht, dass ich ein Händchen für den Beruf habe, und bietet mir eine Anstellung in seiner Werkstatt an. Eine großartige Gelegenheit. Aber habe ich wirklich Lust, die nächsten vierzig Jahre unter Motorhauben zu liegen?

Bevor ich auf diese Frage eine Antwort geben kann, nimmt mein Leben eine überraschende Wendung. Für ein paar Monate kehre ich in eine frühere Zeit zurück.

Ich hatte fast schon vergessen, dass meine Tante Leen eine Fahrende ist, obwohl sie schon lange in einem Haus wohnt. In dem Sommer, in dem ich meine Ausbildung abschließe, packt sie plötzlich das Reisefieber. Nun, da sie mir zu einem Abschluss verholfen hat, will sie wieder wie früher leben. Und sei es nur für kurze Zeit.

Dafür gibt sie sogar ihr Haus auf und kauft sich einen traditionellen Holzwagen. Wofür man sich mittlerweile durch einen ganzen Berg an Papierkram wühlen muss, denn die Niederlande sind zunehmend zu einem Land von Regeln und Verordnungen geworden. Zum Glück unterschreibt ein Beamter ein offizielles Dokument, das es ihr erlaubt, mit dem Wagen durchs Land zu ziehen. Eine Konzession an die moderne Zeit geht sie allerdings ein, der Wagen wird nun nicht mehr von einem Pferd, sondern von einem Auto gezogen.

Ich gehe bei Bossink vorbei, bedanke mich für sein Angebot und teile ihm mit, dass ich nicht in seiner Werkstatt arbeiten werde. Autos werden nicht meine Zukunft sein.

Mit dem Wagen fahren meine Tante, meine Cousinen und ich in

das etwa zehn Kilometer südlich von Arnheim gelegene Städtchen Gendt. Dort hat die alljährliche Kirschernte gerade begonnen – ein Ereignis, das die Fahrenden magnetisch anzieht. Sie kommen von nah und fern, um dort gemeinsam den warmen Sommer zu verbringen und in den weitläufigen Obstgärten der Betuwe-Gegend etwas Geld zu verdienen.

Selbstverständlich arbeite ich mit meiner Tante und meinen Cousinen zusammen. Ich habe verschiedene Aufgaben. Morgens stelle ich für die Pflücker, die in die Bäume steigen, alle Leitern bereit. Sie haben 48 Sprossen, denn die Obstbäume sind zu jener Zeit noch ein gutes Stück höher als heute und die Arbeit daher auch um einiges gefährlicher.

Außerdem pflücke ich auch selbst Obst und bin dafür verantwortlich, die Spatzen zu verjagen. Dazu verwenden wir lange Seile, an denen Dosen befestigt sind. Ein kurzer Ruck an einem solchen Seil, und schon schallt ein höllischer Lärm durch den Obstgarten. Falls das seine Wirkung verfehlt, hat der Obstbauer immer noch eine kleine Kanone zur Hand, die die Vögel mit einem donnernden Knall verjagt.

Als meine Tante ihrer Ansicht nach genug verdient hat, zieht sie weiter, nach Nimwegen. Dort stehen die Wagen vieler Fahrenden in einem großen Lager. Mir kommt es wie eine Art Ferien vor. Alle sind ausgelassen und treffen alte Bekannte. Im Lager stehen die Wagen vieler Verwandter meiner Mutter, daher sollte ich mich hier eigentlich zu Hause fühlen. Doch ich kann die gute Atmosphäre, die hier herrscht, nicht recht in mich aufnehmen.

Ich kann es nicht genau erklären, aber ich fühle mich hier fehl am Platz. Es sind kleine, aber entscheidende Dinge, die dieses Gefühl hervorrufen. Zum Beispiel stehen die Wagen zu dicht beieinander. Einer der großen Unterschiede zwischen Sinti und Fahrenden besteht darin, dass Sinti viel mehr für sich leben und sich bescheiden verhalten. Wir schätzen unsere Privatsphäre und halten immer den gebührenden Abstand zueinander. Unsere Lager sind fast immer klein. Wenn zu viele Wagen ankommen, brechen andere wieder auf.

Dadurch, dass sich das Leben in dieser Gemeinschaft der Fahrenden in Wagen abspielt, ähnelt es ein wenig meinem früheren Leben als Sinto, aber genau betrachtet ist es doch nicht das Gleiche. Nach und nach fallen mir immer mehr Unterschiede auf. Sinti sind in erster Linie Händler und Musikanten, und keine Tagelöhner. Die Gemeinschaft ist enger miteinander verbunden und kennt einen ganzen Komplex von Regeln und Gebräuchen. Die Einzelnen haben – vielleicht auch deshalb – mehr Respekt voreinander. Bei den Fahrenden geht es alles in allem viel ausgelassener und lockerer zu; was das Leben unterwegs angeht, scheinen sie alles weniger ernst zu nehmen.

In diesem Moment wird mir bewusst, dass ich kein Fahrender bin und auch niemals einer sein werde.

Aber bin ich noch ein Sinto? Selbst daran beginne ich zu zweifeln. Vielleicht ist das Bild, das ich von meiner Jugend habe, doch zu romantisch. Malen wir nicht alle unsere Kindheit ständig in rosigen Farben? Zum Leben als Sinto gehört schließlich auch eine starke soziale Kontrolle, die manchmal ziemlich unangenehm sein kann. Daran darf ich gar nicht denken. Außerdem haben die Sinti, die so große Stücke auf ihr Ehrgefühl und ihre Familie halten, mich während des Krieges und danach meinem Schicksal überlassen. Mein Onkel Koen konnte mich gar nicht schnell genug bei meinen Großeltern abladen. Ist das nun das berühmte Ehrgefühl?

Hinzu kommt noch etwas anderes – es ist zwar eine ziemlich banale Sache, aber nichtsdestotrotz: Ich habe mich daran gewöhnt, in einem Haus zu wohnen. Den Komfort von fließendem Wasser, von Stauraum, einer Heizung und einer Toilette auf dem Flur vermisse ich im Wagen. Das Wohnen auf einem so kleinen Raum kommt mir plötzlich sehr primitiv vor. Hat das Leben auf Rädern in den Niederlanden der Nachkriegszeit überhaupt eine Zukunft? Ich schäme mich für meine Zweifel. Darf ich diese Fragen als

Sinto überhaupt stellen? Übe ich damit nicht Verrat an der Lebensweise meiner Vorväter – und der meines eigenen Vaters? Ich finde aus diesem Zwiespalt nicht heraus, und die Zweifel lodern weiterhin in mir. Manchmal nur auf Sparflamme, aber sie schwelen weiter.

Meine Tante Leen hat nach diesem Sommer zunächst einmal genug vom Leben auf Rädern. Es wird kälter, und wir kehren alle nach Apeldoorn zurück. Dort beziehen wir wieder dasselbe Haus; es ist so, als wären wir niemals weg gewesen.

Doch was nun? Ich habe einen Beruf erlernt, den ich nicht länger ausüben will. Etwas anderes hat sich seither nicht angeboten. Von einem Leben als Fahrender oder Sinto verspreche ich mir auch nichts mehr, ich könnte mir nicht einmal einen Wagen kaufen. Ich weiß nicht so recht, was ich mit mir anfangen soll. Wo liegt meine Zukunft?

Dann sehe ich in der Nachbarschaft ein Holzschild. Ein Betrieb, der mit Alteisen handelt, zieht um. Die Besitzer haben ihr Gelände geräumt und führen ihr Geschäft nun außerhalb des Zentrums von Apeldoorn weiter. Als ich über das sandige Grundstück gehe, sehe ich überall Eisenstücke aus dem Boden ragen. Metall in jeglicher Form ist in diesen Jahren des Wiederaufbaus sehr wertvoll. Einige Leute verdienen ein Vermögen mit dem Sammeln und Einschmelzen der kaputten Panzer, die überall in Europa auf den ehemaligen Schlachtfeldern herumstehen und vor sich hin rosten.

Da kommt mir eine Idee. Zu Hause baue ich aus Holz und etwas Draht ein grobes Sieb. Damit kehre ich auf das Gelände zurück und beginne zu graben. Die Erde, die ich auflockere, schaufle ich in ein Sieb und beginne, dieses zu schütteln. Schon bald tanzen einige Metallstücke auf dem Drahtgeflecht. Dabei war das erst eine einzige Schippe. In dem Boden hier liegt ein Vermögen, denke ich. Am nächsten Tag kehre ich mit weiteren selbst gebauten Sieben und ein paar Kindern aus der Nachbarschaft zurück. Für ein bisschen Kleingeld lasse ich sie den ganzen Tag sieben.

Das Metall sammle ich ein und bringe es zu demselben Alteisenhandel, der sich früher auf dem Gelände befand. Der Chef des Betriebs legt dafür einen ordentlichen Batzen auf den Tisch; im Grunde kauft er damit seine eigenen Waren zurück.

Ich freue mich wie ein Schneekönig. Mein Vater wäre stolz auf mich, denke ich auf dem Heimweg. Mit einem Mal wird mir klar, dass ich mich mit diesem Handel als echter Sinto erwiesen habe. Wir Sinti sind große Opportunisten, Menschen, die jede Chance ergreifen, die sich ergibt. Schließlich weiß man nie, wann sich die nächste Gelegenheit zum Geldverdienen bietet. Den Eisenhandel habe ich mit dem Blick meiner Vorväter betrachtet und gesehen, dass sich da etwas verdienen lässt.

Auf eine merkwürdige Weise macht mich das plötzlich sehr glücklich.

Als alles Eisen aus dem Boden entfernt ist, bin ich wieder so weit wie zuvor. Wenn nicht noch ein anderer Metallwarenhändler in der Nähe umzieht, muss ich mir etwas anderes ausdenken. Außerdem stellt sich mir eine noch viel wichtigere Frage: Will ich wirklich als Gelegenheitsjobber durchs Leben gehen und mich von einem Geschäft zum nächsten hangeln? Wie froh mich mein Abenteuer mit dem Metallhandel auch macht, erscheint mir diese Art zu leben doch nicht gerade zukunftsträchtig.

Daher muss ich mich auf die Suche nach einer Stelle machen, beschließe ich. Von einem Nachbarn erfahre ich, dass der Blumenladen *Eeuwige Lente* (»Ewiger Frühling«) in der Stationsstraat einen Jungen sucht, der Blumen ausliefert. Blumen? Ich? Ist das denn nicht etwas ganz anderes als Autotechnik oder die Suche nach alten Nägeln in einem matschigen Feld? Doch es spricht mich sofort an. Schon als kleiner Junge war ich ständig mit Blumen und Pflanzen beschäftigt. Blieb ich nicht oft bei einem schönen Baum oder einer besonderen Blume am Wegesrand stehen?

Um den Wagen einzuholen, musste ich dann immer rennen, denn er wartete nicht auf mich. Es war mein Vater, der mich auf den Wegerich hinwies und mir beibrachte, dass sich eine blutende Wunde stillen lässt, indem man ein Blatt dieser Pflanze darauf drückt.

Ich beschließe, zur Stationsstraat zu gehen und nachzufragen. Als ich die Tür des Ladens öffne, läutet eine an einer Feder befestigte Glocke. Ein großer Mann, viel weniger elegant, als ich es in einem Blumenladen erwartet hätte, kommt auf mich zu. Es ist Herman Derksen, der Eigentümer.

»Ich habe gehört, dass Sie für die Auslieferung jemanden suchen«, sage ich. »Wenn die Stelle noch nicht vergeben ist, möchte ich mich gern darum bewerben.«

»Wo kommst'n her?« Wie sein Dialekt verrät, stammt er eindeutig aus der Gegend. Er schaut mich mit halb zusammengekniffenen Augen ein wenig misstrauisch an. Mit *einem* Blick schätzt er mich ein.

»Vom Nieuwendijk«, antworte ich wahrheitsgemäß.

»Das ist nicht gerade eine Empfehlung«, brummt er mit einem Grinsen. Dann mustert er mich noch einmal von Kopf bis Fuß. »Verdienen lässt sich damit nicht viel, zehn Gulden die Woche. Aber das Trinkgeld, das du bekommst, kannst du behalten.«

Ich nicke. In der Zwischenzeit habe ich den unverkennbaren Geruch eines Blumenladens aufgesogen. Ein herrlicher Duft, als ob hier tatsächlich ewiger Frühling herrsche und die ganze Welt gleichzeitig in Blüte stände. Um mich herum haben die Mitarbeiter die prächtigsten Sträuße ausgestellt. Auf einer Seite sehe ich einen Arbeitstisch, wo einige Mitarbeiter damit beschäftigt sind, Blumen zu binden. Das hat schon was.

Ich würde es gern versuchen, sage ich. Derksen macht eine einladende Geste, die »na, dann mal los« zu bedeuten scheint. Er ist bereit, mir eine Chance zu geben. Wenn ich meine Sache gut mache, kann ich bleiben. Morgen fange ich an.

Innerhalb von wenigen Minuten habe ich eine Stelle.

Am nächsten Tag melde ich mich im Laden. Mit einem Lasten-
fahrrad bringe ich Sträuße zu den Kunden. Sie wohnen oft in den
schöneren Häusern in den schickeren Vierteln von Apeldoorn. Erneut kann ich einen Blick darauf werfen, wie Bessergestellte wohnen. Meinen Traum vom silbernen Marmeladenglashalter habe ich
noch nicht vergessen.

Derksen erweist sich im täglichen Arbeitsalltag als ein Chef, für
den man gern arbeitet – er ist der Typ raue Schale, weicher Kern.
Er stammt aus einer Gärtnerfamilie aus der Region, die unmittelbar an den Norden Apeldoorns angrenzt. Dank harter Arbeit hat
er sich ein renommiertes Geschäft aufgebaut, in dem die besseren
Leute von Apeldoorn ihre Blumen kaufen.

Außer dem Lieferdienst erledige ich auch andere kleine Arbeiten, die innerhalb und außerhalb des Ladens anfallen. Wenn sams-
tagsmittags zu viele Sträuße übrig sind, gibt mir Derksen ein Zeichen, möglichst viele Blumen mitzunehmen und ihm zum Markt
gegenüber dem Laden zu folgen. Dort beginnt er, an einer Ecke
wie ein versierter Marktschreier seine Sträuße zu immer stärker
reduzierten Preisen an den Mann zu bringen. Zu meiner Überraschung gelingt es ihm stets aufs Neue, sie loszuwerden: Bevor
der Markt schließt, gehen alle Sträuße weg.

Wie ein Schwamm sauge ich alles Wissenswerte über das Blumengewerbe und den Handel auf. Derksen ist in dieser Hinsicht
ein ausgezeichneter Lehrmeister. Nicht zuletzt, weil es ihm Spaß
macht, der Rotznase vom Nieuwendijk zu zeigen, wie der Laden
läuft. Mit seiner Frau Marie hat er drei Söhne und zwei Töchter,
doch mit der Zeit vermitteln sie mir immer stärker das Gefühl, zu
ihnen zu gehören. Ich erzähle ihnen sogar meine Geschichte. Sie
sind die Ersten in Apeldoorn, die von mir erfahren, woher ich
komme und was mir widerfahren ist. Derksen ist sichtlich erschüttert. Und ich? Für mich ist Derksen eine Vaterfigur. Ich schaue zu
ihm auf.

Es läuft alles glänzend. Ich habe eine Stelle, die mich interessiert, einen Chef, der mich wie einen Sohn behandelt, und die Neugier, die man braucht, um es weit zu bringen. Zu Hause habe ich meine Tante Leen, die für mich zu einer zweiten Mutter geworden ist und mir Geborgenheit gibt. Seit dem Krieg habe ich es noch nie so gut gehabt.

Und trotzdem rumort etwas in mir. Als würde bei mir schon länger ein Topf auf dem Feuer brodeln. Urplötzlich kocht er über. Ein überwältigendes Gefühl von Heimweh nach meiner Kindheit als Sinto übermannt mich.

Eigentlich dachte ich, diese Sehnsucht sei ich nach dem Abenteuer mit Tante Leen in der Betuwe-Region und Nimwegen losgeworden. Doch nun, da mein Leben langsam in ruhigeres Fahrwasser gerät, höre ich plötzlich eine leise Stimme in mir: Sie flüstert, dass ich mit meiner festen Arbeitsstelle viel zu sehr zu einem *Gadjo* geworden bin. Ich habe Heimweh nach der Familie meines Vaters. Nach der Musik, dem Umherziehen, den geselligen Abenden rund um das Lagerfeuer, das *Romani Yak*.

Es beginnt mit einem Ausflug zum Lager in Doetinchem, wo einige Sinti mit ihren Wagen stehen. Es sind meine Verwandten, und ich tauche eines Tages einfach bei ihnen auf. Sie heißen mich willkommen, als sei es die normalste Sache der Welt. Es ist für mich ein wunderbar warmherziges Zuhause. Obwohl ich eigentlich arbeiten müsste, fühle ich mich dort großartig.

Als ich am nächsten Tag zurückkehre, hält mir Derksen eine Standpauke. Ich könne doch nicht mir nichts, dir nichts verschwinden, ohne etwas zu sagen? Ich hätte Glück, dass er gut gelaunt sei, sonst würde er mich entlassen.

Ich gestehe meine Schuld ein und erzähle ihm, wohin ich gegangen bin. Natürlich hat er recht, und ich verspreche ihm, dass es nicht wieder vorkommen wird. Derksen nickt: Mit seinem Rüffel ist die Sache für ihn erledigt. Also mache ich mich wieder an die

Arbeit. Doch ich unterschätze den Sturm, der sich in meinem pubertierenden Gehirn zusammenbraut.

Einige Monate später höre ich, dass meine Tante Moezla mit ihrem Wagen in einem Lager in Enschede steht. Ihr Name und die Erinnerung an unsere Fahrten während des Krieges führen bei mir zu einer impulsiven Entscheidung. Ich leihe mir unter einem Vorwand etwas Geld von Derksen und gehe an einem Dienstag – einem Arbeitstag – geradewegs zum Bahnhof. Mit dem ersten Zug fahre ich nach Enschede.

Es ist eine idiotische Aktion. Natürlich muss ich eigentlich arbeiten, aber ich fühle einen kaum bezwingbaren Drang auszureißen. Wie ein echter Teenager suche ich nach meiner Identität; tief in mir sitzt ein Verlangen, noch einmal in meine Kindheit zurückzukehren. Seit ich bei meinen Großeltern gewohnt habe, bin ich Johan. Jeder in Apeldoorn, selbst Derksen, kennt nur diesen Namen. Ich will wieder Zoni sein, und sei es auch nur für eine kurze Weile.

Vom Bahnhof aus erreiche ich nach einem kurzen Gang das Lager. Meinte Tante Moezla und die übrigen Sinti freuen sich sehr, mich zu sehen. Sie nehmen mich herzlich auf, wie es unsere Kultur vorschreibt. Keiner stellt Fragen, und alle behandeln mich, als wäre ich Teil ihrer Gruppe. So tun es die Sinti von jeher; verlorene Töchter und Söhne werden mit der Wärme empfangen, die sie außerhalb der Gemeinschaft vermisst haben. Es fühlt sich wunderbar an, es fühlt sich normal an.

Am nächsten Tag beschließe ich zu bleiben. Johan hat ausgedient, ich bin wieder Zoni.

Als ich am dritten Tag aufwache, höre ich vor Moezlas Wagen ein Gepolter. Was ist da los? Eine strenge Stimme befiehlt mir, nach draußen zu kommen. Als ich meinen Kopf aus dem Wagen stecke, sehe ich überall Polizei. Sie haben den Wagen mit ein paar Mann umzingelt.

Im Bruchteil einer Sekunde wird mir klar, dass sie meinetwegen hier sind. Ein Polizist nennt schließlich meinen Namen. Schnell schaue ich mich um, ob es eine Möglichkeit gibt abzuhauen. Das ist ein Sinti-Instinkt; man muss immer davon ausgehen, dass die Polizei selten etwas Gutes im Sinn hat. So lernt man, in Fluchtrouten zu denken.

Wegzurennen hat jedoch nicht den geringsten Zweck, denn diese Polizisten sind mit allen Wassern gewaschen. Nach ein paar Schritten befinde ich mich außerhalb des Wagens und in Handschellen. Eine halbe Minute später schubsen sie mich hinten in einen Polizeiwagen. Mein Herz klopft bis zum Hals. Als wir losfahren, sehe ich meine Tante und die übrigen Lagerbewohner vor dem Wagen stehen. Vielleicht ist es das letzte Mal, dass ich hier gewesen bin, denke ich. Es ist für mich ein tieftrauriger Augenblick.

Die Polizisten erzählen mir, dass sie von meiner Tante Leen geschickt wurden, die nicht will, dass ich mein Leben vergeude. Tante Leen sieht im Umherziehen keine Zukunft und will nicht, dass ich meine Stelle bei Derksen verliere.

Das Polizeiauto hält vor dem Bahnhof von Enschede. Die Polizisten zerren mich heraus und nehmen mir die Handschellen ab. Was allerdings nicht bedeutet, dass ich frei bin, denn sie greifen stattdessen nach einem langen Stock und schieben ihn vom Gürtel abwärts bis ganz nach unten in mein Hosenbein. Oben ist ein Lederriemen daran befestigt, der um meine Taille gelegt wird; unten ein kleiner Riemen, den sie an meinen Knöchel binden. Das ist eine einfache, aber effektive Methode, um eine Flucht unmöglich zu machen, denn so kann ich zwar gehen, aber keinesfalls rennen. Für mich ist das allerdings sehr erniedrigend, ich fühle mich behandelt wie ein Verbrecher. Ein Polizist begleitet mich zum Bahnhof. Er kauft zwei Fahrkarten nach Apeldoorn: eine Rückfahrkarte und eine einfache Fahrkarte. Dann steigen wir in den Zug.

Mein Begleiter ist kein übler Typ. Er erkennt schnell, dass ich mich mit dem Ende meines Abenteuers abgefunden habe. Als ich ihm verspreche, nicht wegzulaufen, befreit er mich von dem Stock in meiner Hose. In Apeldoorn geht er mit mir zum Haus meiner Tante.

Als ich hereinkomme, fängt sie an zu weinen.

»Wie konntest du das nur tun?«, schluchzt sie und schlägt die Hände vors Gesicht.

Ich fühle mich sehr schuldig. Ich habe dieser Frau, die für mich zu einer zweiten Mutter geworden ist, sehr weh getan. Sie ist von mir enttäuscht, und das natürlich völlig zu Recht. Keinen Moment lang habe ich darüber nachgedacht, was ich ihr mit meinem Ausreißen antue. Was mich nach Enschede getrieben hat, war purer kindischer Egoismus. Was mich erkennen lässt, dass ich das nie wieder tun darf, ist die Einsicht eines Erwachsenen.

Mit bleischwerem Herzen gehe ich in dieser Nacht zu Bett. Nicht in einem Wagen, sondern in einem Haus. Ohne Lagerfeuer, aber mit einer Heizung. Ich bin nun nicht mehr Zoni, ich muss nun Johan sein. Ich kann doch nicht alles Gute, was Tante Leen mir erwiesen hat, einfach wegwerfen? Wenn ich es im Leben zu etwas bringen will, bleibt mir keine Wahl. Alle anderen Wege führen in eine Sackgasse, das hat diese Aktion mir deutlich gezeigt.

Ich muss etwas aus meinem Leben machen, nehme ich mir vor. Dann falle ich in einen tiefen Schlaf.

Mit gesenktem Kopf melde ich mich am nächsten Tag bei Derksen. Natürlich liest auch er mir die Leviten. Ebenso wie meine Tante Leen ist er schrecklich enttäuscht von mir. Was nur in mich gefahren sei, ein zweites Mal alles aufs Spiel zu setzen und abzuhauen? Und dann auch noch mit seinem Geld! Sollte *das* das Ergebnis all seiner Bemühungen sein, mich den Beruf lehren?

Erstaunlicherweise gibt mir der Blumenhändler eine dritte Chance. Ich darf wieder bei ihm arbeiten, und sei es nur, um meine Schulden abzuzahlen. Verdient habe ich diese Chance nicht, aber trotzdem bekomme ich sie. So ist Derksen: ein rauer Kerl mit einem goldenen Herzen. Seine Reaktion wirkt wie eine Rosskur gegen meine Zerrissenheit. Ich entscheide mich endgültig für das bürgerliche Leben.

5

DIE FRÜHERE KÖNIGIN

Herr Berendsen, der Gartenchef, gibt mir einen kleinen Schubs gegen die Schulter. Er erhebt sich steif und nimmt eine kerzengerade Haltung an; von mir wird ganz offensichtlich das Gleiche erwartet. Nicht nachdenken, sondern tun, was dir gesagt wird, hatte man mir geraten. Innerhalb einer Sekunde stehe ich neben ihm; mein Blick wie seiner in unendliche Ferne gerichtet.

Aber meine Neugier trägt den Sieg davon. Als ich schließlich doch einen Moment zur Seite blicke, sehe ich, warum wir unsere Arbeit am Dahlienbeet unterbrochen haben.

Auf der anderen Seite des Blumenbeets, zwanzig Meter entfernt, schlurft sie vorbei, offensichtlich, ohne sich bewusst zu sein, dass hier zwei Männer ihre Arbeit stehen und liegen gelassen haben und mit den Händen an der Hosennaht strammstehen. So verhalten sich die Leute schließlich schon ihr ganzes Leben lang.

Sie sieht genauso aus, wie ich sie aus dem ›Polygoonjournal‹, einem wöchentlichen Nachrichtenjournal im Kino, kenne: mit einem ausladenden langen Mantel, komischen Hütchen und einem leicht vorgebeugten und steifen Gang. Die frühere Königin der Niederlande ist so charakteristisch, dass man sie schon aus kilometerweiter Entfernung wiedererkennt.

Wilhelmina schaut weder auf noch um sich.

Sie streift durch den Garten, pflückt ein paar Blumen und verschwindet dann wieder nach drinnen. Wie eine gewöhnliche Hausfrau mit einem kleinen Garten.

1958. Mit Herman Derksen blicke ich auf seinen Blumenladen *Eeuwige Lente*.

Mein Arbeitgeber, Herr Derksen, vertraut mir, das ist ganz offensichtlich. Denn sonst hätte er mich niemals zum Palast Het Loo
geschickt, um dort im Garten praktische Erfahrung zu sammeln.
Es ist absurd, wie rasch sich alles für mich entwickelt hat. Vor
nicht einmal zwei Jahren hat mich die Polizei mit einem Stock im
Hosenbein nach Apeldoorn zurückgebracht, und heute lässt man
mich sogar auf die königliche Familie los. Als ob es das Selbst-
verständlichste von der Welt wäre.

Heute Morgen bin ich auf meinem Fahrrad beim Palast angekommen. Natürlich nicht am Haupteingang. Von der Straße des Hotels »De Keizerskroon« bin ich durch einen Seiteneingang hineingegangen, so, wie Derksen es mir beschrieben hatte. Nach der Kontrolle durch eine Palastwache befand ich mich im Allerheiligsten. Ob ich wohl der erste Sinto bin, der den Palast je betreten hat? Wundern würde es mich nicht.

Meine Aufgabe besteht heute darin, Tischgestecke für den Palast anzufertigen. Von Gartenchef Berendsen bin ich beim Dahlienbeet eingesetzt worden. Meine Instruktionen lauten, Arrangements zu gestalten, die vor allem natürlich aussehen sollen, denn Wilhelmina kann künstlich wirkende Blumengestecke nicht ausstehen. Sie ist eine Frau, die die wilde Natur mag. »Als hätte man das Zeug einfach so in einen Topf gesteckt«, erklärt Berendsen. Mittlerweile weiß ich, dass solche »natürlichen« Arrangements zu den schwierigsten gehören.

Ach ja, in dem Gesteck dürfen übrigens auf keinen Fall Nelken enthalten sein. Warum, erklärt mir niemand. Dass zu dieser Zeit im Königshaus ein Krieg um eine Gesundbeterin wütet, wissen natürlich nur Eingeweihte.

Zärtlich streichen meine Hände auf der Suche nach den geeigneten Blumen durch das Dahlienbeet. Was für eine herrliche Pflanze die Dahlie doch ist. Sie gehört zur Familie der Korbblütler und ist eine ausdauernde Pflanze mit langen knollenartigen Wurzeln. Außerdem ist sie eine praktische Blume, denn mit ihren oft kugelartigen Knospen lässt sich ein Strauß schön auffüllen.

Zum Spaß sage ich manchmal, ich sei von Derksen behext worden: In einem Jahr habe ich in seinem Laden mehr gelernt als in meinem ganzen Leben davor. Blumen sind nun mein Ein und Alles. Ganz gleich, welche man mir auch zeigt, ich kenne ihren Namen und all ihre wissenswerten Eigenheiten.

Zunächst liefere ich nur aus, doch mit der Zeit darf ich immer mehr im Laden arbeiten. Derksen sieht, dass es mir Spaß macht. Und bei mir wächst der Ehrgeiz, in diesem Beruf weiterzukommen.

Eines Abends nach meinem Lieferdienst raffe ich in der Binderei ein paar Blüten auf, die zu Boden gefallen sind. Aus diesen aufgelesenen Resten binde ich einen Strauß. Das Ergebnis ist ansehnlich genug, um es Derksen zu präsentieren. Schlicht und einfach zeige ich, was ich kann. Niemand hat es mir beigebracht, doch ich habe mir die Kniffe unzählige Male bei anderen abgeschaut. Derksen ist beeindruckt davon, was ich aus dem Abfall zustande gebracht habe. Ich hätte Talent für den Beruf, brummt er. Das bedeutet allerdings noch nicht, dass ich gleich als Blumenbinder arbeiten darf. So einfach geht es nun auch wieder nicht.

»Wenn du was erreichen willst, musst du zur Schule gehen«, lautet sein knapper Kommentar. Das leuchtet mir ein. Auch seine Kinder erhalten eine gute Ausbildung, das hält er für wichtig. Sein ältester Sohn besucht sogar die höhere Schule.

Die »Schule« ist in meinem Fall die Abendschule für Gartenbau. Zwei Jahre tauche ich in die Welt all dessen ein, was grünt und blüht, und widme mich daneben auch betriebswirtschaftlichen Fächern. Hier lernt man alles, was notwendig ist, um in einem anspruchsvolleren Fachgeschäft zu arbeiten oder einen eigenen Blumenladen zu eröffnen. Darüber hinaus besuche ich noch einen Kurs in Floristik. So manchen Abend stecke ich meine Nase beim funzeligen Licht einer Glühbirne in die Bücher, um mir den Unterschied zwischen einem griechischen und einem römischen Tympanon einzutrichtern, denn Kunstgeschichte gehört auch dazu.

Meine Tante Leen traut ihren Augen kaum: Ich büffele! Niemand zwingt mich dazu, ich mache es aus eigenem Antrieb. Ihre Augen strahlen, als sie mich so sieht, denn das hätte sie nie zu träumen gewagt. Wie ein Besessener sauge ich alles Wissen in mich auf und setze es, wenn möglich, gleich in die Praxis um. Schon bald gehöre ich im *Eeuwige Lente* zur Stammbesetzung der Blumenbinder. Das ist mein Metier, dessen bin ich mir nun sicher. Meine Faszination für Blumen bringt mich sogar nach Het Loo, in den Garten aller Gärten, wo ich an den Dahlienbeeten der ehemaligen Königin arbeite. Ich empfinde es wie eine Art Prüfung – und offensichtlich bestehe ich sie. Am Ende des Tages ist Berendsen zufrieden; er möchte gerne, dass ich häufiger für die Gärtnerei des Palastes arbeite. Derksen findet es überaus ehrenvoll, dass ich zur Königin zurückkehren darf. Daher verzichtet er für kurze Zeit gern auf mich.

Allmählich bekomme ich immer mehr Gespür für das Blumengewerbe. Meine Erfahrung im Palast Het Loo und die Arbeit im Blumenladen haben in mir ein heiliges Feuer entfacht. Man kann mit Blumen so viel mehr anfangen, als sie nur in eine Vase zu stellen, davon bin ich in meiner jugendlichen Begeisterung überzeugt. Wenn man sie auf gewisse Weise arrangiert, kann man vielleicht sogar ein Kunstwerk schaffen.

Ein halbes Jahr darauf bekomme ich die Möglichkeit, meine hochfliegenden Vorstellungen in die Tat umzusetzen. In der Gartenbauschule steht mein Examen an. Als Pièce de Résistance, als Paradestück unserer Ausbildung, müssen wir ein besonderes Blumenarrangement gestalten. Das ist für mich die Gelegenheit zu zeigen, was ich kann, und mich selbst den Fachleuten zu präsentieren.

Derksen sorgt dafür, dass ich an diesem bedeutenden Tag gleich die Nase vorn habe. In aller Frühe war er auf der Auktion und hat mir eine gewaltige Ladung der prächtigsten Blumen besorgt. Daraus kann ich mein Meisterstück machen. Ich selbst könnte mir derlei Material niemals leisten, auch hier gibt Derksen meiner Laufbahn wieder einen gehörigen Schub. Ohne ihn wäre mein Leben völlig anders verlaufen.

Das Gesteck wird dank des fantastischen Rohmaterials, mit dem

ich arbeiten kann, genauso, wie ich es mir vorstelle. In einer prunk-
vollen alten bemoosten Gartenvase habe ich eine barocke Komposition arrangiert, wie sie in früheren Zeiten André Le Notre am
Hof von Versailles gestaltet hat. Alles in weiß-grünen und cremefarbenen Tönen.

Als die Abschlussarbeiten enthüllt werden, befinde ich mich im
Publikum. Neben mir stehen zwei Damen und sprechen mit Bewunderung über meine Kreation. Sie finden sie prachtvoll. »Man
sieht doch gleich, dass sie vom Sohn eines reichen Blumenhändlers
gemacht wurde«, sagt eine zur anderen. Ich strahle innerlich. Mein
Stolz wächst noch weiter an, als ich für meine Facharbeit die beste
Note der Schule bekomme. In diesem Metier werde ich es noch
weit bringen, spüre ich an diesem Tag.

Doch bevor sich das bewahrheiten kann, suchen mich noch einmal die Geister der Vergangenheit heim.

Es beginnt ziemlich harmlos. 1956 erhalte ich einen Einberufungs-
bescheid. Zu Beginn des Kalten Krieges nicht gerade eine ange-
nehme Nachricht. Russische Panzer fahren durch Budapest; der
neue amerikanische Präsident Eisenhower treibt den Konflikt mit
dem Ostblock schnell auf die Spitze; der Ausbruch eines Atom-
krieges scheint nur noch eine Frage der Zeit zu sein. Zu allem Übel
beginnt es zur Zeit meiner Einberufung auch noch in Niederlän-
disch-Neuguinea zu kriseln.

Für mich ist die Einberufung zudem ein herber Schlag. Eigentlich habe ich nicht ernsthaft damit gerechnet, Wehrdienst leisten
zu müssen, doch mein Vater hat mich 1937 in einem Anflug von
Bürgersinn bei der Gemeinde Den Haag registrieren lassen und
daher bin ich nun im System erfasst. Und als die Zeit für meine
Wehrpflicht gekommen ist, hat mich dieses System untrüglich gefunden.

Anderthalb Jahre zur Armee zu gehen, ist wirklich das Letzte,
was ich jetzt gebrauchen kann. Nicht nur wegen der zunehmenden

Spannungen zwischen der NATO und dem Warschauer Pakt, sondern auch, weil sich meine Laufbahn in der Welt der Blumen gerade so gut entwickelt. Bei Derksen zähle ich inzwischen zur Stammbelegschaft. Ich habe überhaupt keine Lust, mehr als ein Jahr etwas völlig anderes zu tun.

Wenn es eine Chance gibt, sich der Rekrutierung zu entziehen, werde ich sie mit beiden Händen ergreifen. Ein Kunde im Laden erzählt mir, dass man nicht zur Armee muss, wenn der eigene Vater im Zweiten Weltkrieg durch das Zutun der Besatzer ums Leben gekommen ist. Das könnte meine Rettung sein. Obwohl seit dem Friedensschluss mittlerweile ein Jahrzehnt ins Land gegangen ist, habe ich von meinen Eltern und meinen Geschwistern nie wieder ein Lebenszeichen erhalten. Mir und meiner Tante Leen ist klar, dass keiner von ihnen überlebt hat.

»Das regele ich dann mal gleich«, sage ich voller Selbstvertrauen zu Derksen und nehme mir eine halbe Stunde frei.

Von seinem Geschäft aus gehe ich über den großen Platz zum alten Rathaus von Apeldoorn. Angekommen in dem klassizistischen Gebäude, nehme ich guter Dinge die Treppe, die zu den verschiedenen Schaltern hinaufführt. Ich frage, wo ich Informationen zur Wehrpflicht bekommen könne. Ein Beamter verweist mich auf einen kleinen Schalter am Ende eines finsteren Flures unten im Gebäude. Dort sitzt ein kleiner grauer Mann. Als ich mich bemerkbar mache, schaut er auf.

»Ich habe eine Einberufung zum Wehrdienst erhalten, mein Vater ist aber im Krieg von den Deutschen ermordet worden. Stimmt es, dass ich ihn dann nicht antreten muss?«

Der Mann nickt und sagt mit piepsiger Stimme: »Können Sie das beweisen?«

Ich erkläre dem Beamten, dass mein Vater und der Rest der Familie 1944 nach Auschwitz deportiert worden sind und diese Tatsache in der Gemeinde Zutphen offiziell registriert wurde. Ich erzähle ihm auch, dass ich seither nichts mehr von ihnen gehört habe, und von einigen Sinti, die den Krieg überlebt haben, erfahren habe, dass er am 13. November 1944 im Lager Mittelbau-Dora gestorben sei.

Der Mann presst seine Fingerspitzen gegeneinander und kneift seine Augen zusammen. Über seine Lippen kommen nur drei Worte: »Das zählt nicht.«

Als ich wieder zu Sinnen komme, sehe ich den Mann halb aus seinem Schalter hängen. Erstaunlich, dass ich es fertiggebracht habe, einen erwachsenen Kerl so weit durch die kleine Öffnung zu ziehen. Er ist zwar nicht groß, aber der Winkel ist doch ziemlich ungünstig. Drei andere Beamte halten mich mit aller Kraft fest, sonst würde dieses graue Männchen jetzt lang gestreckt auf dem Boden liegen.

Mir war kurz schwarz vor Augen. Die gehässige Antwort, die mir der Mann gegeben hatte, hat bei mir einen Knopf gedrückt, von dem ich nicht einmal wusste, dass er existierte. Nach dem Schreiben, das mein Opa damals als Antwort auf seine Anfrage von der Gemeinde Zutphen bekommen hatte, war das ein zweites Beispiel dafür, wie gefühllos Beamte sein können, wenn es um die Emotionen eines Menschen geht, der den Krieg persönlich miterlebt hat.

Dieser Hohlkopf hat den Krieg selbst wahrscheinlich ungeschoren und ohne Traumata überstanden. 1940 hat er einfach einen neuen Chef bekommen, wenn auch mit einem deutschen Namen. Wie die Polizisten, die meine Familie festgenommen, und der Lokführer, der sie pünktlich zum Grenzort Nieuweschans gebracht hat, hat er mit Sicherheit keinen Finger gerührt, um sich den neuen Machthabern zu widersetzen. Schließlich hätte ihn das damals eine Beförderung kosten können!

Natürlich weiß ich, dass es seinerzeit auch gute Beamte gegeben hat. Etwa diejenigen, die während der Besatzung gezielt das Melderegister durcheinanderbrachten, um die Verfolgung von Minderheiten zu erschweren. Oder die Männer und Frauen im Staatsdienst, die sich, trotz der Gefahr für Leib und Leben, am Februarstreik beteiligten.

Aber ob nun zu Recht oder zu Unrecht, dieser Wicht mit seinen Regeln stand für mich stellvertretend für alle Kriecher und Lakaien, für alle, die die Macht des Teufels einfach akzeptiert und sich, ohne nachzudenken, für die Bürokratie des Todes eingesetzt haben. Was mich betraf, musste er für eine ganze Reihe anderer herhalten.

Es klingt verrückt, aber ich hatte an diesem Tag Glück. Die Gemeinde zieht nicht die Polizei hinzu. Wegen dieses Angriffs auf einen Beamten in Ausübung seines Amtes hätte ich sonst ohne Weiteres für ein paar Wochen im Gefängnis landen können. »Diesen Zigeunern kann man doch nie so ganz trauen«, hätte es in Apeldoorn dann vielleicht geheißen. »In den seltsamsten Momenten werden sie aggressiv.«

Warum ziehen mich seine Kollegen einfach nur von dem Beamten fort? Vielleicht, weil sie selbst wissen, was für ein furchtbarer Griesgram er ist, schließlich arbeiten sie täglich mit ihm zusammen. Sie setzen mich jedenfalls vor die Tür, bevor die Situation weiter eskaliert und die Polizei sich womöglich doch noch einschaltet. Lange danach habe ich mit Elly über solche Situationen gesprochen. Ihrer Ansicht nach strahle ich etwas aus, das andere Menschen dazu bringt, mich gut zu behandeln.

Ich gehe also über den Platz zu Derksen zurück, um ihm mitzuteilen, dass er mehr als ein Jahr auf mich verzichten muss. Ich bin kerngesund, daher wird mir die Musterung, der ich mich innerhalb eines Monats unterziehen muss, sicherlich keinen Vorwand bieten.

Sechs Monate später sehe ich die Steilküste der portugiesischen Insel Madeira vor mir aufragen. Wir sind mitten im Atlantik. Nie zuvor in meinem jungen Leben bin ich so weit von zu Hause fort gewesen. Selbst die Niederlande habe ich bisher noch nie verlassen. Und dabei sind wir meinen Berechnungen nach noch nicht einmal auf halbem Wege. Der größte Teil der Überfahrt liegt noch vor uns.

Je weiter wir fahren, desto wärmer wird es. Als wir vor der herrlichen Insel Barbados vor Anker gehen, atme ich zum ersten Mal die süße und feuchte Luft der Tropen ein. Die Palmen rascheln im milden Wind und heißen mich in einer Welt willkommen, von deren Existenz ich nicht einmal etwas ahnte. Mit meinen Kameraden verbringe ich ein paar Tage genüsslich am Strand. So hatte ich mir den Wehrdienst nicht vorgestellt – eher als einen mit viel Kälte und feuchtem, kratzigen Sand verbundenen Aufenthalt in De Veluwe, der Heidelandschaft in der niederländischen Provinz Gelderland.

Nun ist es also Suriname geworden. Bei der Musterung hat sich ein Offizier meinen Lebenslauf angesehen und erfreut festgestellt, dass ich ausgebildeter Automechaniker bin. Einen Techniker habe die Armee »im Westen« bitter nötig, erklärte er mir. Denn auf den Maschinenpark der niederländischen Armee wirke sich die tropische Witterung verheerend aus, daher benötige dieser eine ausgiebige Wartung.

Das klingt nach einer Möglichkeit, während meiner Dienstzeit einige Abenteuer zu erleben, also melde ich mich für Suriname. Alles ist besser, als ein Jahr in der niederländischen Heidelandschaft Sand zu schlucken. Meine Entscheidung zieht zunächst eine Reihe schmerzhafter Impfungen gegen alle möglichen tropischen Krankheiten nach sich, gefolgt von einer langen Seereise auf die andere Seite der Welt. Mit zwölf anderen Wehrpflichtigen schiffe ich mich in Amsterdam auf der »MS Cottica« ein und gehe auf Reisen.

Auf Barbados folgt noch die Insel Trinidad, und dann kommt endlich unser Bestimmungsort in Sicht. Wir fahren ein Stück den Surinamefluss hinauf und gehen in der Hauptstadt Paramaribo vor Anker. Hier werde ich also das kommende Jahr verbringen. Auf der Fahrt zum Truppenlager kann ich mich an den dunkelhäutigen Menschen und den Holzhäusern auf Pfählen gar nicht sattsehen – alles ist so völlig anders als in den Niederlanden. Auf merkwürdige Weise fühle ich mich an diesem exotischen Ort dennoch sofort heimisch.

Am ersten Abend wird die neue Ladung holländischer Soldaten verpflichtet, sich einen Film anzusehen. Eine halbe Stunde lang werden uns in Wort und Bild die schrecklichsten Geschichten über Geschlechtskrankheiten aufgetischt. Man versucht, uns klarzumachen, dass Sex mit einer Surinamerin lebensgefährlich ist. Wer sich trotz unmissverständlicher Warnungen dennoch eine Geschlechtskrankheit einfängt, dem wird mittels einer großen Spritze eine Injektion an einer äußerst empfindlichen Stelle verpasst.

Als das Licht wieder angeht, hält es der Kommandant für angebracht, auch noch seinen Senf dazuzugeben. Wir sollten vor allem nicht glauben, dass das Ansteckungsrisiko gering sei, bellt er. Fast alle Frauen, die sich in Paramaribo anböten, seien infiziert. Eine recht kühne Behauptung, aber meine Lust, ein Mädchen auch nur anzusehen, schmilzt dahin wie Schnee in der tropischen Sonne.

Willkommen in Suriname!

Wegen meiner technischen Fähigkeiten teilt mich der Kommandant der Lagerwerkstatt zu. Meine Aufgabe besteht darin, die niederländische Armee in sengender Hitze und tropischen Regengüssen mobil zu halten. Als besondere Zusatzaufgabe wird mir auch noch die Verantwortung für die Limousine des Gouverneurs übertragen. Diese muss natürlich jederzeit tipptopp in Ordnung sein.

Das mag alles eindrucksvoll klingen, aber in der Praxis habe ich es ziemlich angenehm. Mit meinen beiden Kollegen Henk und Frits schraube ich jeden Tag ein wenig an der kleinen Wagenflotte herum. Da die niederländische Armee selten unterwegs ist, geht an den Jeeps und Lastwagen auch relativ wenig kaputt. Schon amüsant, dass der Beruf, den ich in den Niederlanden nicht ausüben wollte, mich an diesen außergewöhnlichen Ort gebracht hat.

Jeden Monat wird uns ein Teil unseres Solds bar ausbezahlt – der Rest geht obligatorisch auf ein Sparbuch in den Niederlanden –, und wir haben die Möglichkeit, dieses Bargeld im örtlichen Nachtleben zu verprassen. Weit müssen wir dafür nicht gehen. Wer sich traut, die Basis zu verlassen und sein Vergnügen in der Stadt zu suchen, wird sofort von Scharen von Frauen belagert, die sich am Zahltag am Zaun drängen. Sie wissen genau, wann wir Geld in der Tasche haben.

»He, Jantje!«, rufen die Frauen jedem Soldaten nach. Viele der Jungs, die sich schon länger in Suriname herumtreiben, finden es vergnüglich, sich mit ihnen zu treffen. Doch ich denke natürlich an den abschreckenden Film, den ich zu sehen bekam, und gehe so schnell wie möglich weiter in die Stadt. Meine Zerstreuung besteht aus einem kleinen Bier am Ufer des Suriname oder im Soldatenheim. Die Damen wimmele ich ab.

Das koloniale Leben besteht aus einer Aneinanderreihung träger Tage, nur unterbrochen von den Ritualen, die zum Leben in einem fern der Heimat gelegenen Teil des Königreiches dazugehören. Wenige Wochen nach meiner Ankunft steht beispielsweise ein Besuch von Prinzessin Beatrix auf dem Plan. In solchen Momenten springt jeder auf und beginnt, seine eigenen Aufgaben plötzlich äußerst ernst zu nehmen.

Ich kann nun aus nächster Nähe erleben, wie das funktioniert. Die Kolonialarmee verfügt über ein paar sogenannte *Dschungeltanks*: leichte Raupenfahrzeuge, die sich für den dichten Urwald eignen. Als Beweis dafür, wie gut die Armee die Interessen des Hauses Oranje in Südamerika schützt, müssen sie in einer Parade an der Prinzessin vorbeifahren. Allerdings sind diese Panzer schon sehr lange nicht mehr im Dschungel unterwegs gewesen. Aus gutem Grund, denn sie sind nicht mehr fahrtüchtig. Ein einziger

Blick in den Motor genügt, um zu erkennen, dass sie es auch in Zukunft ohne eine Schiffsladung Ersatzteile nicht mehr sein werden.

Kein Problem, wir ölen die Panzer erst einmal tüchtig ein, bis sie glänzen wie neu. Dann ziehen wir die altersschwachen Tanks auf ein paar Tieflader, damit sie vor der zukünftigen Königin der Niederlande vorbeiparadieren können. Niemand ahnt, dass wir ihr eigentlich aufpolierten Schrott präsentieren – so schön sehen sie aus.

Beatrix kommt und sieht an den Panzern nichts Ungewöhnliches. Und wenn doch, lässt sie sich nichts anmerken. Denn ihre Worte gut zu wägen, hat die Kronprinzessin sowieso schon gelernt. Die Erfahrung mache ich auch, als mir die Ehre zufällt, sie während ihres Besuchs in Paramaribo in einem offenen Wagen der Armee herumzukutschieren. So bekomme ich es nach der Großmutter nun auch mit der Enkelin zu tun. Ich fahre sie zum Fort Zeelandia, zum Palmengarten und zu einem Kindergarten. Überall stehen Scharen von Menschen am Straßenrand. Wer weiß, vielleicht ist die zukünftige Königin genauso nervös wie ich.

Als Beatrix abreist, folgt das tropische Leben in Suriname wieder seinem normalen Rhythmus. Der Kreis der Niederländer ist klein und eng miteinander verbunden. Schon nach wenigen Wochen kennt jeder jeden. Nach einer Weile stellt mich jemand Frau Putscher vor, einer sehr netten Dame um die Fünfzig. Sie besitzt ein prachtvolles Haus und eine Zitrusplantage am Suriname-Ufer. Ihr Personal besteht größtenteils aus Javanern, die zwar auf der Plantage wohnen, deren zunehmenden Verfall aber nicht verhindern können.

Als sie hört, dass ich aus der Blumenbranche komme, ist sie sehr interessiert. Sie plant, in Paramaribo eine Kinderkrippe zu gründen. Die dafür notwendigen Mittel will sie durch die Organisation einer Ausstellung im Palmengarten auftreiben. Da ich ziemlich viel Freizeit habe, biete ich ihr an, dabei zu helfen. Wir legen einen herrlichen Garten an, für den wir einen geringen Eintritt erheben. Im Garten verarbeiten wir viele surinamische Gestalten und Legenden wie die mythische Spinne Ba Anansie.

Unser Miniatur-Lustgarten bietet den hiesigen Niederländern eine sehr willkommene Abwechslung, so dass ihn fast alle besuchen. Binnen zwei Wochen hat Frau Putscher die Summe, die sie zur Gründung der Krippe braucht, zusammen.

Durch unsere Zusammenarbeit bin ich häufig auf der Plantage am Suriname. Ich züchte dort Blumen für den Garten, aber auch zu meinem eigenen Vergnügen. Bei dem tropischen Wetter wachsen sie wie Unkraut, wie ich zu meinem Erstaunen feststelle. An den Wassergräben auf den Deichen ziehe ich Helikonien, Ixoren und andere tropische Blumen. Eigentlich ist es seltsam, dass wir in den Niederlanden Gewächshäuser haben, die wir das halbe Jahr über beheizen müssen, während in Suriname ein wunderbares Klima herrscht, um sie im Freien wachsen zu lassen.

Mit den bescheidenen Mitteln, die mir zur Verfügung stehen, gelingt es mir, eine beträchtliche Anzahl Blumen zu ziehen. Dadurch reift in mir ein Plan: Frau Putschers Plantage könnte als Ausgangsbasis dienen, eine Blumenzucht aufzubauen. Vielleicht könnte ich nach meinem Wehrdienst in Suriname bleiben, um so etwas auf die Beine zu stellen. Die Kunst bestünde dann allein darin, die Blumen in kurzer Zeit zu den Absatzmärkten zu bringen. Die niederländische Fluggesellschaft KLM fliegt seit einem Jahr mit ihrer schnellen neuen Maschine, der Lockheed Constellation, direkt nach Paramaribo. Wäre das nicht eine Möglichkeit?

Bevor ich den Plan genauer ausarbeiten kann, bekomme ich den Auftrag, in den Urwald zu ziehen. Ein Filmteam möchte eine Dokumentation über das Landesinnere von Suriname drehen, und die Armee hilft ihm dabei. Das bedeutet, dass mit Fahrzeugen und Booten gearbeitet werden muss. Dazu bedarf es eines Technikers, der dafür sorgt, dass alles funktioniert. Der bin ich. Von Paramaribo fahren wir mit dem Boot zunächst zur Siedlung Moengo Tapoe, danach mit Jeeps nach Albina an der Grenze zu Französisch-Guayana. Dort steigen wir mit dem Filmteam in Boote, um den Marowe flussaufwärts in das dunkle Herz des Dschungels zu fahren. Auf dem Boot macht schon bald das Gerücht die Runde, man müsse sich vor allem davor hüten, ins Wasser zu fallen, weil darin die berüchtigten fleischfressenden Fische, die Piranhas, lebten. Daher werfe ich immer wieder einen verstohlenen Blick in das braune Wasser. Als Junge aus Apeldoorn fühle ich mich hier plötzlich ziemlich fehl am Platz.

Als wir bei einem Indianerdorf am Fluss rasten, um etwas zu essen, werde ich beauftragt, Wasser heraufzupumpen. Damit die Mechanik nicht verstopft, muss das Wasser gefiltert werden. Ich muss mich auf ein Brett im Fluss legen, damit ich den Schlauch tief ins Wasser stecken kann. Zu meinem großen Schrecken wackelt das Brett gewaltig, und bevor ich mich versehe, liege ich im Wasser. Panik! Jeden Moment, so fürchte ich, können mir die lebensgefährlichen Fische mit ihren rasiermesserscharfen Zähnen das Fleisch von den Knochen nagen.

Zu meiner großen Überraschung passiert jedoch nichts dergleichen. Ich krieche einfach wieder auf das Brett und schaue in die erschrockenen Gesichter meiner Mitreisenden. Die Einzigen, die mein unfreiwilliges Bad nicht im Geringsten aus der Ruhe bringt, sind die Indianer des Dorfes. Sie versichern mir später, dass an dieser Stelle »natürlich« keine Piranhas zu finden sind, da es hier keine Strömung gibt. Mir wird klar, dass ich trotz meiner Ausbildung an der Gartenschule eigentlich ein ziemliches Greenhorn bin, was die Natur anbetrifft. Diese Menschen, die tagtäglich in der Natur leben, kennen sie wie niemand sonst. Sofort habe ich großen Respekt vor ihnen.

Ja, mehr noch: Ich spüre sogar so etwas wie eine Verwandtschaft zu diesem exotischen Volk im Regenwald. Sie sind eine Gruppe, die ebenso wie die Sinti fortwährend benachteiligt wird und als unkultiviert gilt. Über diese »wilden« Indianer, denen nicht zu trauen ist und die angeblich sogar Kannibalismus betreiben, kursieren unzählige Gerüchte. Das kommt mir bekannt vor. Sie leben fern der normalen Gesellschaft und haben gelernt, in einer feindlichen Umgebung zu überleben. Es ist seltsam, aber sie erinnern mich in vielerlei Hinsicht an mein eigenes Volk.

Der Respekt beruht auf Gegenseitigkeit. Ein etwas älterer Indianer schaut mich an diesem Abend voller Verwunderung an. Er sieht etwas an mir, kann es aber nicht fassen. Dann erscheint auf einmal ein breites Lächeln auf seinem Gesicht.

»*You no bakra boy*«, sagt er zu mir. Nein, ich bin wirklich kein Weißer, denke ich bei mir.

Am nächsten Tag ziehen wir tiefer in den Dschungel. Einige Jungs in unserer Gruppe sind sich sicher: Wo wir jetzt sind, ist noch nie zuvor ein Weißer gewesen. Ich weiß nicht, ob das stimmt, aber beeindruckend ist diese Umgebung auf jeden Fall. Die Natur ist überwältigend und gefährlich. Wir begreifen, dass es uns niederländischen Soldaten an allen notwendigen Fähigkeiten mangelt, um hier zu überleben, falls etwa der Außenbordmotor plötzlich aussetzen oder das Boot leck gestoßen würde.

An einer Stromschnelle werden wir noch einmal mit unserer Nase auf unsere Unbeholfenheit gestoßen. Während wir mit all unseren PS und der modernen Technik hier nicht weiterkommen, zieht ein Einbaum, vollbesetzt mit Waldkreolen, heran. Sie paddeln bis zu der Stelle, an der das Wasser herabfällt, und ziehen ihren Einbaum dann mit vereinten Kräften gegen die Strömung auf die Steine. Danach steigen sie wieder ein und paddeln einfach weiter. Vielleicht dringen sie in Gebiete vor, wo tatsächlich noch nie ein Weißer war. Denn diese müssten schließlich etwas von ihrer Technik verstehen.

Als meine 14 Monate in Suriname um sind, ist es an der Zeit, eine Entscheidung zu treffen. Will ich nun hierbleiben und vielleicht eine Gärtnerei gründen? Durch Frau Putscher habe ich alle kennen-

Suriname 1957. Gemeinsam mit den Indianern in Albina auf einem Foto.

gelernt, die in Paramaribo von Bedeutung sind. Genug Kapital aufzutreiben, um sich etwas aufzubauen, sollte möglich sein. In meinem Kopf habe ich schon begonnen, das Ganze durchzurechnen. Blumen aus Suriname für den Export in die Niederlande, wo Großhändler sie weitervertreiben würden: das könnte durchaus ein lohnendes Geschäft sein.

Dennoch beschließe ich, meinen Kabinenkoffer wieder für die Rückreise zu packen. Es ist eine gefühlsmäßige Entscheidung – und das sind meistens meine besten. Doch als ich etwas länger darüber nachdenke, kann ich sie auch gut begründen. Es wäre falsch, meine Tante Leen einfach zurückzulassen und nie mehr zurückzukehren. Außerdem rechnet auch Derksen mit meiner Rückkehr. Ihm habe ich so viel zu verdanken. Ich kann nicht einfach wegbleiben und nur einen Brief schicken, dass ich mein Glück nun in Suriname versuchen will. In den Niederlanden wartet auf mich eine Zukunft, das spüre ich.

Ein paar Wochen später bin ich wieder in den herbstlichen Niederlanden. Der Zug bringt mich nach Apeldoorn, wo meine Tante und meine Cousinen am Bahnhof auf mich warten. Sie erkennen mich kaum wieder. Nicht, weil ich braun gebrannt bin, sondern weil sich mein Gesicht verändert hätte, sagen sie. Ich bin kein Junge mehr.

Als sei nichts geschehen, wohne ich wieder bei Tante Leen. Und ich arbeite wieder im *Eeuwige Lente*. Schon bald zähle ich wieder zur Stammbesatzung, den Plan, später vielleicht nach Suriname zurückzukehren, schlage ich mir aus dem Kopf. An eine andere Zukunft denke ich nicht mehr. Mir gefällt es hier im Laden, und ich habe vor, hier noch eine ganze Weile zu bleiben. Es ist das schönste Geschäft in Apeldoorn – wo sonst sollte ich arbeiten?

Nach ein paar Monaten kommt Derksen zu mir, während ich hinter dem Tresen stehe. Er hat das ›Vakblad voor de Bloemisterij‹, das ›Fachblatt für den Blumenhandel‹, in der Hand und legt es mir, aufgeschlagen auf der Anzeigenseite, mit einer nachdrücklichen Geste hin. Dann tippt er mit dem Finger auf die Mitte. Dort befindet sich eine Anzeige von George Kiersch, einem bekannten Floristen in Amsterdam. Er sucht einen Blumenbinder.

»Das ist deine Chance, Johan«, sagt Derksen, der immer schon ein Mann weniger Worte war.

Verständnislos sehe ich ihn an. Denkt er, dass ich mich in Amsterdam bewerben soll? Ist etwas passiert, habe ich etwas falsch gemacht? Ich arbeite doch für ihn?

Dass ich mich bewerben soll, ist genau das, was Derksen will. Nicht, dass er mich loswerden wolle. Ganz im Gegenteil, erklärt er mir. Vor allem, seit ich aus Suriname zurück sei, hätte ich mich in seinem Laden zu einem wichtigen Mitarbeiter entwickelt.

»Aber«, seufzt er, »ich kann dir nichts mehr beibringen. Kiersch schon.«

Bevor ich protestieren kann, greift Derksen zum Telefon. Er hat einen Entschluss gefasst und wählt die Nummer des Floristen in Amsterdam. Die zwei Männer kennen sich offensichtlich schon länger.

»Hallo George. Hier ist Herman Derksen aus Apeldoorn, wie geht's dir? Schön! Hör zu, ich habe deine Anzeige im ›Fachblatt‹ gesehen. Du brauchst nicht mehr weiterzusuchen. Ich habe hier einen Jungen, der ein Händchen für das Fach hat; den musst du nehmen.«

Sie reden noch eine Weile weiter. Aus einer Antwort von Derksen kann ich schließen, dass Kiersch ihn fragt, warum er mich nicht selbst behalten will. Derksen geht nicht näher darauf ein und sagt, dass ich ein neues Umfeld brauche, um den nächsten Schritt zu machen, und Kiersch es nicht bereuen würde. Nach wenigen Minuten sind sich die beiden Männer über meinen Wechsel offenbar einig. Sie verabschieden sich herzlich, und Derksen legt auf. Ich werde nicht gefragt.

Derksen schaut mich an. Der Mann, der so viel für mich getan hat, hilft mir ein weiteres Mal. Vor sechs Jahren hat er einem Rotzbengel mit einer Kriegsvergangenheit dreimal eine Chance gegeben; nun tritt er selbst einen Schritt zurück und sorgt dafür, dass ich den nächsten Schritt machen kann. Männern seines Kalibers bin ich in meinem Leben nur wenigen begegnet. Von Einwänden von meiner Seite kann nicht die Rede sein.

»Zieh deinen besten Anzug an. Du fährst nach Amsterdam, um dich zu bewerben.«

Und damit basta. Meine Zeit in Apeldoorn ist offenbar vorbei.

135

6

EIN »EDLER WILDER« IN AMSTERDAM

Ende der Fünfzigerjahre stehen die Niederlande am Vorabend einer der turbulentesten Phasen der Nachkriegszeit. Der Friedensschluss hat zu einem Babyboom geführt, und diese Kinder schnuppern nun allmählich am Erwachsenenleben. Sie wollen alles anders machen als ihre Eltern und entfesseln mit Sit-ins, freiem Sex und Rock'n' Roll eine Revolution. Sie alle zieht es in diesen Jahren an einen Ort: Amsterdam, die europäische Hippiehauptstadt.

Und ich? Meine Ideale sind, auch wegen meines Hintergrundes, bodenständiger. Ich möchte eine gute Stelle in der Blumenbranche haben, ein Gehalt, mit dem ich auskommen kann, und nach Möglichkeit ein bisschen Glück. Die einzige Gemeinsamkeit zwischen mir und den Hippies besteht darin, dass auch ich in Amsterdam bin, um ein Blumenkind zu werden. Allerdings ist das in meinem Fall wörtlich zu verstehen: Ich bin mit George Kiersch, dem berühmtesten Floristen der Hauptstadt, zu einem Gespräch verabredet.

Um zu seinem Laden zu gelangen, muss ich mich mit der Straßenbahn der Linie 2 quer durch die große Stadt schlängeln. Mir als Landei fallen unterwegs fast die Augen aus dem Kopf. Die Menschenmassen, die bunten Geschäftsstraßen, die Grachten – ich weiß gar nicht, wohin ich zuerst schauen soll. Doch ich bin auf einer Mission, daher gestehe ich mir nicht zu viel Verwunderung zu. Nach einer langen Fahrt durch das Zentrum und den

Unser Blumenladen in der Amsterdamer Zeilstraat von 1962 bis 1992.

vornehmen Stadtteil Amsterdam-Süd steige ich in der Zeilstraat aus. Auf der gegenüberliegenden Straßenseite befindet sich mein Ziel.

RENÉ BLOEMSIERKUNST steht dort in Großbuchstaben über dem Schaufenster. Es ist ein prächtiger, nach einer berühmten Orchidee benannter Blumenladen. Ein letztes Mal kontrolliere ich beklommen meine Krawatte und meinen Scheitel; dann öffne ich die Tür und gehe auf die freundliche Dame hinter dem Tresen zu. Ihre Frisur sitzt perfekt, und sie trägt an Ohren, Hals und Fingern genau das richtige Quantum an Schmuck. Nicht so viel, dass es protzig wirken würde, aber doch gerade genug, um zu vermitteln, dass es sich hier keineswegs um ein billiges Blumenlädchen handelt. Nein, René ist eine *Boutique* der feinsten Sorte, in der man nicht einen Strauß erwirbt, sondern sich eine Kreation zusammenstellen lässt.

Ich bin tief beeindruckt. Das ist doch was anderes als Herrn

137

Derksens *Eeuwige Lente* in Apeldoorn. Doch ich versuche, mir das möglichst nicht anmerken zu lassen. Ich will nicht wie ein kleiner Bauer vom Land wirken, schließlich bin ich hergekommen, um zu arbeiten. Ich erkläre, ich sei mit George Kiersch verabredet. Die elegante Dame greift zum Hörer und ruft in der Wohnung über dem Laden an. Dann nickt sie; ich darf zu ihm. Über die Steintreppe gelange ich in die Beletage. An einer Tür auf der rechten Seite klingele ich.

Ein Mann mit Samtjackett und Seidenschal unter dem Hemd öffnet mir. Mit einer schwungvollen Geste lässt er mich in die schöne Wohnung ein. George Kiersch mag den gleichen Beruf wie Derksen ausüben, er ist jedoch ein ganz anderer Typ. Er wählt seine Worte sorgfältig und spricht sie mit einem gewissen Flair und Nachdruck aus. Wobei er sich ständig mit Gesten begleitet. Nachdem er mir etwas über sein Geschäft erzählt hat, beginnt das eigentliche Bewerbungsgespräch.

Wie viel Berufserfahrung ich habe, möchte er wissen.

»Vier Jahre«, antworte ich ihm. Dann erzähle ich von meiner Zeit in Apeldoorn, der Gartenbauschule und den gelegentlichen Arbeiten im Palastgarten. Kiersch nickt. Aus dem, was er zu mir sagt, schließe ich, dass Derksen schon einiges an Vorarbeit geleistet hat. Er hat Kiersch erzählt, wer ich bin und wo meine Stärken liegen. *Was* ich heute erzähle, ist wahrscheinlich nicht so wichtig, *wie* ich es tue, umso mehr. Kiersch möchte in diesem Gespräch vor allem einen Eindruck von mir gewinnen.

Das Bewerbungsgespräch dauert alles in allem nicht lange. Wahrscheinlich habe ich keine Fehler gemacht, denn ich darf zukünftig für den großen Meister arbeiten – vorausgesetzt, dass wir uns über die Arbeitsbedingungen einigen können. Als er mir mein Anfangsgehalt nennt, muss ich allerdings kurz schlucken. Kiersch bietet mir 37,50 Gulden pro Woche an, während ich bei Derksen 50 Gulden bekomme. Das ist im Monat ein Fünfziger weniger, obwohl meine Kosten in Amsterdam viel höher sein werden. Schließlich muss ich mir hier ein Zimmer mieten, und falls ich nicht gerade in der Nachbarschaft wohne, täglich mit der Straßenbahn zum Blumenladen fahren.

Mit diesem Gehalt werde ich wahrscheinlich nicht auskommen, überschlage ich rasch. Doch wegen ein paar Cents will ich mir diese Chance nicht entgehen lassen. Ich werde mir für abends einen Nebenjob suchen, um mich über Wasser zu halten. Mit meiner Erfahrung in der Blumenbranche kann ich immer irgendwo etwas dazuverdienen. Vielleicht, schießt es mir durch den Kopf, will Kiersch mit diesem geringen Anfangsgehalt auch nur austesten, wie gerne ich diese Stelle haben möchte.

Sehr gern, lautet die Antwort. Hier zu arbeiten, ist so viel mehr als nur eine Möglichkeit, Geld zu verdienen. Es ist eine Investition in die Zukunft. Kiersch kann meiner Karriere einen ungeheuren Schub verleihen, hat Derksen mir immer wieder eingetrichtert. Für eine Chance wie diese stünden noch zehn andere parat, daher reiche ich ihm ohne Zögern meine Hand: Was übrigens nicht bedeutet, dass ich einen Arbeitsvertrag unterzeichnen kann. Wir werden es zunächst einmal eine Weile probieren, sagt Kiersch. Wenn ich mich bewähre, darf ich bleiben, und dann machen wir es offiziell.

Ich habe Glück, dass ich um mehrere Ecken in Amsterdam Bekannte mit einer leeren Dachkammer habe. Dort kann ich gegen ein sehr geringes Entgelt vorläufig wohnen. Ihr Haus steht in Amsterdam-West, in der Nähe der zentralen Markthallen. Was bedeutet, dass ich, um nach Amsterdam-Süd zu kommen, jeden Tag die Straßenbahn nehmen oder in ein Fahrrad investieren muss. Beides kann ich mir eigentlich nicht leisten.

Zum Glück hat Kiersch einen Chef-Blumenbinder mit einem goldenen Herzen. Dieser Jan van der Laak ist so nett, mich täglich mit dem Moped abzuholen. Hinten auf seiner knatternden Zündapp fahre ich mit ihm zum Laden. Dort lande ich zunächst in der Blumenbinderei hinter dem Verkaufsraum. Ich arbeite an einem eigenen Tisch, an dem ich Gestecke und Sträuße mache.

Es sind immer noch die Fünfzigerjahre, daher ist die Hierarchie am Arbeitsplatz noch strikt geregelt. Ich fange als zweiter Blumenbinder an, darf also einfache Aufträge erledigen und habe vorläufig noch keinen Kundenkontakt. Die komplexeren Arrangements gestalten die ersten Blumenbinder. Ich bekleide damit übrigens nicht einmal den geringsten Rang, denn es arbeiten auch immer zwei oder drei Praktikanten hier, außerdem gibt es Fahrradboten und einen Chauffeur.

Wenn ich mich sehr ins Zeug lege, werde ich nach ein paar Jahren erster Blumenbinder, und mit sehr viel Glück habe ich irgendwann in ferner Zukunft den Titel eines Chef-Blumenbinders in Aussicht, hat Kiersch mir erklärt. Chancen gibt es in diesem Betrieb, in dem alles wie geschmiert läuft, auf jeden Fall genug. Unternehmen sind die größten Kunden. Hotels, Wirtschaftsprüfer, Läden – alle wollen die fantastischen Blumenarrangements von Kiersch. Das Telefon steht nicht still, den ganzen Tag über ordern Kunden neue Bestellungen.

Auch Privatkunden werden mit aller Zuvorkommenheit bedient. Natürlich, denn der Kunde ist König. Vor allem, wenn er es sich einiges kosten lassen kann. Zu unserer Kundschaft zählen viele wohlhabende Damen aus Amsterdam-Süd, die immer einen frischen Strauß auf dem Tisch haben möchten. Oft rufen sie an, woraufhin ihnen ein Fahrradbote einen Strauß zur Ansicht vorbeibringt. Kommen diese Damen bei uns im Laden vorbei, werden sie von ihresgleichen empfangen. Denn der Verkauf liegt in den Händen von Frau Loes und Frau Joke, zwei distinguierten Damen, die wissen, wie man selbst den anspruchsvollsten Kunden einen schönen Strauß verkauft.

Kiersch öffnet mir die Augen dafür, dass in diesem Beruf so viel mehr möglich ist, als ich dachte. Natürlich verkauft er schöne Blumenarrangements und Sträuße, doch das tun andere Floristen auch, und oftmals wesentlich günstiger als er. Aber Kiersch hat sich mit dem Image eines großen Blumenkünstlers umgeben. Seine Samtjacketts und großen Gesten gehören zu diesem Auftreten einfach dazu. Außerdem sieht sein Schaufenster, in das er immer ein spezielles Arrangement als großen Blickfang setzt, jeden Tag aufs Neue großartig aus. Im Inneren des Ladens geht die Show dann weiter. Vor allem die kunstvolle Keramik des berühmten Utrechter Keramikers Mobach vermittelt den Eindruck, in einem ganz außergewöhnlichen Laden zu sein.

Diese künstlerische Ausstrahlung hat natürlich ihren Preis. Jeder Strauß und jedes Gesteck wird mit einem 150- bis 200-prozentigen Aufschlag verkauft, rechne ich mir in einer freien Stunde auf der Rückseite eines Umschlags einmal aus. Die Kunden sind offenbar bereit, für den Extraservice und die Show beträchtliche Summen zu zahlen. Das ist ein glänzendes Geschäft. Davon sollte ich mir etwas abschauen, nehme ich mir vor.

Zum Glück läuft es für mich selbst nach einer Weile finanziell auch etwas besser. Nach zwei Monaten bei Kiersch bekomme ich wöchentlich einen Zehner mehr, was bedeutet, dass meine Probezeit vorbei ist und ich nun zu einem regulären Gehalt angestellt bin. Mein Lohn liegt nun fast wieder auf dem gleichen Niveau wie bei Derksen. Um über die Runden zu kommen, habe ich es nicht länger nötig, mir abends bei anderen Floristen noch etwas dazuzuverdienen. Zudem bin ich jetzt auch immer öfter vorne im Laden zu finden, im direkten Kontakt mit den Kunden.

Die kleine Mehreinnahme gibt mir die Freiheit, nach der ich mich sehne. Ich entdecke den Rembrandtplein, *den* Platz, an dem abends die Amsterdamer Kunstszene ausgeht. Ich bin oft im Café des surinamischen Musikers Max Woiski zu finden, in dem Jazz und lateinamerikanische Musik live gespielt werden. Beide Stilrichtungen habe ich in Suriname gut kennengelernt und fühle mich in der tropischen Atmosphäre des Clubs sofort zu Hause.

In seinem Club am Rembrandtplein spielt Max Woiski jr. mit seinem Orchester.

Als Sinto habe ich nie aufgehört, Gitarre zu spielen, daher darf ich hin und wieder in der Band mitspielen.

Zu dieser Zeit gibt es noch nicht viele Surinamer in den Niederlanden, aber ich fühle mich fast automatisch zu ihrer Kultur hingezogen. Nicht nur, weil ich sie aus meiner Wehrdienstzeit kenne – in ihrer Vorliebe für starke und emotionale Musik erkenne ich meine eigenen Wurzeln. Ganze Samstagabende, und manchmal auch bis tief in die Nacht, sitze ich in dem Lokal und höre zu. Es macht mich glücklich, für eine Weile Teil dieser Gemeinschaft zu sein. Dass bei Woiski auch immer nette Mädchen vorbeischauen, ist dabei ebenfalls nicht ohne Bedeutung. Ich schlafe an den Wochenenden daher eher wenig.

Der Krieg rückt in dieser Zeit rasch in den Hintergrund. Nach all den Jahren, in denen die Ereignisse der Jahre 1944 und 1945 mein Leben bestimmt haben, befinde ich mich nun in einer Phase meines Lebens, in der ganz andere Dinge meine Aufmerksamkeit auf sich ziehen. Es passiert so viel, dass ich keine Zeit und manchmal auch keine Lust habe, allzu intensiv zurückzublicken. Das Leben ist in dieser Zeit wichtiger als der Tod. Außerdem brauche ich meinen Kopf für andere Dinge.

Werktags besuche ich an den Abenden eine ganze Reihe von Kursen. Ich will mehr, als bei Kiersch nur im Hintergrund zu arbeiten, und ich weiß, dass er auf Ausbildungen und Fachkenntnis großen Wert legt. Daher schreibe ich mich auch für einen Kurs zum sogenannten *Middenstandsdiploma* ein, mit dem man ein Einzelhandelsunternehmen führen darf. Vom Gestalter des Blumencorsos in Aalsmeer lerne ich, wie man komplexe Blumenarrangements anfertigt und Gartenanlagen zeichnet. Beim bekannten Gartenhistoriker Piet Noordanus belege ich ein Kunstgeschichteseminar. Außerdem bilde ich mich in Schaufenstergestaltung weiter, weil ich erkannt habe, wie wichtig sie für einen Laden sein kann.

Hin und wieder kehre ich nach Apeldoorn zurück, um meine Tante Leen zu besuchen. Oder ich fahre für einen Tag nach Den Haag, wo sich Rakli und Dolfien, die Schwestern meines Vaters, in einem Camp niedergelassen haben. Diese Besuche versetzen mich für kurze Zeit in eine völlig andere Welt; sie bieten mir im Grunde einen Blick in meine eigene Vergangenheit. Es fühlt sich immer wieder wohltuend an, Zoni zu sein. In diesen Momenten wechsle ich auch problemlos in unsere eigene Sprache über, das Romanes. Darüber brauche ich nicht nachzudenken, das geschieht automatisch.

VERGUNNING

DE COMMISSARIS DER KONINGIN IN DE PROVINCIE GELDERLAND

verleent bij deze vergunning tot het gebruiken als woning van de wagen

gekenmerkt "Amersfoort, nr. 286"   , aan
Helena Vos, te Apeldoorn.

De binnenwerkse afmetingen bedragen: 5 m, 2.10 m, en 1,95 m.

Het maximumaantal personen, dat in   de wagen   mag wonen
of nachtverblijf hebben, is zes.

In   de wagen   mogen wonen of nachtverblijf hebben de navolgende personen:

Naam	Voornamen	Plaats van geboorte	Geboortedatum
Vos	Helena	Millingen	22 juli 1911
Weisz	Johannes	's-Gravenhage	4 maart 1937

Letter M — 5248

Deze vergunning is geldig

tot 26 juni 1959.

Aldus verleend bij besluit van

26 juni 1956   , nr 3582/12-
3107.

De Commissaris der Koningin
in de provincie Gelderland,

315 - 300 - A 35 - II - '56   Z.O.Z.

Vorderseite der Genehmigung aus dem Jahr 1956, wieder in einem
Wohnwagen wohnen zu dürfen.

A

NOTA

1e. De vergunning moet op duidelijk waarneembare wijze in de woonwagen worden opgehangen (art. 2 der wet).
2e. Letter en nummer der vergunning moeten op gelijke wijze **uitwendig** op de woonwagen worden aangebracht (art. 6 der wet).

Daarbij gelden de volgende voorschriften:

a. Letter en nummer der vergunning mogen op de woonwagen of het woonschip niet anders worden aangebracht dan in witte tekens op donkerblauwe achtergrond volgens modellen voor motorrijtuigen vastgesteld bij het Motorkentekenbesluit 1905 (Staatscourant van 24 november 1905).
De letter mag niet anders worden geplaatst dan hetzij boven, hetzij vóór het nummer, in het laatste geval daarvan te halver hoogte gescheiden door een horizontale streep.
Naast nummer of letter mag geen ander kenteken worden geplaatst (art. 19 van het reglement).

b. De afmetingen ten opzichte van de cijfers en de letter moeten zijn ten minste:

hoogte	. 90 mm
breedte (behalve van cijfer 1)	. 65 mm
dikte (overal behoudens geringe afschuining aan de uiteinden)	. 15 mm
lengte der horizontale streep	. 15 mm
dikte der streep	. 10 mm
ruimte tussen verschillende tekens	. 15 mm

Bij grotere afmetingen worden alle aangegeven minimumafmetingen naar evenredigheid verhoogd (art. 20 van het reglement).

c. Letter en nummer der vergunning moeten vooraan op de linker- en op de rechterbuitenwand van de woonwagen of het woonschip duidelijk waarneembaar worden aangebracht en niet anders dan, hetzij door aanhechting, in vaste stand, van rechthoekige platen of borden, hetzij door schilderen op rechthoekige velden (art. 21 van het reglement).

d. De kleur van plaat of veld rondom en binnen nummer of letter mag geen andere zijn dan donkerblauw.
Langs de boven- en benedenranden moet een hoogte van tenminste 10 mm, langs de zijranden een breedte van ten minste 15 mm buiten de tekens overblijven. Deze maten worden bij afmetingen der tekens boven de minima van artikel 20 naar evenredigheid verhoogd (art. 22 van het reglement).

3e Boven het vastgestelde maximumaantal mogen de na het verlenen der vergunning geboren kinderen van een der bewoners in de woonwagen het woonschip mogen wonen of nachtverblijf hebben (art. 5, 2e lid, der wet).

4e. Op verzoek van de houder der vergunning kan de burgemeester der gemeente, waar de woonwagen het woonschip tijdelijk zich bevindt, met inachtneming van het vastgestelde maximumaantal, wijziging of aanvulling brengen in de opgaaf van personen, welke in de woonwagen het woonschip mogen wonen of nachtverblijf hebben (art. 5, 2e lid, der wet).

5e. Binnen acht dagen, nadat de vergunning heeft opgehouden van kracht te zijn of nadat een besluit tot intrekking der vergunning van kracht is geworden, wordt de verleende vergunning door de gewezen houder ingeleverd aan de burgemeester der gemeente waar de woonwagen het woonschip zich alsdan bevindt, en worden letter en nummer der vergunning, welke overeenkomstig artikel 6 dezer wet uitwendig op de woonwagen het woonschip zijn aangebracht, verwijderd (art. 18, 1e zinsnede der wet).

Het niet opvolgen van een der onder 1e—5e genoemde voorschriften is strafbaar volgens de wet (vergelijk art. 20 en volgende der wet).

De vergunning kan worden ingetrokken:

1e. indien de inrichting van de woonwagen of het woonschip niet voldoet aan de eisen, gesteld in de algemene maatregel van bestuur;

2e. indien de eisen, gesteld in de algemene maatregel van bestuur, betreffende het gebruik van een woonwagen of woonschip, niet worden nageleefd;

3e. indien de houder of overige personen, overeenkomstig artikel 5 dezer wet vermeld in de verleende vergunning, niet hebben voldoende middelen van bestaan, of indien in hun levensonderhoud niet op voldoende wijze wordt voorzien;

4e. indien een tegen de houder der vergunning uitgesproken veroordeling wegens misdrijf, wegens een der overtredingen, bedoeld in de artikelen 424, 426, 431, 432, 433 of 453 van het Wetboek van Strafrecht, of wegens een der overtredingen dezer wet of van de krachtens deze wet vastgestelde algemene maatregel van bestuur, onherroepelijk is geworden of de opgelegde geldboete is betaald;

5e. indien een tegen een der personen, overeenkomstig artikel 5 dezer wet vermeld in de verleende vergunning, uitgesproken veroordeling wegens misdrijf, wegens een der overtredingen, bedoeld in de artikelen 424, 426, 431, 432, 433 of 453 van het Wetboek van Strafrecht, of wegens een der overtredingen dezer wet of van de krachtens deze wet vastgestelde algemene maatregel van bestuur, onherroepelijk is geworden of de opgelegde geldboete is betaald, voor zover de strafbare feiten begaan zijn ten tijde dat de veroordeelde overeenkomstig artikel 5 dezer wet vermeld was in de verleende vergunning;

6e. indien blijkt, dat de houder der vergunning het regelmatig ontvangen van onderwijs door de kinderen van leerplichtige leeftijd, die in de woonwagen of het woonschip wonen of nachtverblijf hebben, niet naar vermogen bevordert;

7e. indien de houder der vergunning niet geacht kan worden bewoner van de woonwagen of van het woonschip te zijn (art. 12 der wet).

Onder „wet" wordt hierboven verstaan: Wet op woonwagens en woonschepen 1918 (Staatsblad nr. 492); onder „reglement": Reglement op woonwagens en woonschepen (Staatsblad nr. 530 van 1918).

Rückseite der Genehmigung aus dem Jahr 1956, wieder in einem Wohnwagen wohnen zu dürfen.

Dennoch spüre ich auch eine gewisse Entfremdung. Mir wird während dieser kurzen Besuche bewusst, dass ich irgendwann in den vergangenen Jahren eine Schwelle überschritten habe. Fast unbemerkt habe ich zwischen mir und der Kultur, aus der ich hervorgegangen bin, eine Distanz geschaffen. Nicht, dass ich darüber traurig oder froh wäre – es ist einfach so. Ich habe mich in Apeldoorn bewusst dafür entschieden, nicht noch einmal wegzulaufen.

Dass es mir dennoch so leichtfällt, mich dem Sinti-Lebensstil anzupassen, kommt auch daher, dass mein Volk mich immer wieder sofort mit offenen Armen empfängt. Sie behandeln mich überaus rücksichtsvoll, wie einen verlorenen Sohn, der nach Hause zurückkehrt. So ein warmes Bad ist natürlich herrlich.

Dieser herzliche Empfang wird jedem zuteil, der das Lager besucht, doch bei mir schwingt noch etwas anderes mit. Ich bin für die anderen Sinti *Dadeskowast,* wörtlich übersetzt »Vaters Hand«. Das ist ein Ehrentitel, der dem männlichen Oberhaupt einer Sinti-Familie vorbehalten ist. Meistens ist ein Sinto allerdings viel älter als ich, bevor die anderen ihn so nennen. Diesen Titel erhält man meistens dann, wenn der eigene Vater stirbt und man seinen Platz als Oberhaupt des Clans einnimmt.

Durch den Tod meines Vaters werde ich schon sehr jung zu einem *Dadeskowast,* obwohl ich noch keine eigene Familie habe. *Maro Zoni* nennen sie mich auch, »unseren Zoni«. Dass Leute mich so ansprechen, liegt vielleicht auch ein wenig an meiner Arbeit. Sie haben großen Respekt davor, dass ich ein Ziel vor Augen habe und hart dafür arbeite, es zu erreichen. Erfolg ist für Sinti keine Schande.

Trotz dieses Respekts spüren auch die Sinti, dass ich nicht mehr so ganz in die Gemeinschaft passe. Gelegentlich bekomme ich auch zu hören, dass ich mit meiner Arbeitsstelle und meinen Ausbildungen schon sehr einem *Gadjo* zu gleichen beginne. Ich akzeptiere diese Kommentare. Sie enthalten einen wahren Kern, aber sie hindern mich nicht daran, den Weg, den ich gewählt habe, weiterzugehen.

Ich sehe meine eigenen Entscheidungen auch immer mehr im Lichte der Entwicklung, die unser Volk als Ganzes durchläuft. Die Sinti stehen als traditionelle Gemeinschaft unter großem Druck. Viele Familienmitglieder und Freunde sind nicht aus den Konzentrationslagern zurückgekehrt; unsere Kultur wird daher von viel weniger Menschen weitergetragen. Nach dem Zweiten Weltkrieg ist es außerdem immer schwieriger geworden, einen nomadischen Lebensstil beizubehalten. Immer mehr Sinti ziehen in Wohnhäuser, wie etwa meine Bibi Dolfien, die sich mit einer Reihe anderer Familien in dem Viertel um den Bahnhof Hollands Spoor in Den Haag niedergelassen hat.

Durch all diese Einflüsse erodieren jahrhundertealte Bräuche und unsere komplexen Regeln. Die Sinti sind beispielsweise immer ohne Schulbildung zurechtgekommen, daher stand es nie zur Debatte, ob man seine Kinder zur Schule schicken sollte oder nicht. Ich hatte in dieser Hinsicht Glück. Aber ich sehe überall in meinem Umfeld, dass sich an diesem Punkt allmählich etwas verändert. Den jungen Sinti wird immer bewusster, dass Sesshaftigkeit eine andere Art des Lebens erfordert. Eine in gewisser Weise ernsthaftere Lebensweise, mit höheren Investitionen in die Zukunft. Und was sollte auch dagegen sprechen? Man ist nicht weniger Sinto, wenn man einen Abschluss hat.

Einfach sind derartige Veränderungen natürlich nicht. Die Kraft von Traditionen liegt gerade in ihrem Beharrungsvermögen und darin, dass sie manchmal wider besseres Wissen jahrelang fortbestehen. Neue Lebensweisen müssen sich erst bewähren, bevor sie breite Anerkennung finden. Vielleicht tragen meine Entscheidungen dazu ihr Scherflein bei.

Montagmorgens reise ich, gleichsam in einer Zeitmaschine, in die umgekehrte Richtung. Der Zug bringt mich zurück nach Amsterdam, in die bürgerliche Gesellschaft.

Im Laden mache ich daraus, wer ich bin und wo meine Wurzeln

liegen, kein Geheimnis. Niemand hat ein Problem damit. Im Gegenteil, in Amsterdam-Süd findet man es brennend interessant, dass ich nicht aus einem Reihenhaus stamme. Manchmal habe ich sogar das Gefühl, dass sie mich als eine Art »edlen Wilden« sehen, als jemanden, der die Sorgen der modernen Gesellschaft nicht kennt. So werden die Sinti in der romantischen Literatur gelegentlich ja auch gesehen. Wenn die wüssten!

»Ist das nicht fantastisch, immer nur Freiheit?«, schwärmt eine vornehme Dame, als sie von meiner nomadischen Kultur hört. Typisch. Ich lächle nur freundlich und behalte meine Gedanken für mich. Es hat nicht viel Sinn, dieser Frau meine wahre Geschichte zu erzählen und sie über den Preis der Freiheit aufzuklären. Die Leute wünschen sich immer etwas anderes, als das, was sie haben. Ich träumte als kleiner Junge von silbernen Marmeladenglashaltern, diese wohlhabende Dame träumt von einem ungebundenen nomadischen Leben.

Vermutlich ist es noch aus einem anderen Grund gar nicht so erstaunlich, dass man mir nicht mit Feindseligkeit begegnet. Denn es ist die Zeit der berühmten Musikerfamilie Mirando. Ihre Musik steht in den Hitlisten, und Sinti sind populär. Manche Kunden wollen alles über meinen Hintergrund erfahren. Sie stellen Fragen über Fragen, die Existenz einer eigenen Gerichtsbarkeit unter den Sinti ist ein beliebtes Gesprächsthema. Denn darüber steht hin und wieder etwas in den Zeitungen. Meistens sage ich bedauernd, darüber dürfe ich mit Außenstehenden nicht sprechen. »So ist es bei uns Brauch, verstehen Sie?«

Das ist allerdings eine Notlüge. Ganz allgemein darf ich durchaus darüber sprechen. Sinti halten in der Tat Versammlungen ab, in denen Mitglieder unserer Gemeinschaft, die wichtige Regeln übertreten haben, sich einer Gruppe alter, weiser Männer gegenüber verteidigen können. Diese können ihnen unterschiedliche Strafen auferlegen, deren schlimmste der Ausschluss aus der Gemeinschaft darstellt. Ein Gericht im üblichen Sinne kann man

das nicht nennen, denn man unterwirft sich diesem Gremium freiwillig; allerdings gibt es keinen Sinto, der es nicht ernst nehmen
würde.

Dass ich mich in Stillschweigen hülle, steigert das Interesse der
Damen aus Amsterdam-Süd natürlich nur noch mehr. Diesem geheimnisvollen exotischen jungen Mann aus dem Blumenladen sitzt
der Schalk im Nacken, finden sie.

Inzwischen versuche ich, beruflich am Ball zu bleiben und voran-
zukommen. Das geht schneller, als ich bei meinem Arbeitsantritt
in Amsterdam erwartet hatte. Ich arbeite ein Jahr bei Kiersch, als
er mich zu sich ruft. Es gibt gute Neuigkeiten: In Rotterdam soll
unter dem Titel *Floriade* eine Weltgartenausstellung organisiert
werden.

Die Organisatoren haben lange nach der geeigneten Person für
die hauptverantwortliche Gestaltung des Blumenmeeres gesucht.
Die Wahl ist auf Kiersch gefallen. Er muss nun seinerseits die richtigen Mitarbeiter auswählen, um seine Vision zu verwirklichen.
Ich gehöre dazu, erklärt er mir.

In diesem Moment ist mir noch nicht klar, welche gigantische
Aufgabe vor uns liegt. Noch nie ist weltweit eine Blumenausstellung diesen Ausmaßes veranstaltet worden. Ab März pendeln
wir fast täglich zwischen Amsterdam und Rotterdam, wo wir einen Park an der Maas in ein überwältigendes Blumenmeer ver-
wandeln sollen. Anlässlich dieser Ausstellung baut die Gemeinde
Rotterdam einen riesigen Turm, so dass man die Blumen auch
von oben bewundern kann. Sie nennen das Ungetüm den Euromast.

Der Zweck der Ausstellung besteht darin, aller Welt zu zeigen,
wozu die Niederlande im Bereich des Gartenbaus in der Lage
sind. Dazu werden weder Kosten noch Mühen gescheut. 15 Jahre
nach dem Krieg darf nun das Ende der Sparsamkeit eingeläutet
werden, und Überfluss kommt in Mode. Die ausländische Presse

wird kommen, also darf das Ganze nicht zu bescheiden ausfallen. Blumen entwickeln sich für die Niederlande in dieser Zeit allmählich zum Big Business. Die ganze Welt summt mittlerweile ›Tulpen aus Amsterdam‹.

Ich lerne dabei unendlich viel. Vor allem, wie wichtig bei einer Ausstellung die Pflege der Blumen ist. Blumen sind ein Naturprodukt mit begrenzter Haltbarkeit. Vor allem an den Wochenenden kommen Scharen von Menschen zur *Floriade*, daher muss in diesen Tagen immer alles gut in Schuss sein. Was bedeutet, dass wir von Montag bis Mittwoch alles, was nicht mehr gut aussieht, ersetzen müssen. Bis mittwochabends stellen wir im Grunde eine völlig neue Ausstellung auf die Beine. Und das Woche für Woche, Monat für Monat.

Was ich auf der *Floriade* ebenfalls lerne, ist, vor Experimenten nicht zurückzuschrecken. Die Blumenbranche kann ziemlich konservativ sein, ich aber finde es spannend, neue Sachen auszuprobieren. So stelle ich beispielsweise ein Arrangement aus einer Kombination von orange- und rosafarbenen Blüten zusammen. Ältere Floristen finden das grässlich, weil sich die Farben angeblich beißen, aber ich bin sehr zufrieden damit. Einige Jahre später wird diese Zusammenstellung im Blumenhandel zu einer der beliebtesten Modekombinationen.

Doch es sind nicht die Blumen, die mir die nächste Chance in meinem Leben bieten, sondern der Fußball.

Kiersch ist ein großer Fan dieser Sportart, die sich in den Sechzigerjahren schnell zu professionalisieren beginnt. Seit 1956 gibt es in den Niederlanden die »Ehrendivision«, eine nationale Liga, in der professionelle Fußballclubs gegeneinander antreten.

Gemeinsam mit dem Geschäftsmann Dé Stoop investiert Kiersch in den DWS, einen Amsterdamer Fusionsclub. Dieser Verein sollte, wie es sich für die Hauptstadt gebührt, zu dem bedeutendsten Proficlub der Niederlande werden. Dadurch hat er

Der Euromast während seiner Errichtung. Er wurde speziell
für die große Gartenbauausstellung *Floriade* 1960
vom Architekten H. A. Maaskant der Euromast entworfen.

sein Interesse an der Blumenbranche ein wenig verloren. Der
große George Kiersch will sein Geschäft verkaufen.

Aber an wen? Sein Geschäft einem Konkurrenten zu überlassen, kommt nicht infrage. Das würde seinem guten Namen schaden, denn so etwas wirkt wie eine Übernahme. Eine andere Möglichkeit bestünde darin, den Geschäftsführer Jan van der Laak zu
fragen, doch dem fehlt Kierschs Ansicht nach die künstlerische
Vision, der es bedarf, um den guten Namen des Ladens weiterhin
auszubauen. Am liebsten wäre Kiersch ein junger Kerl, der gezeigt
hat, dass er Mumm hat.

Er fragt mich.

Das ist natürlich großartig, doch ich bin absolut nicht in der
Lage, so einen geschäftlichen Deal zu stemmen. Welche Erfahrung

habe ich denn schon im Führen eines Geschäfts? Außerdem stellt sich da auch noch die nicht unwesentliche Frage der Finanzierung. An dem Tag, an dem Kiersch mich fragt, checke ich meinen Kontostand. Die Dame hinter dem Schalter teilt mir mit, dass er 48 Gulden beträgt. Und dabei ist der Monat längst noch nicht zu Ende.

Kiersch will für seinen Laden 100 000 Gulden haben. Eine Differenz von 99 952 Gulden – da ist nichts zu machen. Keine Bank würde mir ohne Sicherheiten oder eigenes Kapital einen solchen Betrag leihen.

Doch Kiersch will kein Nein akzeptieren. Wo ein Wille ist, ist seiner Meinung nach auch ein Weg. Er stellt mich Dé Stoop vor, dem ehemaligen Direktor der Aufzugsfabrik Starlift und Vorstandsmitglied des Fußballbundes. Stoop ist in geschäftlichen Dingen ein gerissenes Finanzgenie. Er habe sich einen Weg überlegt, der es mir möglich mache, den Laden doch noch zu übernehmen, erklärt er mir. Der Plan ist simpel. Ich bezahle Kiersch monatlich einen festen Betrag und zahle ihn so über einen Zeitraum von vielen Jahren aus. Wir bezeichnen das jedoch nicht als Kauf, sondern als Pacht. Aus dem monatlichen Umsatz lässt sich die Summe leicht aufbringen. Da es sich um Betriebskosten handelt, könnte ich die Pacht zu hundert Prozent vom Gewinn absetzen. Am Ende der Laufzeit des Pachtvertrages bezahle ich George Kiersch noch eine kleine Kaufsumme, und dann gehört der Laden definitiv mir.

Natürlich bin ich misstrauisch. Stoop ist Kierschs Freund. Wer weiß, was die Herren sich ausgedacht haben. Aber nachdem ich es wieder und wieder durchgerechnet habe, erweist sich das schließlich als guter Plan. Es ist allerdings ein gewaltiger Schritt. Ich bin erst 24 Jahre alt und habe keine Familie als Rückhalt. Andererseits, was habe ich schon zu verlieren, sage ich mir, nachdem ich einen weiteren Abend alles hin und her gewendet habe? Ich habe 48 Gulden auf der Bank, es ist also nicht so, als würde ich aus eigener Tasche eine gewaltige Summe investieren, die ich verlieren könnte.

Also besiegele ich am Tag darauf das Geschäft mit Kiersch per Handschlag. Ich übernehme den Laden. Die Vorstellung, nun wirklich Unternehmer zu werden, macht mich überglücklich. Am gleichen Tag noch kündige ich mein Zimmer. Um Geld zu sparen, kann ich umsonst hinter der Blumenbinderei wohnen – dort gibt es einen Lagerraum, der selten genutzt wird. Zugegeben, er hat weder Fenster noch sanitäre Einrichtungen, aber mit ein paar Fischernetzen mache ich es mir dennoch einigermaßen gemütlich. Duschen kann ich bei Frau Loes, die über dem Laden eine kleine Wohnung hat. Dort esse ich auch oft.

Es ist natürlich spannend, wie »die Szene« auf diesen ungewöhnlichen Deal reagiert. Kiersch hat in Amsterdam einen gewaltigen Namen. Werden die Kunden nicht zur Konkurrenz gehen, wenn sie erfahren, dass er aufhört? Eine weitere große Sorge betrifft die Lieferanten. Werden sie mir, einem 24-jährigen Jüngelchen, das nun plötzlich in große Fußstapfen tritt, Vertrauen entgegenbringen? Falls sie Vorkasse verlangen, kann mich das in allergrößte Schwierigkeiten bringen.

Anderer Art, aber mindestens genauso kompliziert, ist nun mein Verhältnis zum Chefblumenbinder Van der Laak. Jahrelang arbeitet er schon im Laden und hat im Stillen vielleicht gehofft, Kierschs Nachfolger zu werden. Plötzlich komme ich daher, wie ein Springteufel aus der Kiste, der Bursche, den er vor zwei Jahren noch auf seinem Moped zur Arbeit mitgenommen hat. An allem Möglichen merke ich, dass er diese Entscheidung nicht nachvollziehen kann. Zum Glück nimmt er es mir nicht übel. Ich habe eben die Chance ergriffen, die sich mir geboten hat, sagt er. Doch schon bald verlässt er den Laden.

Innerhalb eines Monats zeigt sich, dass alle Großkunden geblieben sind. Auch die meisten Lieferanten tun so, als sei nichts passiert. Nur einer fordert eine Vorauszahlung, doch die wichtigsten Großhändler verändern ihre Lieferbedingungen nicht. Einer räumt mir sogar drei Monate Kredit ein. Das ist wohl vor allem als nette Geste gemeint, es ist aber auch eine geschäftliche Entscheidung. Durch sein Entgegenkommen überstehe ich die risikoreiche Anfangszeit gut, und das vergesse ich diesem Großhändler nicht. Er wird in den Jahren darauf mein wichtigster Zulieferer.

Trotzdem sind die ersten Monate nicht einfach. Da ich überhaupt kein finanzielles Polster habe, muss ich alle Kosten des Ladens aus den laufenden Einnahmen begleichen. Was konkret bedeutet, jeden Cent zusammenzukratzen. Jeden Samstag lege ich alle Einnahmen der Woche auf den Ladentisch, um meine Mitarbeiter zu bezahlen. Sie dürfen nie auch nur einen Tag auf ihr Gehalt warten, denn damit würde ich mir ihre Loyalität verspielen. Und die brauche ich unbedingt, um den Laden zu einem Erfolg zu machen.

Weil ich meine Nase täglich in die Bücher stecke, erkenne ich schon bald, dass Kiersch auf ziemlich großem Fuß gelebt hat. Der Laden ist zwar eine gute Investition, doch im Moment geht das Geld ebenso schnell rein wie raus. Wenn ich überleben will, muss ich meine Kosten wahnsinnig senken. Das bedeutet, dass ich mich von einigen Mitarbeitern verabschieden muss. Boten wegen eines einzigen Straußes für eine der vornehmen Damen loszuschicken, ist nicht mehr drin. So konnte man vielleicht in der Vorkriegszeit arbeiten, aber nicht mehr heute in den Sechzigerjahren.

Für mich selbst bedeuten die Sparmaßnahmen lange Arbeitstage. Vieles erledige ich selbst – jemanden für die Buchhaltung oder zum Saubermachen anzuheuern, würde schließlich Geld kosten. Sechs Tage die Woche bin ich voll im Einsatz, um mich über Wasser zu halten. An mir soll es jedenfalls nicht liegen.

Nur sonntags gönne ich mir etwas Entspannung. Ich entdecke einen neuen Nachtclub, das »Blue Note«. Dort spielen sie Jazz und italienische Musik zum Wegträumen. Das ist eine Umgebung, in der ich mich sehr zu Hause fühle. Auch am zweiten Maisonntag des Jahres 1962 bin ich wieder dort. Es ist Muttertag, daher haben wir am Samstag davor heftig schuften müssen, um allen Kindern und Ehemännern einen schönen Blumenstrauß zu verkaufen, den sie mit dem Frühstück ans Bett bringen können. In der Blumenbranche ist das einer der hohen Feiertage.

Als ich aufschaue, sehe ich, wie zwei Mädchen den Club betreten, eine Rothaarige und eine zarte Blonde. Die Zweite fasziniert mich maßlos. Ich muss erst einmal meinen Mut zusammennehmen, bevor ich nach langem Zögern auf sie zugehe, um mit ihr zu plaudern. Sie stellt sich als Elly vor, und ich sage zu meiner eigenen Überraschung, dass ich Zoni heiße.

Warum ich mich selbst nicht einfach Johan nenne, wie ich das in Amsterdam immer tue, weiß ich selbst nicht so genau. Wahrscheinlich ist es ein Zeichen dafür, dass ich gleich großes Interesse an ihr habe und keine unnötige Distanz zwischen uns aufkommen lassen will. Es ist das erste Mal seit Jahren, dass ich mich bei jemandem außerhalb der Sinti-Gemeinschaft so nenne.

Es läuft gut, ich handle mir zumindest keine Abfuhr ein, und wir verabreden uns sogar. Bei dieser Gelegenheit will ich natürlich einen guten Eindruck machen. Weil sie mich mit ihren blonden Haaren und blauen Augen an Maiglöckchen erinnert, bringe ich ihr einen großen Strauß dieser Blumen mit. Wie von mir erhofft, gefällt ihr der Strauß. Schon bald wird es etwas Ernsteres. Daher ist es für mich an der Zeit, ihr zu erzählen, dass ich einen etwas anderen Hintergrund habe als die meisten jungen Männer in Amsterdam. Dass ich ein Sinto bin, mache ihr nichts aus, sagt sie. Ich finde sie großartig: Sie ist lieb, schön und nett.

Elly arbeitet im Kaufhaus Vroom & Dreesman in der Amsterdamer Kalverstraat, wo sie als junge Frau schon große Verantwortung trägt. Und das nicht ohne Grund; dieses zarte Persönchen ist eine Frau, die zupackt und viel Geschäftssinn mitbringt. Das liegt bei ihr in der Familie. Ihr Vater, Jo de Breij, hat sich durch jahrelanges Abendschulstudium beim Amsterdamer Elektrizitätswerk emporgearbeitet. Sie sind Menschen, die es zu etwas bringen wollen.

Mein Interesse an Elly überrascht mich selbst. Bis ich ihr begegnet bin, bin ich immer davon ausgegangen, dass ich irgendwann eine Sintezza heiraten würde. Eine Frau mit dunklen Haaren und dunklen Augen und keine blonde Dame wie die, in die ich mich nun auf einen Schlag verliebt habe. Doch ich zweifle keinen Moment an meiner Wahl.

Noch immer weiß ich nicht ganz genau, warum sie sich für mich entschieden hat, und damit zieht sie mich gerne auf. Heute sagt sie, sie habe mich von Anfang an furchtbar nett gefunden. Dass ich gut ausgesehen habe. Ich war damals sehr dunkel, viel dunkler als heute. Von Bekannten erfuhr sie, was genau ein Florist eigentlich so macht, und das hat ihr wohl gefallen.

Nach unseren ersten Verabredungen geht es unheimlich schnell. Jahrelang wollte ich keine ernsthafte Beziehung, nun treffe ich binnen weniger Wochen Ellys Eltern und ihre beiden Brüder. Auch dort spiele ich gleich mit offenen Karten. Ich erzähle ihnen von meiner Vergangenheit und meinem kulturellen Hintergrund. Für sie stellt das überhaupt kein Problem dar. Die Familie ist progressiv und darin bemüht, vorurteilsfrei zu sein. Bemerkenswert ist, dass sich die Männer der Familie ebenso am Abwasch und anderen Hausarbeiten beteiligen wie die Frauen. Bei den Sinti gibt es hingegen zwischen Männern und Frauen eine klare Rollenverteilung. Doch ich übernehme ihren Stil einfach.

Elly und ich gehen miteinander aus, und ich gebe mein Bestes, um mich passabel zu präsentieren. Außerdem nehme ich Geschenke mit, wenn wir zu ihren Eltern gehen, einmal sogar einen riesigen Blumenkübel. Das kommt durchaus gut an.

Die Haltung ihrer Familie ermutigt mich, noch einen Schritt weiterzugehen. Gegen Ende des Sommers fahre ich mit Elly und ihren Eltern nach Dieren, wo mein Cousin Hannes, meine Tante

Moezla und die Mirandos mit ihren Wagen auf einem Platz in der Nähe des Kanals stehen. Für mich ist das ein doppelter Lackmustest. Ich möchte nicht nur herausfinden, wie meine Schwiegereltern auf meine Kultur reagieren, es ist auch spannend, ob meine Familie Elly akzeptiert. Für einen Sinto gehört es sich eigentlich nicht, eine Außenstehende zu heiraten. Meine Entscheidung mache ich davon allerdings nicht abhängig.

Wie bei den Sinti üblich, werden wir mit offenen Armen empfangen. Natürlich wird sofort Essen aufgetischt. Über meine bürgerliche Freundin fällt kein unfreundliches Wort, und Bibi Moezla scheint sie gleich zu mögen. Auch von der anderen Seite läuft alles reibungslos. Meine zukünftigen Schwiegereltern hören mich mit meiner Familie Romanes sprechen. Obwohl das in ihren Ohren fremd klingt, akzeptieren sie meinen Hintergrund ganz und gar. Sie sind Freidenker, die verstehen, dass nicht jeder nach dem gleichen Muster gestrickt ist. Dann holt Hannes hinten aus dem Wagen ein paar prachtvolle goldene Ohrringe, die er Elly sofort ansteckt. Für mich ist es das Zeichen, dass die Sinti Elly in der Familie akzeptieren.

Ein paar Monate darauf verloben wir uns. Das geht schnell, aber wir sind unserer Sache sicher. Wir veranstalten ein offizielles Fest, mit einem Dinner und einem Empfang, wie es damals üblich ist. Auch in anderer Hinsicht werden wir ein Paar: Elly kündigt im Kaufhaus Vroom & Dreesman und arbeitet nun bei mir im Blumenladen. Sie bringt einen frischen Wind ins Geschäft. Eines ihrer Spezialgebiete wird es, unbeholfenen Männern einen Blumenstrauß für ihre Frau zu verkaufen.

Kurz bevor sie im Blumenladen anfängt, kommt der alte Doktor Anton Vroom bei mir vorbei. Diese imposante Erscheinung ist der Sohn von Willem Vroom, einem der beiden Gründer von Vroom & Dreesman. Er kommt, um zu sehen, wer der Kerl ist, der seine überaus geschätzte Mitarbeiterin sowohl privat wie auch geschäftlich entführt hat. Er schaut mich taxierend an und sagt, ich könne mich glücklich schätzen.

»Du passt gut auf mein Mädchen auf«, brummt er dann. Ich verspreche es ihm feierlich.

Elly und mir eröffnet sich die Gelegenheit, über dem Laden einzuziehen, in eine Dienstwohnung. Diese Chance können wir uns nicht entgehen lassen, denken wir. Dann müssen wir wohl nun möglichst bald heiraten ...

Am 28. August ist es so weit. Es ist eine gediegene bürgerliche Hochzeit mit allem Drum und Dran. Eigentlich möchte Elly in einem langen Kleid heiraten. Wann hat eine junge Frau schon einmal die Gelegenheit, ein echtes Traumkleid zu tragen? Doch das möchte ich nicht. Denn dann müsste ich einen Cut tragen und das kommt für mich überhaupt nicht infrage. Elly gibt nach. Sie lässt sich ein wunderschönes und sehr modernes kurzes Kleid schneidern, in dem sie bezaubernd aussieht. Ihren Brautstrauß binde ich natürlich selbst. Aus Blumen, die zu dieser Zeit kostbar sind: aus einer Fülle seltener Orchideen.

Ihre ganze Verwandtschaft ist dabei, doch von meiner Seite kommen nicht viele. Nur meine beiden früheren Chefs Derksen und Kiersch habe ich eingeladen. Auch Tante Leen und Gonnie kommen. Annie kann leider nicht dabei sein.

Es ist eine schöne Feier, aber eine mit einer eigenartigen Wendung. Ein paar Monate vor der Hochzeit waren Elly und ich in Zutphen, um dort für mich einen Auszug aus dem Personenstandsregister abzuholen, was man in diesen Jahren noch persönlich erledigen musste. Der Beamte im Rathaus hatte bei diesem Besuch eine überraschende Neuigkeit für mich: Ich war tot. Mein Vater würde noch leben, stand in den Akten, aber ich sei in Deutschland während des Krieges ums Leben gekommen.

Jahrelang habe ich Steuern bezahlt und Sozialbeiträge geleistet. Ich habe dem Land in der Armee gedient. Alle möglichen Behörden

BURGERLIJKE STAND
EN
BEVOLKING.

Tel. nr. 94.

Zutphen, 9 September 1947.

Johannes Weisz, geboren te AEngwirden 8 Februari 1914.

Jacoba Gerarda Vos, geboren te Nijmegen 16 November 1916.

Augusta Josephina Theresia Weisz, geboren te
Helmond 20
Mei 1939.

Johanna Helena Weisz, geboren te Veenendaal
(U) 23 Januari 1941.

Emile Weisz, geboren te Zutphen 7 Juni 1943.

Auszug aus dem
Standesamtsregister
von Zutphen.

Elly und ich heiraten am
28. August 1963.

Während der Hochzeitsfeierlichkeiten muss ich einen Eid ablegen,
um zu beweisen, dass ich existiere. Ich bin mit meinem Vater verwechselt worden,
der offiziell noch lebt. Ich bin verwaltungsmäßig verstorben.

wussten ganz genau, wie sie mich finden konnten. Wirklich bemerkenswert für einen Toten! Kurzfristig lässt sich das Verzeichnis jedoch nicht korrigieren. Deshalb muss ich bei der Hochzeitsfeier zwei Finger heben und schwören, dass ich der bin, der ich bin. Der Amsterdamer Standesbeamte regelt das glücklicherweise so dezent, dass unsere Gäste davon fast nichts mitbekommen.

Bei mir bleibt jedoch ein nagendes Gefühl zurück. Ob dieses Getue um meinen angeblichen Tod wohl etwas mit der Plünderung unseres Hauses in Zutphen zu tun hat?

Unsere Hochzeitsreise führt uns in das allzeit romantische Rotterdam, wo ein neues Hilton-Hotel eröffnet worden ist. Nur wegen des Namens habe ich dort ein Zimmer gebucht. In einem solchen Hotel wollte ich schon immer einmal absteigen. Endlich kann ich es mir leisten, ein solches Hotel einmal auszuprobieren. Dieser Luxus nach amerikanischem Stil ist herrlich.

Zuerst geht unsere Reise allerdings nach Aalsmeer, wo ich auf der Blumenauktion in großem Stil einkaufe. Kurz vor unserer Heirat habe ich nämlich den beachtenswerten Auftrag erhalten, das Concertgebouw in Amsterdam zum 25. Jubiläum des Instituts Dinkgreve auszuschmücken, der Institution, bei der ich mein *Middenstandsdiploma* abgelegt hatte. Kurz zögere ich noch, aber Elly bestärkt mich schon vor unserer Hochzeit, dass ich diese Chance natürlich mit beiden Händen ergreifen müsse – Heirat hin oder her. Das Concertgebouw – etwas Schöneres gibt es fast nicht in Amsterdam!

Solche Aufträge erhalte ich in diesen Jahren immer häufiger. Um mich meinen Berufskollegen zu präsentieren, habe ich an einer Reihe von Floristenwettbewerben teilgenommen und dort mit meinen oft verwegenen Kompositionen Eindruck hinterlassen. Plötzlich gelte ich als Avantgardist, als jemand, den man beauftragt, wenn man mal etwas anderes als die gelegentlich etwas altbackenen Kreationen der etablierten Floristen haben möchte.

Und so bekomme ich immer öfter Aufträge, Ausstellungen zu dekorieren oder große Veranstaltungen auszustatten. Nach einiger Zeit erhalte ich auch Anfragen aus dem Ausland – nicht lange nach meiner Hochzeit sogar aus Deutschland.

Bei der ersten Anfrage unserer östlichen Nachbarn muss ich doch kurz schlucken. Habe ich wirklich Lust, dahin zu gehen? Meinem Gefühl nach kann jeder Deutsche, dem ich begegne, ein ehemaliger Lageraufseher sein. Nach dem Krieg ist eine Reihe führender Figuren der Nazibewegung verurteilt und größtenteils aufgehängt worden. Aber viele Täter laufen zwanzig Jahre später wieder frei herum. Die Lageraufseher, die Beamten, die mit einem Pinselstrich Tausenden Menschen das Leben genommen haben – das Wirtschaftswunder sorgt dafür, dass sie in der Gesellschaft wieder gebraucht werden. Ich könnte also den Mördern meiner Familie begegnen.

Dennoch beschließe ich, mich davon nicht abhalten zu lassen. Das Leben geht weiter, nicht nur für mich, sondern auch für all die anderen, die den Krieg überlebt haben. Dem überwiegenden Teil der Deutschen ist nichts vorzuwerfen. Sie hatten keine Wahl und wurden genau wie ich in den totalen Wahnsinn des Nationalsozialismus hineingerissen. Und natürlich ist eine große Ausstellung in Deutschland wieder etwas Neues für mich, eine spannende Herausforderung.

Mit einem LKW voller Blumen breche ich mit einem ganzen Team nach München auf, wo die Ausstellung stattfinden soll. Es ist eine lange Fahrt über die deutsche Autobahn. Erst am Abend treffe ich mit einem Assistenten bei dem Gebäude ein, in dem wir unsere Ladung aufbauen sollen. Es ist Stoßzeit, und wir sind nicht die Einzigen, die ausladen wollen.

Ein Aufseher des Wachpersonals ist von der Hektik überfordert. Mit lauter Stimme schreit er den Leuten, die seiner Ansicht nach etwas falsch machen, Befehle zu. Die Stelle, an der ich den LKW parke, passt ihm natürlich auch nicht. Als ich aussteige, kommt er brüllend auf mich zu. Aus dem Augenwinkel sehe ich, dass der Mann eine graue Uniform trägt, die doch sehr einer Soldatenuniform gleicht, wie ich sie aus meiner Kindheit kenne.

Er beginnt, lauthals auf Deutsch auf mich einzuschreien. Es soll vor allem *schnell* gehen. Ebenso wie bei dem Beamten in Zutphen zerbricht dabei etwas in mir. Wie, das kann ich nicht erklären. Ich bin normalerweise ein sanfter Mensch, der nicht dazu neigt, Dinge mit Gewalt zu lösen. Trotzdem ist das Nächste, was ich sehe, der Aufseher, der unter meinem Lastwagen liegt. Ich habe ihn dort hingeschleudert. Sein Geschrei hat sich schlagartig in ein leise wimmerndes Stöhnen verwandelt.

Ein paar Mitarbeiter der Ausstellung halten mich fest, so dass ich ihm nicht noch mehr zusetzen kann. Seine Kollegen helfen dem Mann auf und bringen ihn schnell in sichere Entfernung.

Von dem, was danach geschieht, weiß ich nicht mehr viel. Außer, dass ich einem der Organisatoren erzähle, warum ich diesem Mann eine Maulschelle verpasst habe. Meine Geschichte macht offenbar Eindruck, denn ebenso wie in Zutphen sehen sie von einer Anzeige ab. Wir bauen die Ausstellung einfach auf, als sei nichts geschehen.

Mehr noch: Den betreffenden Mann sehe ich später noch ein paar Mal vorbeigehen, ohne dass er mich anspricht oder etwas unternimmt. Später erfahre ich, dass die Ausstellungsmacher mit ihm über das, was geschehen ist, gesprochen haben, woraufhin er versteht, was meinen Ausbruch verursacht hat. Sein Verhalten nach dem Vorfall weiß ich sehr zu würdigen.

Nach einer Woche fahren wir zurück in die Niederlande. Ich bin um eine Auslandserfahrung reicher, aber auch durchdrungen von der Erkenntnis, dass ich ganz offensichtlich noch lange nicht alles verarbeitet habe. Dass ich als Jugendlicher jemandem eine Ohrfeige verpasst habe, ist eine Sache, doch mittlerweile bin ich erwachsen und schlage trotzdem noch um mich, wenn durch ein bestimmtes Verhalten schmerzhafte Erinnerungen in mir geweckt werden. Einige Jahre habe ich mich nicht mehr mit dem Krieg beschäftigt, doch der Krieg hat mich noch nicht vergessen. Der Schmerz sitzt tief, das ist offensichtlich.

Menschen können diesen Schmerz mit wenigen Worten oder einer hässlichen Uniform aktivieren und mit einem Schlag all meinen Zorn an die Oberfläche befördern. In Apeldoorn gelingt das einem hämischen Beamten mit drei Worten, in München einem Aufseher mit dem Wort *schnell*. So einfach geht das. Ich muss daran etwas ändern, aber was?

Elly gegenüber erwähne ich meinen Gewaltausbruch zunächst nicht. Sie kennt meinen Schmerz, denn ich habe ihr schon früh in unserer Beziehung meine ganze Geschichte erzählt, doch sie hat keine Vorstellung davon, wie tief er sitzt. Nach ein paar Tagen hat sich mein Vorsatz, mich mit meiner unterschwelligen Trauer zu beschäftigen, schon wieder verflüchtigt. Ich stecke meinen Kopf

Mit Sander auf dem Arm. Unsere Tochter Elvira ist gerade geboren worden.
Wie glücklich kann ein Mensch sein?

tief in den Sand. Wenn ich einfach nur hart weiterarbeite, wird schon alles von selbst wieder gut.

Sanders Geburt im Jahr 1965 ist ein Höhepunkt in unserem Leben. Wir sind so glücklich. Sein eigenes Kind in den Armen zu halten, ist ein unbeschreibliches Gefühl, so, als ob alles zusammenkäme. Haben mein Vater und meine Mutter das auch so erlebt, als ich geboren wurde? Unvorstellbar.

Ein Jahr darauf ist Elly erneut schwanger. Sie hofft insgeheim auf ein Mädchen, aber das wäre vielleicht zu schön. Dennoch geschieht es, wir bekommen eine Tochter. Und obwohl es eigentlich nicht möglich ist, sind wir genauso überbordend glücklich wie damals, als Sander geboren wurde. Wir nutzen die Gelegenheit, eine Brücke zur Vergangenheit zu schlagen. Wir nennen sie Elvira Augusta Helena, nach meinen beiden verstorbenen Schwesterchen Augusta und Helena.

Es ist völlig verrückt. Gerade in Momenten, in denen ich am glücklichsten bin, fühle ich auch eine bodenlose Trauer. Als mache mich dieses Glück verletzlich. Häufig sondere ich mich ab. Ich spiele Gitarre, um zu mir selbst zu kommen.

7.

TÜREN IN MEINEM KOPF

Wenn es ein Talent gibt, über das fast alle Sinti verfügen, dann ist es das Erzählen. Gemeinsam mit der Musik stellt diese orale Tradition einen Eckpfeiler unserer Kultur dar. Da wir so gut wie nichts aufschreiben, verkörpert sie unser Geschichtsbuch, unsere lebendige Erinnerung daran, woher wir kommen. Schon als kleiner Junge hörte ich mit offenem Mund den älteren Männern zu, die am Lagerfeuer die jahrhundertealten Geschichten unseres Volkes zum Besten gaben. Sie handeln zum Beispiel von O *Lungo Drom*, dem langen Zug der Sinti und Roma von Indien bis nach Europa und sogar darüber hinaus.

Oder von unseren legendären Vorvätern, von denen einer den Legenden nach so stark gewesen sein soll, dass er ohne Mithilfe anderer ein Pferd hochstemmen konnte. In dieser Geschichte hallt ein Echo des biblischen Kraftprotzes Samson wider, des Mannes, dessen Mysterium in seinen Haaren lag. Als kleiner Junge war ich von dieser Geschichte fasziniert – ich fand es unvorstellbar, dass man ein ganzes Pferd hochhieven kann. Ich nahm mir vor, später auch so stark zu werden; dann wäre ich unbesiegbar.

Das gelang mir auch in gewisser Weise, aber anders, als ich mir das als Kind vorgestellt habe. Auch wenn ich als erwachsener Mann im Amsterdam der Sechzigerjahre noch immer kein Pferd über meinen Kopf stemmen kann, kann ich geistig natürlich durchaus bärenstark sein. So gestehe ich beispielsweise lange Zeit meinen Kummer nicht ein und verscheuche ihn mit harter Arbeit. Es wäre ein Zeichen von Schwäche, mich auf das zu besinnen, was mir widerfahren ist, gleich der Schwäche eines Samsons, der sein Haar verliert und damit nur noch ein Schatten seines alten kraftstrotzenden Selbst ist. Ich muss also weitermachen, ohne zu klagen, und unbesiegbar sein.

Diese Fassade von Courage und Unbesiegbarkeit halte ich lange aufrecht. Vor allem, als unser Geschäft gut zu laufen beginnt und ich täglich bis in die Abendstunden hinein arbeite, um alles in gute Bahnen zu lenken. In solchen Phasen habe ich überhaupt keine Zeit, über den Krieg und alles, was damals geschehen ist, nachzudenken. Sehr praktisch!

Natürlich weiß ich sehr wohl, dass tief in meinem Inneren eine große Trauer schlummert. Doch ich gestehe ihr normalerweise nicht zu aufzuwachen. Auf leisen Sohlen schleiche ich an ihr vorbei, um die Konfrontation nur ja nicht anzugehen. Immer geschickter werde ich darin, mein Leid zu umschiffen, das so gar nicht zu meinem wunderbaren neuen Leben als Ehemann, Vater und erfolgreicher Unternehmer passt.

Um es mir selbst zu erleichtern, mir meine Betrübnis nicht vor Augen zu führen, ersinne ich eine praktische Metapher. Mein Gehirn, so sage ich mir eines Tages, ist ein Schrank mit vielen kleinen Türen. Hinter manchen Türen befindet sich etwas Schönes, hinter anderen Kummer und Qual. Mit Letzteren gehe ich äußerst vorsichtig um. So öffne ich beispielsweise nur einmal im Jahr, an ihrem Geburtstag, das Fach, in dem die Erinnerung an meine Mutter aufbewahrt ist. Sobald der 16. November vorbei ist, schließe ich die kleine Tür schnell wieder – ein kurzer Blick darauf, und damit Ende der Vorstellung.

Diese Strategie, durch die ich die Erinnerungen an meine Eltern zum größten Teil wegsperre, entwickele ich verrückterweise gerade aus Respekt gegenüber meinen Eltern. Zumindest rede ich mir das selbst immer wieder ein. Ich empfinde ihnen gegenüber eine ausdrückliche Verpflichtung, aus mir etwas zu machen, stark und erfolgreich zu sein und mich nicht in meiner Trauer zu suhlen. Als einziges überlebendes Familienmitglied muss ich zeigen, was ich kann.

Auch wenn ich es in diesem Moment noch nicht erkenne, basiert diese Argumentation natürlich größtenteils auf reinem Schuldgefühl. Nur, wenn ich erfolgreich bin, bin ich es wert, alle Schrecken überlebt zu haben, das steht als Gedanke dahinter. Wo so viele andere gestorben sind, muss ich die Leistung für zehn erbringen. Daher bin ich stark und ein gestrenger Meister, wenn es um meinen Schrank mit seinen kleinen Türen geht. Das ist meine Art, durchs Leben zu kommen, und sie funktioniert. Vorläufig.

Natürlich ist das System der Türen in meinem Geist so löchrig wie ein Sieb.

So ertappe ich mich selbst dabei, dass ich für meine Familie einen Fluchtplan entwickle. Bei der geringsten Gefahr will ich die Möglichkeit haben, an einen sicheren Ort zu fliehen. Dann haben wir eine Chance, den nächsten Hitler zu überleben. Suriname scheint ein Land zu sein, in dem wir überleben könnten, sollte die Welt wieder in Flammen stehen. Um schnell Fahrkarten kaufen zu können, halte ich sogar ein paar Tausend Gulden in der Hinterhand.

Kein Mensch kann sein Denken fortwährend beherrschen, vor allem dann nicht, wenn in der Vergangenheit so viel geschehen ist. Ohne dass ich darauf Einfluss nehmen könnte, springt hin und wieder eine Tür in meinem Kopf wie von selbst auf. Natürlich immer in einem unerwarteten Moment, was es mir doppelt schwer macht.

Eines Tages stehe ich in meinem Laden und arbeite, als eine Frau mit langen schwarzen Haaren hereinkommt. Für den Bruchteil einer Sekunde denke ich, meine Mutter sei zurück. Ich weiß natürlich, dass das nicht möglich ist. Aber der kleine Junge, der irgendwo in mir noch lebt, öffnet die kleine Tür, hinter der ich die Erinnerung an meine Mutter bewahre, trotzdem ohne Weiteres. Innerhalb einer Sekunde habe ich sie zum Glück wieder zugeschlagen, erschrocken darüber, dass ich diese Gedanken offenbar noch in mir trage.

Tagsüber kann ich solche kleinen Missgeschicke schnell bei-
seiteschieben und so tun, als sei nichts geschehen. Wenn ich hart
arbeite, vergesse ich schnell wieder, dass sie überhaupt stattge-
funden haben. Sobald aber die Schatten länger werden und die
Nacht anbricht, habe ich keine Macht mehr über sie. Im Schlaf
hinke ich den Geschehnissen hoffnungslos hinterher, denn in
meinen Träumen öffnen sich Türen, die ich am liebsten völlig
vergessen würde. Und ich kann sie nicht alle wieder schließen.
Wache ich auf, weine ich, in der Stille bricht sich der Verlust ungehindert Bahn.

Der Traum von dem Todesmarsch, den ich kurz nach der Geburt
meines Sohnes Sander hatte, ist ein deutliches Anzeichen dafür,
dass mein Plan, so zu tun, als hätte ich alles unter Kontrolle, definitiv nicht mehr aufgeht. Nun, da ich selbst eine Familie habe,
kommen Gedanken in mir hoch, von deren Existenz ich nicht einmal etwas ahnte. Sie öffnen mir die Augen dafür, dass es im Leben
mehr gibt als nur Arbeit.

Zusammen mit den Dokumentationen, die ich gesehen habe,
und den Geschichten, die ich gehört habe, verdichten sich die
Informationen über den Krieg in meinem Kopf. In jenem Traum
habe ich selbst vielleicht die Rolle meines Vaters eingenommen.
Mein kleiner Sohn sei mein kleineres Ich, hat sich mein Unter-
bewusstsein vielleicht gedacht. Eine bizarre Verkehrung der Tatsachen, die offenbar durch meine unbearbeitete Vergangenheit
zustande kam.

Allmählich dringt die Erkenntnis zu mir durch, dass es so nicht
weitergehen kann. Ich lasse ein wenig mehr Emotionen zu, die mit
meiner Vergangenheit zu tun haben. Die Namen, die wir unserer
Tochter 1967 geben, sind ein erster Schritt. Leicht ist es nicht, sich
der Vergangenheit zu stellen. Es ist ein holpriger Prozess, der sich
letztlich über Jahre hinziehen wird.

Menschen, die mich aus der Distanz betrachten, können nicht ahnen, was für ein komplizierter und bitterer Kampf sich in meinem Inneren abspielt. Noch immer halte ich meine Emotionen vor der Außenwelt gut verborgen. Privat und geschäftlich entwickelt sich alles glänzend; das ist es, was alle wahrnehmen. Meine Familie wächst, und der Laden läuft ausgezeichnet. Doch in meinem Inneren hat etwas Schaden genommen, ein Teil von mir ist noch immer zur Flucht, ja sogar zum Kampf gewappnet. Jedes Jahr am 4. Mai, am nationalen Totengedenktag, ziehe ich mich in mich selbst zurück, dann muss ich allein sein. Verzweifelt sehe ich mir die alljährlichen Feierlichkeiten zur Ehrung der Toten im Fernsehen an, sie nicht anzuschauen, schaffe ich nicht. Elly und die Kinder merken das natürlich, sie versuchen, mir zu helfen. Aber an einem solchen Tag geht das nicht.

Die Menschen in meinem Umfeld sehen, wie ich anfange, mir national und international als Florist einen Namen zu machen. Bei der Europameisterschaft für Floristik im Jahr 1967 stehe ich beispielsweise lange Zeit auf dem ersten Platz. Alle Einzeldisziplinen habe ich ausgezeichnet gemeistert. Zumindest bis zur letzten Runde, dem sogenannten Präsentationsstrauß. Ich mache einen revolutionären Entwurf, doch das hätte ich besser nicht tun sollen. Hätte ich ihn schlicht und bieder gehalten, wäre ich wohl Champion geworden. Aber nein, ich will zeigen, wer ich bin, und dem Ganzen deutlich meinen Stempel aufdrücken. Ich verwende beispielsweise in dieser Zeit ungewöhnliche Blumen, wie Bromelien, Helikonien und Medinellen, die ich mit Draht zu einer außergewöhnlichen Kreation verarbeite.

Meine Auswahl der Farben, Blumen und Techniken geht manchen konservativen Jurymitgliedern viel zu weit. Das sei keine Floristik mehr, finden sie, sondern neumodischer Firlefanz, den sie sich nicht einmal anschauen wollen. Sie disqualifizieren meinen Strauß, weil ich angeblich unerlaubte Techniken verwendet habe.

Mein schärfster Konkurrent bekommt in dieser Einzeldisziplin viele Punkte und liegt danach in der Gesamtwertung knapp vor mir. Ich werde Zweiter.

Dennoch bekomme ich an diesem Tag einen Pokal – wenn auch nicht den echten. Die britische Delegation findet es ungerecht, dass ich von der letzten Runde ausgeschlossen wurde, und ruft mich inoffiziell zum wahren Sieger des Wettbewerbs aus. Sie überreichen mir eine hübsche Trophäe, die sie in einem Sportgeschäft erstanden haben. Eine großartige Geste. Dieser Pokal ist einer meiner Prunkstücke geworden.

Der witzige Trostpreis sorgt dafür, dass ich zu den Menschen auf der anderen Seite des Kanals eine gute Beziehung entwickle. Großbritannien hat natürlich eine lange Gartenbau- und Blumenzuchttradition. Es ist ein Land, das ich auch einmal aus beruflichen Gründen besuchen möchte. Und das gelingt. Zwei Jahre nach der Europameisterschaft darf ich im Namen der Niederlande an der weltberühmten Chelsea Flower Show teilnehmen. Dort gewinne ich eine Goldmedaille, die mir im In- und Ausland große mediale Aufmerksamkeit beschert. Diese zieht wiederum zahlreiche andere Einladungen nach sich.

Das ist der Beginn einer Zeit, in der ich innerhalb meines Faches immer bekannter werde und immer schönere Aufträge bekomme. Den vorläufigen Höhepunkt bildet 1972 die Anfrage der *Floriade*, deren Innenraumausstellung zu gestalten. Vor zehn Jahren habe ich unter George Kierschs Fittichen zum ersten Mal in dieses Spektakel hineingeschnuppert, heute darf ich es ganz nach meinen eigenen Vorstellungen arrangieren. Um es richtig anzugehen, miete ich eine Werkstätte in der Nähe des Blumenauktionshauses in Aalsmeer, um dort die größeren Versatzstücke zusammenfügen zu können.

Das RAI, das Amsterdamer Messe- und Kongresszentrum, stellt mir die riesige Amstelhalle zur Verfügung. Meine Aufgabe ist ebenso simpel wie Respekt einflößend: 186 Tage lang soll die Halle zum Aushängeschild der niederländischen Blumenindustrie werden. Hier können meine Fachkollegen und ich zeigen, was die niederländische Blumenzucht zu bieten hat und was momentan im Trend liegt. Dank der Mitwirkung eines großartigen Kollegenteams wird es ein einziges großes Blumenfest. Für mich ist es auch eine wunderbare Gelegenheit, zu zeigen, was ich kann.

Princesse Grace de Monaco (in Deutschland auch als Fürstin Gracia Patricia oder Grace Kelly bekannt) schaut in der Halle vorbei und ist von unserer Präsentation tief beeindruckt. Das bringt mir eine Einladung zu einem späteren Besuch im Fürstentum und zur Ausrichtung einer Ausstellung ein. Vom Charme dieser außergewöhnlichen Frau bin ich fasziniert. Als einige Mitarbeiter und ich später tatsächlich eine Ausstellung in Monaco auf die Beine stellen, kommt sie mit Kaffee und Sandwiches vorbei. Wie viele Fürstinnen tun das wohl?

200 Tage arbeite ich ohne Unterbrechung in der RAI, ohne mir auch nur einen Tag freizunehmen. Insgesamt verbringe ich an die 2500 Stunden im Inneren und im Umkreis der Halle. Nicht nur, um die Arrangements zu gestalten und aufzubauen, sondern auch, um dafür Sorge zu tragen, dass die ganze Zeit hindurch immer alles gleichermaßen neu und frisch aussieht. Am Ende gehe ich ganz schön auf dem Zahnfleisch, doch das Konzept ist aufgegangen. Mehr als fünf Millionen Besucher promenieren an den Kreationen vorbei, die ich mir ausgedacht habe.

Die ›Leeuwarder Courant‹ fragt mich, wie ich das durchhalte. In einem Anflug von Offenherzigkeit antworte ich: »Ich finde es einfach toll, aber natürlich steckt auch ein gewisser Ehrgeiz dahinter. Jeder, der das nicht zugibt, lügt, dass sich die Balken biegen.« Blumen seien meine Leidenschaft, erkläre ich. »Ich mache diese Arbeit nun zwölf Jahre und bin damit so verwachsen, dass ich fast nicht mehr davon loskomme. Nur meine Frau beschwert sich manchmal«, entschlüpft es mir gegenüber dem Journalisten.

Elly hat tatsächlich furchtbar viel um die Ohren. Die Kinder sind noch klein, und die Arbeit im Laden nimmt kein Ende. Zum

Glück hüten meine Schwiegereltern oft die Kinder. Auch Ellys Bruder Rob hilft uns regelmäßig im Geschäft. Er arbeitet im schulischen Bereich und ist ein guter Verkäufer. Die Unterstützung von Ellys Familie ist mehr als willkommen.

Die harte Arbeit hat die erwünschte Wirkung. Der Laden läuft sehr gut, auch dank unserer Mitarbeiter. Sie alle sind gute Fachkräfte, und Elly kann mit unseren Mitarbeitern sehr gut umgehen. In Wirklichkeit managt sie alles, sie achtet darauf, dass es jedem gut geht und jeder genügend Beachtung findet. Das gilt sowohl für die Familie als auch für den Laden. Probleme in der Zusammenarbeit gibt es eigentlich nie. Wenn ich von einer Reise zurückkehre, liegt hinten im Laden manchmal eine finanzielle Angelegenheit, die zu regeln ist, aber Verkauf und Organisation des Geschäfts laufen wunderbar ohne mich.

Immer häufiger werde ich zu internationalen Ausstellungen und Wettbewerben eingeladen. Auf einer dieser Reisen geschieht etwas, das mich für den Rest meines Lebens stark prägen wird.

Ich werde für eine neue Blumenausstellung in Israel, dem *International Flower Festival* in Ramat Gan, einer Vorstadt von Tel Aviv, als Berater angefragt. Diese Einladung verdanke ich Hagai Katz, dem Vorsitzenden des Blumenlieferdienstes Fleurop-Interflora Israel, den ich wiederum von einer Ausstellung in Athen kenne. Er wird schon bald zu einem guten Freund und stellt mich seinem Schwager Jerach Perlmann vor, einem Mann, zu dem ich gleich einen guten Draht habe.

Als wir uns unsere Lebensgeschichten erzählen, erkennen wir schnell, warum wir uns so stark miteinander verbunden fühlen. Es stellt sich heraus, dass wir beide Überlebende des Holocausts sind. Und noch mehr verbindet uns: Unsere Jugendjahre weisen auffallende Parallelen auf. Beide haben wir im Krieg unsere ganze Familie verloren, während wir selbst nur mit knapper Not den Gaskammern entkommen sind. Auch danach waren wir noch großen Gefahren ausgesetzt. Während ich in Nimwegen um ein Haar einer deutschen Bombe zum Opfer gefallen wäre, war Jerach als kleines Kind zu Fuß von Rumänien nach Israel unterwegs. Auf einer lebensgefährlichen Reise, die ihn über mehr als 600 Kilometer an Frontlinien entlang und durch Wüsten führte.

Ich habe einen Geistesverwandten gefunden. Hier, fern von meinem Zuhause in Amsterdam, gibt es jemanden, der genau versteht, wie ich mich fühle, und die gleichen Erfahrungen hinter sich hat. Nur, dass seine Geschichte in einiger Hinsicht sogar noch schlimmer ist als meine. Während ich selbst mich nach dem Verlust meiner Familie »nur« mit einem ausgeplünderten Haus und launischen Beamten herumzuplagen hatte, landete er nach seinem Fußmarsch in einem Konzentrationslager. Nicht in einem Lager deutscher Machart, sondern in einem unter britischer Verwaltung. Die Kolonialregierung von Palästina verfrachtete ihn, den traumatisierten Holocaust-Überlebenden, bei seiner Ankunft im Gelobten Land gnadenlos hinter Stacheldraht.

Als wir zusammensitzen und über die Gemeinsamkeiten unserer Vorgeschichte sprechen, kommt mir eine Idee. Da wir am nächsten Tag beide freihaben, frage ich Jerach, ob er mit mir das Holocaust-Museum Yad Vashem vor den Toren Jerusalems besuchen möchte. Auch wenn das Museum die Judenverfolgung während des Krieges zum Gegenstand hat, steht es doch auch ein wenig für mein Volk, finde ich.[1] Erst vor Kurzem hatte ich mir vorgenommen, die erste sich bietende Gelegenheit zu einem Besuch des Museums zu nutzen.

Jerach erzählt mir, bisher habe er nie den Mut aufbringen können, dort hinzugehen. Er fürchtet, dass es ihn zu sehr erschüttern wird. Das verstehe ich gut, denn dieselbe Furcht spüre ich auch in mir; dennoch will ich das Museum besuchen. In die Niederlande zurückzukehren, ohne diese Pilgerfahrt unternommen zu haben,

---

1 Mittlerweile verfügt das Museum über eine Abteilung, die sich der Verfolgung der Roma und Sinti widmet.

würde ich mir nie verzeihen. Vor ein paar Jahren hätte ich das auch nicht gewagt, sage ich zu Jerach. Doch wenn wir gemeinsam gehen, können wir uns gegenseitig Mut machen. Er verspricht, mit mir zu kommen.

Am nächsten Tag steigen wir den grünen Hügel hinauf, auf dem das Museum liegt. Wir gehen durch eine Allee, deren Bäume für Menschen gepflanzt wurden, die Juden in der Zeit des Nationalsozialismus geholfen haben. Auffallend viele niederländische Namen befinden sich darunter. Das gibt mir ein gutes Gefühl. Je näher wir den Gebäuden kommen, desto stiller wird es; niemand macht in dieser fast heiligen Umgebung viel Lärm. Wir sind beide von dieser beklemmenden Szenerie tief beeindruckt. Wie könnte es auch anders sein?

Die Ausstellung selbst ist ergreifend. Mit einfachen, aber wirkungsvollen Mitteln wird die Geschichte einer der größten Katastrophen, die der Mensch sich selbst je zugefügt hat, dargestellt. Wir sind vor allem von der Halle, deren Wände und Decke mit den Fotografien jüdischer Naziopfer bedeckt sind, erschüttert. Auch die in Stein gehauenen Listen jüdischer Siedlungen, die von den Deutschen dem Erdboden gleichgemacht wurden, sind bestürzend.

Als Jerach und ich in die Krypta der Erinnerung treten, sind wir vollkommen aufgewühlt. In diesem imposanten Bau können Besucher den Märtyrern des Holocaust gedenken. In der Mitte des Raumes brennt eine ewige Flamme, umgeben von den Namen der Nazi-Vernichtungslager.

Alle diese Eindrücke treffen mich hart. Es ist natürlich Jerachs Geschichte, die in diesem Museum erzählt wird, doch vielerorts ließe sich das Wort »Juden« leicht durch »Sinti« ersetzen, ohne dass die Aussage des Textes dann nicht mehr zuträfe.

Während des Krieges sind, oft Seite an Seite mit Juden, auch 500 000 Sinti und Roma umgekommen. Wie viele es genau waren, lässt sich nicht einmal beziffern, doch es sind genug, um zahllose eigene Wände mit Fotos zu füllen. Auch von unserem Volk wurden damals ganze Gruppen dahingerafft. Das entspräche einigen steinernen Quadratmetern mit unseren ausgelöschten Gemeinschaften. Die Parallelen zwischen den beiden Massakern sind beängstigend und konfrontierend. Beide Völker wurden als unrein erachtet, als Makel in der Gemeinschaft der reinen Arier. Juden, Roma und Sinti stießen zudem nach dem Krieg oft auf Unverständnis und Desinteresse, und sogar auf Feindseligkeit. Mein neuer israelischer Freund nennt dieses schwarze Kapitel in der Geschichte die *Shoah*, hebräisch für »Katastrophe«, für uns ist es der *Porajmos*, was in Romanes »Verschlucken« oder »Verschlingen« bedeutet. Verschiedene Wörter für die gleiche schreckliche Geschichte.

In dem Park in der Nähe des Museums setzen wir uns auf eine Bank. Als ich Jerach anschaue, sehe ich plötzlich, dass Tränen aus seinen Augen rinnen. Der kleine Junge, der zu Fuß aus Rumänien zurückgekehrt ist, hat sich in diesem Museum mit offenen Augen seiner Vergangenheit gestellt. Als ich ihn anschaue, kann auch ich meine Tränen nicht mehr zurückhalten. Wir weinen gemeinsam um die Menschen, die uns von der Ideologie des Hasses genommen wurden. Es ist ein intensiver Moment, in dem wir als Überlebende unseren Kummer miteinander teilen können. Es hätte keine passendere Person gegeben, mit der ich diesen Tag hätte verbringen können.

Unsere Trauer auf dieser Bank wird sogar zu einem Wendepunkt in meinem Denken über den Holocaust. Nun gibt es kein Halten mehr: Alle Türen in meinem Kopf, die mit dem Krieg zu tun haben, stehen dank dieses Besuches endlich sperrangelweit offen. Und ich habe damit überhaupt kein Problem mehr.

Dieser Nachmittag in Jerusalem hat eine lebenslange Verbundenheit zur Folge. In einer wunderbaren symbolischen Geste lädt mich Jerach am Abend ein, gemeinsam mit seiner Familie Seder zu feiern. An diesem Tag gedenken die Juden mit einem besonderen Abendmahl der Flucht des Volkes Israel aus Ägypten. Dass ein Außenstehender mit einem anderen Glauben und einer anderen Kultur daran teilnehmen darf, ist sehr ungewöhnlich, denn für die Juden ist es ein bedeutender hoher Feiertag. Es ist so, als würde man in den Niederlanden einen Fremden dazu einladen, Weihnachten im Kreise der Familie zu feiern.

Es ist ein Abend, der ganz im Zeichen jahrtausendealter Traditionen steht. Während der Mahlzeit essen Jerach und seine Familie wie jedes Jahr unter anderem *Maror*, bittere Kräuter. Dieses Gericht steht symbolisch für das bittere Joch der Knechtschaft, unter dem das jüdische Volk gelebt hat. Aber es gibt auch süße Zutaten, mit denen man feiert, dass Volk und Land endlich wiedervereint sind. Später am Abend liest jedes Familienmitglied ein Stück aus der *Haggada* vor, dem Buch, in dem die Juden von ihrer Sklaverei und dem Auszug aus Ägypten erzählen.

Auch ich darf eine Passage vortragen – eine große Ehre. Sie besagt, dass sie mich vollkommen akzeptiert haben. In gewisser Weise erinnert mich die Erzählung an *O Lungo Drom*, diese andere Geschichte eines umherziehenden Volkes. Für mich fühlt es sich ein bisschen wie eine Heimkehr an.

Bei meiner Rückkehr in die Niederlande ist mir klar, dass meine neue Ehrlichkeit mir selbst gegenüber weitere Schritte erfordert. Jetzt begreife ich erst richtig, wie groß und tiefgreifend mein Kummer und meine Ängste waren. Sie lassen sich nicht wegstecken und nur bei besonderen Gelegenheiten hervorkramen.

Endlich bin ich mir selbst gegenüber so ehrlich einzugestehen, dass ich diese Emotionen nicht mehr beherrschen kann. Das führt nur zu fatalen Zwischenfällen. Wenn ich das nächste Mal jemandem begegne, der bei mir den falschen Knopf drückt, darf ich diesen Konflikt nicht mehr physisch lösen. Mit meinen »Ausbrüchen« muss es ein für alle Mal vorbei sein.

Nach einer kurzen Suche finde ich einen Psychiater. Caspar Mengelberg hat schon vielen Überlebenden des Krieges geholfen. Ich bin mit meinen Problemen nicht alleine, erklärt er mir. Ziemlich viele Menschen, vor allem Juden, haben mit den denselben Schwierigkeiten zu kämpfen wie ich. Auch sie haben oft versucht, ihre Traumata zu verdrängen, bevor sie zwanzig oder dreißig Jahre später erkennen, dass diese wie ein Bumerang zu ihnen zurückkehren. Es gibt sogar so viele Menschen, die darunter leiden, dass er sich auf dieses Phänomen spezialisieren konnte.

Es ist gut, dass ich an meiner eigenen Kriegsvergangenheit zu arbeiten beginne, solange meine Kinder noch klein sind. Denn, wie in diesen Jahren bekannt wird, leiden oft nicht nur die Überlebenden selbst unter psychischen Problemen, sie können die Traumata auch an ihre Söhne und Töchter weitergeben. Es gibt genug Beispiele dafür, dass Mitglieder der zweiten (oder gar dritten) Generation an einem großen Schuldgefühl leiden, weil sie nicht dabei waren, als ihre Eltern (oder Großeltern) die Schrecken des Krieges durchlebten.

Ich beschließe, bei Mengelberg in Therapie zu gehen. Ein halbes Jahr lang spreche ich jede Woche in intensiven Sitzungen über meine Kriegsvergangenheit; endlich erzähle ich jemandem die ganze Geschichte, auch alles, was ich bisher lieber verschwiegen habe.

Wenngleich ich kein Jude bin, so gleicht meine seelische Verfassung doch haargenau dem, was diesem Psychiater schon zahllose Male geschildert wurde. Der Psychiater kann während der Sitzungen alle Türen in meinem Kopf öffnen, ich will keine Tabus mehr. Wir sprechen über allen Kummer, den ich aus dem Krieg zurückbehalten habe. Schuldgefühle? Jahrelang habe ich mir selbst Vorwürfe gemacht, dass ich nicht dabei war, als meine Eltern, mein kleiner Bruder und meine kleinen Schwestern ihre schweren letzten Momente durchstehen mussten. Zum ersten Mal bringe ich diese Emotionen zum Ausdruck.

Nach jeder Sitzung bin ich völlig geschafft. Emotionen mit

jemandem zu teilen, ist sehr anstrengend, und ich offenbare Caspar wirklich meine tiefsten Gefühle. Wir reden über Dinge, die ich bisher noch mit niemandem geteilt habe, selbst mit Elly nicht, weil ich sie damit nicht belasten wollte.

Das alles zu erzählen, hilft mir. Allmählich kehrt in meinem Kopf etwas mehr Ruhe ein. Die Therapie verringert nicht meine Ängste und meinen Kummer, aber sie hilft mir, besser damit umzugehen. Meine Eltern, meine kleinen Schwestern, mein kleiner Bruder – endlich lerne ich, an sie zu denken, ohne gleich in Panik zu geraten und die Tür ins Schloss zu werfen. Es ist auch nicht schlimm, bei einer Frau mit langen schwarzen Haaren an meine Mutter zu denken.

Die Therapie hat auf mich eine besondere Wirkung. Ich beginne, nicht nur meine Vergangenheit anders zu betrachten, sondern auch mich selbst anders zu sehen. Allmählich wird mir bewusst, dass mir mein Überleben tatsächlich eine Pflicht auferlegt hat. Nicht die Pflicht, erfolgreich und stark zu sein, sondern die Pflicht, die Stimme zu werden, die erzählt, was sich 1944 zugetragen hat. Ich bin der Einzige, der im Namen meiner Eltern sprechen kann. Ich muss ihre Geschichte und die all der anderen Sinti, die nicht mehr am Leben sind, lebendig erhalten. Ich darf nicht über den Krieg schweigen, ich muss Zeugnis darüber ablegen, solange ich es kann.

Nicht lange, nachdem ich zu dieser Einsicht gekommen bin, erhalte ich ein Zeichen, das mir deutlich macht, dass ich auf einem guten Weg bin. Es offenbart sich nachts, zu der Zeit, in der mir früher die Geister erschienen. Ich träume wieder von meinem Vater, doch diesmal ist es kein Albtraum, wir wandern gemeinsam durch die Berge. Durch eine herrliche arkadische Landschaft, wie ich sie von alten Gemälden her kenne. Wir sind ruhig, es herrscht keine Panik. Ich schaue ihn an; er ist jung und stark, so, wie ich ihn in meiner Kindheit kannte. Doch allmählich wird mein Vater im Traum in rasendem Tempo immer älter und älter.

Als ich ein letztes Mal nach ihm schaue, sehe ich ihn in dem Alter, das er heute hätte, wenn er noch am Leben wäre. Er ist zu einem Mann von fast siebzig geworden. Im Laufe einer einzigen Nacht holt die Zeit mich ein, in Zehnjahresschritten. Am Ende meines Traums ist er kein Schatten der Vergangenheit mehr, sondern der weise alte Vater, den ich nie kennenlernen durfte. Mir kommt es vor, als gäbe er in dieser Nacht der neuen Richtung, die ich einschlage, seinen Segen.

Als ich wach werde, empfinde ich eine überwältigende Erleichterung. Die Therapie schlägt offensichtlich an, und ich kann nun ohne Angst weiterleben.

Mit frischer Kraft gehe ich wieder an die Arbeit. Nicht für meine Eltern oder den Rest meiner Gemeinschaft, sondern für mich selbst, weil ich es will. In rascher Folge gehen in dieser Zeit ehrenvolle Aufträge ein. So darf ich beispielsweise bei der Eröffnung des Van-Gogh-Museums Anfang der Siebzigerjahre für die Blumendekoration sorgen. Es ist ein wundervoller Auftrag, bei dem ich mit Vincent van Gogh zusammenarbeite. Natürlich nicht mit dem Maler, denn der ist ja schon fast hundert Jahre tot, sondern mit dessen Neffen, dem Unternehmer und Gründer einer Stiftung, die die Werke seines Onkels Vincent van Gogh zusammenführen will.

Es ist nicht leicht, mit Van Gogh zusammenzuarbeiten; er hat dezidierte Vorstellungen, wie das Museum bei der Eröffnung aussehen soll. Nicht alles ist gleichermaßen umsetzbar. Es bedarf vieler Gespräche, ihn davon zu überzeugen, dass wir bestimmte Entscheidungen treffen müssen. Aber zu guter Letzt gelingt es diesem schillernden Mann und mir doch, zu einer Übereinkunft zu kommen. Meine Schwägerin Willy, eine begabte Zeichnerin, arbeitet die Ideen genauer aus.

Die wichtigste Farbe der Blumenarrangements wird natürlich Gelb: Darüber sind Van Gogh und ich uns von Anfang an völlig einig. Das ist die Farbe, die Van Gogh so berühmt gemacht hat; aus einem Klumpen gelber Farbe konnte er eine herrliche Sonne erschaffen. Sehr vorsichtig versuche ich, mit Blumen dasselbe zu tun: mit einfachen Mitteln Schönheit zu erschaffen. Es gelingt, wir bekommen sehr positive Reaktionen.

Der Erfolg ist sogar so groß, dass ich anderthalb Jahre darauf zurückkehren darf, um Blumenarrangements zu verschiedenen Werken van Goghs zu gestalten. In Zusammenarbeit mit dem Direktor des Museums konzipiere ich eine Ausstellung, in deren Mittelpunkt die prächtige Schmetterlingsblume Lathyrus steht. Mit dieser Pflanze kreieren wir für die Ausstellung Arrangements, die mit den Werken Vincent van Goghs harmonieren. Das gelingt sehr gut. Blumen passen ausgezeichnet zu den Farben und Formen der Gemälde.

Was diese Ausstellung so ungewöhnlich macht, ist die Tatsache, dass ein Großteil der Lathyrus-Pflanzen aus Königin Julianas Garten des Palais Soestdijk stammt. Sie ist eine große Liebhaberin dieser Blume, daher sagt sie sofort zu, als wir sie darum bitten. Zudem eröffnet sie auch noch diese von ihren eigenen Blumen geprägte Ausstellung und ist damit die dritte Dame des Hauses Oranje, die ich aus der Nähe erleben darf.

Dank solcher Aufträge komme ich dem Ideal, das ich für mich schon in der Gartenbauschule formuliert habe, immer näher. Blumen haben an sich schon große Schönheit, kombiniert und arrangiert man sie dann auch noch in der richtigen Weise, lässt sich aus ihnen etwas erschaffen, was der Kunst recht nahekommt.

Einige Zeitungen nennen mich daher auch einen »Künstler der Blumen«. Ich selbst bin etwas bescheidener. Ich bezeichne mich höchstens als einen künstlerischen Floristen, was für mich schon etwas ganz anderes ist. Am ehesten sehe ich mich jedoch als Handwerker, der sich darauf versteht, die Schönheit von Blumen optimal zur Geltung zu bringen.

Kreativität und Mut sind dabei von ungeheuer großer Bedeutung. Langweilige Arrangements finde ich schrecklich, ich liebe es, die Grenzen auszureizen. Wenn es um Blumen geht, ist mir in meiner Welt kaum etwas zu verrückt. Wegen meiner gewagten Kreationen bin ich oft in den Nachrichten. Die Niederlande sind ja ein echtes Blumenland; Anfang der Siebzigerjahre werde ich immer mehr zu einer Art Botschafter. Ich reise viel.

Natürlich geht auch manches schief. 1973 werde ich gebeten, mich an der Weltmeisterschaft der Floristen zu beteiligen. Das kann ein Erfolg mit großer Strahlkraft werden, man wird daraufhin zu Ausstellungen in Städten wie Tokio oder Buenos Aires eingeladen. Die Weltmeisterschaft findet in Miami statt, Elly begleitet mich. Oma und Opa passen zu Hause auf Sander und Elvira auf. Ich bin der haushohe Favorit, aber nein! Meine Blumen kommen nicht an. Sie sind unterwegs auf einem amerikanischen Flughafen hängen geblieben. Das Einzige, was ich habe, sind Dracaenas, die ich zu Hause heimlich in unserem Gepäck, in der Skulptur, die ich verwenden will, versteckt habe. Nun gilt es, schnell zu improvisieren: ein hiesiger Blumenzüchter hat gelbe Oncidien, eine Orchideenart, für mich. Damit die Farbe harmoniert, sprühen Elly und ich in unserem Hotelzimmer die Skulptur silbern ein. Und auch dabei geht etwas schief – mehr oder weniger das ganze Zimmer wird versilbert. Auf der Taxifahrt zum Austragungsort sehen wir am nächsten Tag unsere eigens geschmuggelten Dracaenas in ganzen Büscheln am Straßenrand stehen. Bei der Weltmeisterschaft bin ich natürlich chancenlos, ich werde Sechster. Eine sehr schöne Reise ist es trotzdem, Elly und ich haben jedenfalls sehr viel zu lachen, besuchen die allererste Niederlassung von McDonald's und essen Hamburger.

Dank all dieser Aufmerksamkeit läuft mein Blumenladen weiterhin hervorragend. Bei uns sind vor allem Kunden gut aufgehoben, die etwas Besonderes suchen. Ich selbst bin oft unterwegs; manchmal bin ich wochenlang im Ausland. Doch Elly und die qualifizierten Mitarbeiter, die wir im Laufe der Jahre eingestellt haben, sorgen dafür, dass der Laden äußerst erfolgreich ist. Ohne Elly wäre das nie zu schaffen, das ist mir von Anfang an klar. Ich nenne sie oft die »stille Kraft« hinter unserem Erfolg. Sie steht zwar nicht so im Scheinwerferlicht wie ich, doch ohne sie läuft gar nichts. Wir beraten uns oft, vor allem, wenn wieder einmal etwas Besonderes ansteht.

Es läuft sogar so gut, dass mir manchmal die Frage gestellt wird, warum wir nicht weitere Filialen eröffnen. Mit meinem Namen als Aushängeschild könnte ich innerhalb kürzester Zeit eine ganze Kette auf die Beine stellen. Dann könnten die Leute von Groningen bis Maastricht (oder von Kopenhagen bis Madrid) ihre Blumen bei mir kaufen. Das hört sich natürlich gut an, doch ich möchte das nicht. Sicher, mit einer solchen Ladenkette könnte ich furchtbar viel Geld verdienen. Aber dann wäre ich eher Geschäftsmann als leidenschaftlicher Florist: ein Mensch, der sich nur mit dem Geld befasst, das sich mit Blumen verdienen lässt.

Ich möchte einfach schöne Dinge kreieren und nicht diese nach Benzin riechenden »Plastik«-Sträuße, die man an jeder Tankstelle kaufen kann. Kreativität ist in meinem Leben enorm wichtig, seit meiner Zeit bei Derksen bin ich ständig am Zeichnen und Schreiben. Immerzu denke ich darüber nach, wie ich das nächste Projekt angehen werde. Der Drang ist stärker als ich selbst, sage ich mir manchmal. Dazu kommt, dass ich es liebe, etwas zu unternehmen, etwas Neues auszuprobieren und mich Herausforderungen zu stellen. Das macht mich froh, offenbar entspricht das meinem Charakter.

Vor allem meine Auslandsreisen bieten mir immer wieder Inspiration und neue Ideen. Wenn ich auf ihnen eine ungewöhnliche Pflanze oder eine neue Art, Blumenarrangements zu komponieren, entdecke, muss ich sie – manchmal zum Entsetzen von Elly und unseren Mitarbeitern – zu Hause gleich ausprobieren. Einmal, nach meiner Rückkehr aus Italien, streiche ich alle Wände des Ladens gelb. Das habe ich auf meiner Reise gesehen, und ich finde es wunderbar. Versuchen Sie mal, so etwas als Chef einer Kette zu tun.

Einer anregenden Beschäftigung nachzugehen und damit gutes Geld zu verdienen, ist ein Luxus, das wird mir in diesen Jahren vollkommen bewusst. Manchmal kommt es mir so vor, als ob mir alles in den Schoß fallen würde. So mache ich beispielsweise nie Akquise, die Kunden kommen einfach von selbst auf uns zu. Die Grundlage besteht jedoch darin, dass wir sehr hart arbeiten und immer nach dem Schönsten streben. Für meine Kunden gebe ich mein Bestes. Gute Beziehungen aufzubauen, ist mir dabei wichtiger, als möglichst viel Geld zu verdienen. Darin sind Elly und ich uns vollkommen einig.

Anfang der Siebzigerjahre gehört zu meinen Kunden beispielsweise ein Mann, der sich als Theaterproduzent versucht. Ich mag diesen kreativen Burschen sehr, der in einer Sporthalle in Mijdrecht Theater- und Fernsehproduktionen auf die Beine stellt. Sein Start ist recht bescheiden, aber man merkt an allem, dass dieser nette Typ es einmal weit bringen wird. Zu einem Freundschaftspreis dekorieren wir seine etwas zugige Halle mit Blumen, wodurch sie sofort viel vorteilhafter wirkt.

Zwanzig Jahre später zeigt sich Joop van den Ende für die Unterstützung in seiner Anfangszeit erkenntlich. Er schafft mit seinem Musical ›Cyrano‹ den Sprung nach New York – ein unerhörter Schritt für einen niederländischen Produzenten – und nimmt mich ins Schlepptau, um die Premiere üppig mit Blumen auszuschmücken. Ein prachtvoller Auftrag, der mir ziemlich großes Medieninteresse beschert. Leider ist dem Musical in Amerika nur ein kurzes Leben beschieden.

An Männern wie Van den Ende erkenne ich, dass man in seinen Ambitionen niemals zu bescheiden sein darf. Wenn man etwas

25. August 1983. Ich lege letzte Hand an ein Blumengesteck mit
1043 verschiedenen Sorten Blumen an.

will, muss man sich dafür einsetzen. An Ambitionen mangelt es
mir nicht: Ich möchte gern einen Weltrekord aufstellen.

Anfang der Achtzigerjahre hecke ich gemeinsam mit dem Blu-
mengroßhändler Maurice Zurel einen verwegenen Plan aus. Für
unsere beiden Unternehmen wäre es eine großartige Reklame,
wenn wir ins ›Guinness-Buch der Rekorde‹ kämen. Nach einem
Brainstorming haben wir eine Idee: Wir möchten das größte und
umfassendste Blumenarrangement der Welt zusammenstellen. In
ihm wollen wir mehr als tausend unterschiedliche Blumen verarbeiten. Das hat noch niemand gemacht.

Der Plan ist schneller ausgebrütet als ausgeführt. Es bedeutet,
dass wir nicht nur alle möglichen exotischen Blumen einfliegen lassen müssen, sondern zu diesem Anlass auch niederländische Blu-

menzwiebeln verfrüht zum Blühen bringen müssen. Sonst haben wir keine Chance, auf die richtige Anzahl zu kommen.

Da wir mit Blumen arbeiten, von denen wir nur einen begrenzten Vorrat haben, werden wir auch besonders schnell sein müssen. Innerhalb von ein oder zwei Tagen muss das Arrangement fertig sein, genau dann, wenn alles blüht. Logistisch und organisatorisch ist es ein bisher nie gezeigtes Bravourstück. Gerade deshalb, finden wir, muss es jemand probieren.

Der Rahmen für unseren Rekordversuch ist das Sheraton-Hotel in Schiphol, der Ort, an dem unzählige Menschen eine Nacht verbringen, bevor sie weiterfliegen. Wenn wir ein großes Publikum erreichen wollen, gibt es keinen besseren Ort. Um das Medieninteresse während des Rekordversuchs noch ein wenig anzuheizen, laden wir die Öffentlichkeit außerdem dazu ein, uns während des Aufbaus auf die Finger zu schauen. Eine nette Idee, denken wir.

An dem Tag, an dem wir beginnen, am 24. August 1983, stehen zu unserem Schrecken Scharen von Menschen vor der Tür. Sie alle wollen dabei sein, wenn ein neuer Weltrekord aufgestellt wird. Da wir sie natürlich nicht wegschicken können, öffnen wir die Pforten und beginnen, mit einem Spezialistenteam hart an dem schwierigsten Projekt zu arbeiten, das wir je in Angriff genommen haben.

Die Blumen, die durch unsere Hände gehen, kommen aus Europa, Asien und Südamerika. Zurel hat Wort gehalten und aus den entlegensten Ecken der Welt Material herankarren lassen, um auf die magische Zahl Tausend zu kommen. Sogar Lotusblumen und Früchte aus den prachtvollen Gärten von König Bhumibol von Thailand, einem persönlichen Freund von Maurice Zurel, sind darunter.

Links: Dicky Zurel tauft die Rose Zurella, während ich die letzte Rose im größten Blumengesteck verarbeite, das je zusammengestellt wurde: 35 000 Rosen in einem Arrangement.

Januar 1983. Eröffnung der westfriesischen Flora. Prinzessin Juliana steckt die letzte Blume in ein Blumengesteck und eröffnet damit die Flora.

Sander und Elvira Weisz

In einigen Ländern arbeitet man allerdings nicht mit diesen beiden verrückten Holländern zusammen, die unbedingt einen Rekord brechen wollen, und bestimmte Blumen werden somit nicht rechtzeitig geliefert. Wir sind besorgt, denn es sieht fast so aus, als könnten wir unsere Rekordmarke nicht erreichen. Wo sollen wir kurzfristig noch Ersatz herbekommen?

Nach kurzer und intensiver Beratung entscheiden wir uns, nach draußen zu gehen. Das ist eine großartige Idee. Warum auf Blumen von der anderen Seite der Erde warten, wenn wir holländische Wiesen voll mit Wildblumen haben? Wenige Stunden darauf sind wir alle wieder im Sheraton. Jeder hat sein Bestes getan, um möglichst viele unterschiedliche Sorten zu finden. So werden nun bescheidene Butterblumen neben teure Orchideen gesetzt.

Gegen Abend kommt der Notar zur Zählung. Es ist schade, dass wir keine Trommel haben, denn das wäre gewiss ein passender Moment, um darauf einen Wirbel zu schlagen. Erreichen wir den Rekord? Mit einem Notizbuch in der Hand vermerkt der Notar mithilfe einiger Jurymitglieder querbeet alle exotischen und holländischen Sorten auf einer Strichliste. Nach einigem Nachrechnen spricht er das erlösende Wort. Wir haben alles in allem 1043 verschiedene Sorten verarbeitet. Der Trick mit den Wiesenblumen hat funktioniert.

Der Weltrekord für Floristik ist damit in dem Land gelandet, in das er von Natur aus hingehört: in den Niederlanden.

Nederlands bloemstuk in het Guiness Book

PAUL EYZINGA

I n het **Sheraton Hotel** in Hoofddorp, vlakbij de weg naar Den Haag onder de rook van Amsterdam, werd een bloemstuk gemaakt dat zal worden opgenomen in het **Guiness Book of Records**. Het is namelijk het grootste bloemstuk ter wereld, waarin de meeste soorten bloemen uit de meeste landen werden verwerkt.
Het werd vervaardigd door **Johan Weisz**, een bloemsier-kunstenaar die al gewend is aan grote opdrachten. Zijn eerste opdracht was de Nederlandse inzending op een grote Londense bloementen-toonstelling, in het begin van de jaren '70. In 1972 ontwierp hij de Floriade in Amsterdam,

WEEKEND 12

Johan Weisz, de man die het grootste bloemstuk van de wereld maakte.

waarvoor hij een koninklijke onderscheiding heeft gekregen. In 1980 maakte hij bloemversiering in de Nieuwe

Kerk voor de inhuldiging van **Koningin Beatrix**. Het grootste bloemstuk dat dus ooit in Nederland werd vervaardigd, is uiteraard te-vens het duurste, hoewel de waarde niet in geld is uit te drukken. Er waren bloemen in verwerkt die speciaal uit Australië, Singapore, de Ivoorkust en Israël naar Schiphol zijn gevlogen, omdat die niet in Nederland ver-krijgbaar zijn. Maar wat wel door Nederland werd gele-verd waren de 100 verschil-lende veldbloemen, die in alle vroegte langs sloten en op weilanden in de omgeving van Aalsmeer voor het bloemstuk zijn geplukt. Zo'n bloemstuk heeft helaas een korte levensduur. Daarom heeft de schilderes **Fennegjen Broek** het op linnen vereeu-wigd. Zij schilderde Johan ter-wijl hij met het bloemstuk bezig was. Het unieke schil-derij werd aangeboden aan de firma Zurel, die voor de gelegenheid de bloemen gra-tis ter beschikking had ge-steld.

August 1983. Zeitungsbericht über das Blumenarrangement mit der größten Anzahl von Blumensorten.

Maurice und ich sind ungeheuer stolz. Der Bericht des Notars wird eiligst zur Redaktion des ›Guinness-Buchs der Rekorde‹ ge-schickt; so kommt der Rekord noch in die nächste Ausgabe. Zu unserer großen Freude landen wir sogar auf dem niederländischen Cover der Ausgabe von 1983. Fotos von unserer Kreation gehen um die ganze Welt.

Anderthalb Jahre später wiederholen wir das Ganze noch ein-mal, als wir das größte Blumenarrangement der Welt komponie-ren. Auch damit landen wir im ›Guinness-Buch der Rekorde‹. Dem jungen Kerl, der in den Abendstunden die Gartenbauschule besuchte, ist es gelungen, seinen Traum zu verwirklichen. Meine

Eltern wären stolz auf mich, glaube ich. Ab und zu wage ich, die Tür in meinem Kopf einen Spaltbreit zu öffnen und an sie zurückzudenken, mit all den schönen und traurigen Emotionen, die die Erinnerung an sie in mir wachruft.

LEEGTE

Vierenzestig en vijfenzestig jaar oud
zouden mijn zusjes geweest zijn vandaag,
mijn broertje tweeënzestig.
Ze waren nog kinderen
toen ze in Auschwitz werden vergast.

Mijn vader en moeder zouden oud zijn nu.
M'n moeders zwarte haar nu grijs.
M'n vader niet meer groot en sterk, maar breekbaar.
Ik probeer me voor te stellen hoe het zou zijn geweest
als ze er nog waren.

Ik probeer me voor te stellen hoe het zou zijn
als ik door mijn moeder was geknuffeld.
Hoe het zou zijn om met mijn vader te gaan vissen,
met mijn broertje te stoeien.

Hoe zou het zijn als ik hun lach nog kon horen,
hun tranen kon zien.

We hadden nog zoveel kunnen doen met elkaar,
Samen lachen en plezier kunnen maken, eten, drinken.
Als ze niet waren vermoord.

Mijn kinderen hadden dan een oma en opa gehad,
en een oom en tantes.
Niets van dat alles. Leegte.

LEERE

Vierundsechzig und fünfundsechzig Jahre alt
wären meine kleinen Schwestern heute,
mein kleiner Bruder zweiundsechzig.
Sie waren noch Kinder,
als sie in Auschwitz vergast wurden.

Mein Vater und meine Mutter wären jetzt alt.
Das Haar meiner Mutter jetzt grau.
Mein Vater nicht mehr groß und stark, sondern zerbrechlich.
Ich versuche mir vorzustellen, wie es gewesen wäre,
wenn sie noch da wären.

Ich versuche mir vorzustellen, wie es wäre,
von meiner Mutter liebkost zu werden.
Wie es wäre, mit meinem Vater angeln zu gehen,
mit meinem kleinen Bruder herumzutollen.

Wie wäre es, ihr Lachen noch hören,
ihre Tränen noch sehen zu können.

Wir hätten noch so viel miteinander tun können,
zusammen lachen und scherzen, essen und trinken können.
Wenn sie nicht ermordet worden wären.

Meine Kinder hätten dann eine Oma und einen Opa gehabt,
und einen Onkel und Tanten.
Nichts von alledem. Leere.

8.

VERBOT UND ANERKENNUNG

1978 verbietet die niederländische Regierung das Umherziehen in Wohnwagen. Diese Entscheidung lag schon eine ganze Weile in der Luft. Bereits 1968 waren in Den Haag die Gesetze so verschärft worden, dass es immer schwieriger wurde, einen nomadischen Lebensstil zu pflegen. Nun hat es ein für alle Mal ein Ende mit dem Umherziehen. Roma, Sinti und Wohnwagenbewohner müssen sich in Häusern niederlassen oder in dauerhaften Camps wohnen.

Viele Nachbarländer ergreifen ähnliche Maßnahmen. Nur in Frankreich darf man noch ohne festen Aufenthaltsort umherziehen. Die neue Gesetzgebung besiegelt das Ende des großen Trecks. Die Wagen – inzwischen oft riesige Caravans – werden auf Blöcke gestellt oder verwachsen mit ihren platten Reifen immer stärker mit dem Untergrund. In mancherlei Hinsicht bedeutet das auch das Ende der Kultur, aus der ich hervorgegangen bin; denn durchs Land zu ziehen gehört ebenso zu uns wie die Musik und das Handeln nach Zweckmäßigkeit. Nichtsdestotrotz denke ich, dass es die Sinti in tausend Jahren immer noch geben wird. Mögen wir auch an einem Ort wohnen, so werden wir doch bleiben, wer wir sind.

Die Niederlande fassen diesen Beschluss zu einem Zeitpunkt, an dem immer häufiger Roma vom Balkan in die Niederlande kommen. Angelockt vom Reichtum Nordeuropas hegen sie die Hoffnung, hier besser behandelt zu werden. Doch die Gemeinden wollen diese modernen Nomaden nicht auf ihrem Grund und

Boden dulden, so dass es häufig zu einem peinlichen Hin- und Hergeschiebe von Menschen kommt. Indem man jeden dazu verpflichtet, einen festen Wohnsitz zu wählen, will man dieser grotesken Strategie, Menschen wie heiße Kartoffeln weiterzureichen, ein Ende bereiten. Man hat seinen Wagen irgendwo hinzustellen und sich nicht mehr von der Stelle zu bewegen. Diese festen Standplätze liegen fast immer an den Rändern der Gemeinden, weit weg von allen Versorgungseinrichtungen.

Gleichzeitig lernen immer mehr Niederländer selbst die Freuden eines nomadischen Lebens kennen. Wegen der Freiheit, die ein Haus auf Rädern bietet, wird der Caravan ungeheuer populär. Ganze Völkerscharen pilgern im Sommer nach Frankreich oder Skandinavien, um für einige Wochen ein wenig von dem Lebensstil zu kosten, der für die Sinti schon jahrhundertelang ganz normal ist. So kann sich alles ändern, wie Bredero sagte. Und auch viele Sinti sind im Sommer mit einem Caravan unterwegs, selbst wenn sie das ganze Jahr über in einem Wohnwagen auf einem festen Stellplatz wohnen. Das vermittelt ihnen wieder etwas von dem Gefühl früherer Zeiten.

Mein erfolgreicher Cousin Rinus wohnt sogar bis auf den heutigen Tag in einem Wohnwagen. Dieser ist eigentlich ein prachtvolles großes Haus, das auf einem Privatgelände in Den Haag steht. Um den gesetzlichen Vorschriften Genüge zu tun, sind darunter noch Räder angebracht. Er ist ein echter Sinto. Und ein Geschäftsmann mit einem phänomenalen Gedächtnis, um das ich ihn gelegentlich beneide.

Es ist bemerkenswert, dass gerade in diesen Jahren, in denen wir durch das Verbot, umherzuziehen, an die Kette gelegt werden, endlich das, was unserem Volk während des Krieges angetan wurde, Anerkennung erfährt. Roma und Sinti haben darauf lange warten müssen, doch nun werden wir unter die offiziellen Opfer der Nationalsozialisten eingereiht. Vielleicht hat diese lange Wartezeit etwas damit zu tun, dass viele Menschen, zu denen ich mich auch selbst zähle, Jahrzehnte gebraucht haben, um den Krieg zu verarbeiten.

Diese Anerkennung nimmt Ende der Siebzigerjahre sogar eine konkrete Form an. Die Gemeinde Amsterdam enthüllt 1978 als weltweit erste Stadt ein Denkmal, das an die Verfolgung und Vernichtung der Roma und Sinti erinnert. Dies ist zu einem großen Teil dem Engagement des Rom Koko Petalo zu verdanken, der in den niederländischen Medien schon bald als »der Zigeunerkönig« bekannt wird. Dieser Titel ist natürlich symbolisch zu verstehen, da Roma und Sinti keine Königshäuser kennen, doch er verschafft ihm eine beträchtliche Anzahl von Einladungen zu Interviews und Talkshows.

An einer Ecke des Museumspleins, nicht weit vom prächtigen Concertgebouw entfernt, wird ein eindrucksvolles Monument errichtet, an dem wir des *Porajmos* gedenken können. Die Einweihung verpasse ich, doch von diesem Jahr an bin ich am 4. Mai fast immer an diesem Mahnmal, um die Erinnerung an die Opfer lebendig zu halten. Wir gehen alle gemeinsam: Elly, unsere Kinder und Enkel, Rob und seine Frau Willy, und viele andere halten dort alljährlich inne, um des Völkermordes an den Sinti und Roma zu gedenken. Mit den Jahren sind immer weniger Überlebende der Kriegsjahre anwesend, dafür umso mehr ihrer Nachkommen. Endlich haben wir einen eigenen Ort des Gedenkens.

Die Bronzeskulptur der Künstlerin Heleen Levano stellt eine Familie dar, die von der Feuerbrunst der Nazis verschlungen zu werden droht. Seitlich ist die Inschrift in Romanes zu lesen:

Putrav lesko drom angle leste te na inkrav les mai but palpale mura brigasa.

»Eröffne ihnen den Weg in das neue Leben und erlöse sie von den Banden des Kummers.«

196

Am 1. August 1978 wird auf dem Amsterdamer Museumsplein das Monument »Hel en vuur« (»Hölle und Feuer«) zum Gedenken an die ermordeten niederländischen Roma und Sinti enthüllt.

Diese Worte sind mir sehr teuer. Sie scheinen ganz und gar auf meine Familie zu passen. Ich habe in meinem Leben als Erwachsener in der Tat lernen müssen, sie loszulassen, ohne sie auch nur für einen Augenblick zu vergessen. Nur auf diese Weise konnten alle Geschehnisse während des Krieges in mir endlich einen Ort finden.

Zu der Zeit, in der das Denkmal enthüllt wird, ist bei mir die Verarbeitung der Kriegsgeschehnisse an einem Punkt angelangt, an dem ich mehr darüber wissen will, was 1944 geschehen ist. Ich fasse daher einen Entschluss: Es wird Zeit, den nächsten – gewaltigen – Schritt zu tun. Ganz allein fahre ich eines Tages zum ehemaligen Lager Westerbork. Den Ort, den ich während des Krieges nie erreicht habe, muss ich um meiner selbst willen nun endlich mit eigenen Augen sehen. Es fällt mir unendlich schwer, diese Fahrt anzutreten. Ein Teil von mir sträubt sich dagegen, weil es zu sehr schmerzt, ein anderer Teil findet, dass ich es meiner Familie schuldig bin. Dieser Teil ist zum Glück stärker.

Im Besucherzentrum hat man einen Filmsaal eingerichtet, in dem ich Platz nehme. Auf der Leinwand erscheinen die Bilder eines von den Deutschen 1944 gedrehten Propagandafilms. Man sieht einen Zug am Bahnsteig stehen und Menschen, die in Viehwaggons steigen. Die Türen gehen zu. Es ist »mein« Zug, der sogenannte »Zigeunertransport«, begreife ich, während ich zuschaue. Es sind die Waggons, die ich als kleiner Junge in Assen am Bahnsteig stehen sah, auch diesen einen, aus dem das blaue Mäntelchen meiner Schwester heraushing.

Am Ende des Films rollen die Namen der Menschen, die sich auf dem Transport befanden und nach Auschwitz deportiert wurden, über die letzten Bilder des Zuges hinweg. Da sehe ich sie:

Johannes Weisz
Jacoba Weisz
Augusta Weisz
Helena Weisz
Emile Weisz

Von oben nach unten gleiten die Buchstaben über die Leinwand. Das macht es plötzlich sehr persönlich: Es sind unter anderem meine Familienangehörigen, deren hier gedacht wird. Sie haben in diesem kleinen Saal einen Namen bekommen und eine Würdigung erfahren.

Augenblicklich beginne ich, hemmungslos zu weinen. Ihre Namen an diesem Ort, in Zusammenhang mit diesen Bildern, machen das alles plötzlich sehr real. Jahrzehnte scheinen wie weggeblasen. Hier, an diesem Ort, hat ihre letzte Reise begonnen. Niemand konnte sie von diesem Moment an noch retten. Es ist ein Wunder, dass unsere Augen sich auf dem Bahnhof in Assen noch begegnen konnten. Ich kann die Emotionen, die in mir aufsteigen, kaum ertragen; ich habe das Gefühl durchzudrehen.

Sofort kommen ein paar Mitarbeiter des Besucherzentrums auf mich zu. Mit einem Arm um meine Schulter und einem Glas Wasser werde ich in einen anderen Raum gebracht.

Dort nimmt mich Dirk Mulder, der Direktor des Lagers, in Empfang. Er fragt mich nach meiner Geschichte und sucht das Gespräch mit mir. Ganz offensichtlich ist er mit dem Schicksal Überlebender vertraut, er weiß, welche Emotionen bei ihnen aufkommen, und versteht sie. Wir reichen uns nach dem Gespräch die Hand und versprechen, Kontakt zu halten. Was wir auch tun: Später werde ich einige Male in Westerbork Vorträge halten und am alljährlichen Gedenken an den »Zigeunertransport« am 19. Mai teilnehmen.

An diesem Abend komme ich mit einer Kopie der Transportliste von Westerbork nach Hause. Mit der Seite, auf der meine Familie verzeichnet ist. Nun, da ich ihre Namen schwarz auf weiß vor mir habe, ist es so, als wären sie für mich fassbarer geworden. Ich bekomme das Gefühl, dass nun, nachdem ich Westerbork besucht habe, alles an seinen Ort rückt. »Das hätte ich viel früher tun sollen«, sage ich zu Elly.

Die Mitarbeiter von Westerbork sind nicht die Einzigen, die die Erinnerung an meine Familie und all die anderen verstorbenen Sinti lebendig zu halten versuchen. Ein wichtiger Mann für die

Anerkennung all der Gräueltaten, die unserem Volk angetan wurden, ist Ben Sijes, ein Wissenschaftler jüdischer Herkunft vom *Instituut voor Oorlogsdocumentatie*, dem Niederländischen Institut für Kriegsdokumentation. Ende der Siebzigerjahre erforscht er mit fünf Historikern der Universität von Amsterdam umfassend die Verfolgung der Roma und Sinti in den Niederlanden.

Eines Tages steht er plötzlich in meinem Laden. Auf Umwegen hat er von meiner Geschichte erfahren und möchte nun gern mit mir reden. Seine Forschung habe sich ein wenig festgefahren, klagt er, denn die Sinti und Roma seien nicht bereit, mit ihm über das, was geschehen ist, zu sprechen. Dabei seien gerade Augenzeugenberichte von großer Bedeutung für ihn. Sonst müsse er sich vor allem auf Dokumente stützen, die die Besatzer erstellt hätten, und diese ergäben wahrscheinlich kein vollständiges Bild.

Ich erkläre Sijes, dass er es dabei mit einem verzwickten Aspekt unserer Kultur zu tun habe. Über Schrecknisse und Tod zu sprechen, ist für uns nicht einfach, vor allem dann nicht, wenn der Gesprächspartner auch noch ein *Gadjo* ist. Dann machen wir dicht und schweigen. Denn, wie unser Volk aus bitterer Erfahrung lernen musste, kann alles, was wir sagen, gegen uns verwendet werden. Es liege nicht an ihm, sondern an uns.

Ich selbst bin gern bereit, das Schweigen zu brechen. An diesem Nachmittag spreche ich ausführlich mit ihm über meine Familie. Daran schließen sich in den folgenden Wochen weitere Gespräche an. Ich erzähle ihm die Geschichte unserer Familie und, soweit es mir möglich ist, die Geschichte anderer Sinti. Auch das Ausbleiben jeglicher Unterstützung nach dem Krieg kommt dabei zur Sprache. »Wir mussten alleine zurechtkommen«, sage ich. Sijes macht sich aufgebracht Notizen, während ich ihm schildere, dass es für die Menschen, die aus den Lagern zurückkehrten, keinerlei Betreuung gab. Was es an Betreuung gab, wurde innerhalb unserer eigenen Gruppe geleistet.

Ich gebe ihm auch einige Namen und Telefonnummern von

Personen, die ihm bei seiner Studie möglicherweise weiterhelfen können. Mit ihnen telefoniere ich vorab, um sie ein bisschen wohlwollender zu stimmen. Wenn ein anderer Sinto sie bittet, sind sie vielleicht doch dazu bereit, mit Sijes zu sprechen. Zumindest macht es ihm das etwas einfacher, einen Fuß in die Tür zu bekommen.

Ein Jahr später erscheint sein umfangreicher Bericht ›Vervolging van zigeuners in Nederland 1940–1945‹ (›Verfolgung der Zigeuner in den Niederlanden 1940–1945‹) als Buch. Bei der Lektüre kann ich erkennen, dass Sijes sehr gründlich gearbeitet hat. Letztlich hat er doch ein paar Sinti zum Reden gebracht; ihre Geschichten werden von soliden Archivstudien seines Mitarbeiterstabs untermauert. Unsere Verfolgung ist damit endlich ausführlich dokumentiert und analysiert. So hat Sijes beispielsweise den gesamten Entscheidungsprozess in Zusammenhang mit der Festnahme der Roma und Sinti durch die niederländische Polizei anhand von Dokumenten und Briefen dokumentiert.

Es ist bestürzend zu lesen, was im Vorfeld zum Mord an unserem Volk vonstattenging. Die Ereignisse im Mai 1944 stehen nicht isoliert da. Offenbar herrschte schon vor dem Krieg den Sinti gegenüber ein tiefes Misstrauen, das durch die Besatzer schließlich die notwendige Legitimation erhielt. Sijes schildert beispielhaft einen Vorfall in Zutphen. Es handelt sich ausgerechnet um die Festnahme meines Vaters, der beschuldigt wurde, ein Tischtuch gestohlen zu haben.

Sijes ist es gelungen, ein Dokument aus dem Archiv herauszufischen, in dem das Verhör meines Vaters (»eines Tuchwarenhändlers«) beschrieben wird. Ein Polizeiwachtmeister erstattet darin dem Bürgermeister Bericht:

W.'s Familie besteht aus einem Mann, einer Frau und vier Kindern, deren jüngstes eine Woche alt ist. Am Mittwoch, dem 9. Juni 1943, waren andere Wohnwagenbewohner im erwähnten Gebäude bei W.'s Frau, die im Wochenbett lag, zu Besuch; W. war ebenfalls anwesend. Einer der Besucher muss über einen Dachboden in das Gebäude [eines Nachbarn] gelangt sein. [...]. Nach diesem unerbetenen Besuch vermisste [der Nachbar] auf seinem Speicher ein Tischtuch und eine Hose. W. hat bei seinem Verhör zur Sachlage erklärt, nicht zu wissen, wer auf seinem Speicher gewesen sei. Des Weiteren erklärte er, dass er hier in einem viel zu anständigen Gebiet wohne und er lieber in einem Elendsviertel wohnen würde; wenn hier etwas geschähe, würde er nämlich sofort verdächtigt. Ansonsten macht die Familie W. (angesichts dessen, dass es sich um Wohnwagenbewohner handelt) einen recht ordentlichen Eindruck.

Wir sind also Zigeuner aus einem Elendsviertel, aber recht ordentliche Zigeuner. Nicht wir stehlen, sondern unsere Gäste. Es ist erschütternd zu lesen, wie wir in diesem und vielen anderen Dokumenten, die in dieses Buch aufgenommen wurden, als asoziales Pack dargestellt werden. Auch als Paria, denn wohin wir kommen, herrschen Krankheiten; so steht es tatsächlich in den offiziellen Schriftstücken. Wir sind schmutzig und verrichten unsere Notdurft mitten auf der Straße, lese ich in einem Schreiben eines Beamten. Woher er das weiß, verrät das Schriftstück nicht. Jeder, der die Sinti kennt, weiß, dass so etwas für uns vollkommen tabu ist.

Die größte Angst der Staatsdiener scheint zu sein, dass wir mit all diesen Krankheiten, die in uns stecken, die Gemeinden, in denen wir uns aufhalten, Geld kosten könnten. Das muss natürlich um jeden Preis vermieden werden.

Auch die Festnahme aller Sinti und Roma im Mai 1944 kommt in dem Buch ausführlich zur Sprache. Die niederländische Polizei hat sich sehr bemüht, möglichst viele Zigeuner nach Westerbork zu schicken, lese ich in dem Bericht. Was meinen Eltern, meinen Schwestern und meinem Bruder das Leben gekostet hat, war eine gut geölte Maschinerie. Die Aktion begann um 4:00 Uhr morgens; man plante, alle schon mittags in Westerbork festgesetzt zu haben.

Im Nachhinein blickten die Verantwortlichen mit einem Gefühl der Zufriedenheit auf den Verlauf des Tages zurück. Alles lief wie geschmiert; fast alle Sinti und Roma wurden festgenommen. Ein Kommandant der Landwache – einer Art niederländischer Hilfspolizei der Nazis – beschrieb seine Zusammenarbeit mit dem Bürgermeister und dem Polizeikommandanten von Zutphen sehr positiv. Das Schreiben wurde ungekürzt in Sijes' Buch aufgenommen:

> Am Montagabend erhielt ich telefonisch vom Bürgermeister und dem Polizeihauptmann die Aufforderung, mich zu einer Besprechung bei ihnen einzufinden. Dort wurde mir mitgeteilt, dass sich eine prächtige Gelegenheit biete, die [Landwächter] in der Praxis zu erproben. In der Nacht vom 15. auf den 16. Mai sollten alle Zigeuner und nach Zigeunerart lebenden Personen aus dem Schlaf heraus verhaftet und schließlich nach Westerbork abtransportiert werden [...]. Nach Beratschlagung [...] habe ich 15 Leute für 3:30–8:30 und 8 für 7:30–20:30 zum Dienst angefordert. Alle waren rechtzeitig anwesend und haben ihre Arbeit ordentlich verrichtet. Beide Trupps haben unter meiner Aufsicht gearbeitet; vor allem die Leute, die für die Transporte eingesetzt wurden, haben bewiesen, dass sie ihrer Aufgabe gewachsen waren. Grobe Fehler sind nicht vorgekommen. Der Leiter des Transports, ein Hauptwachtmeister, teilte mir nach seiner Rückkehr mit, dass er mit der Art und Weise, in der die Landwächter die erteilten Anweisungen ausgeführt hätten, äußerst zufrieden war.

Das Ganze atmet eine Atmosphäre großer Begeisterung. Sogar die Zigeuner waren erleichtert, dass sie so anständig behandelt wurden, schreibt ein Polizist wörtlich. Die sind wir los, haben viele Bürgermeister und Polizisten sicherlich zufrieden gedacht, als der Befehl kam, alle »zigeunerartig aussehenden Menschen« festzunehmen. Selbst der Bürgermeister von Zutphen äußert sich auf diese Weise, er ist allerdings auch ein Mitglied der NSB (»Nationaal-Socialistische Beweging in Nederland«). Das erklärt vielleicht das ausgeplünderte Haus in der Laarstraat: Man hielt es für legitim, alle Sachen mitzunehmen.

Nur in wenigen Einzelfällen haben Beamte und Polizisten dafür gesorgt, dass Roma und Sinti entkommen konnten, hat Sijes erforscht. So besorgte ein Amsterdamer Polizist Bescheinigungen von Wirten, dass einige Sinti für das Nachtleben der Hauptstadt unverzichtbar seien. Sie könnten als Einzige eine bestimmte Tanzmusik spielen und sollten daher freigelassen werden. Als Dank geben sie spontan ein Konzert im Zellenkomplex. Als ich das lese, muss sich an den Polizisten denken, der seine Mütze abgenommen hat – eine Geste, der ich mein Leben verdanke.

Menschen wie ihn gab es viel zu wenige, lese ich zwischen den Zeilen des Berichts. Sijes' Schlussfolgerungen sind daher auch kein Pappenstiel. Die Niederlande haben es den Deutschen sehr leicht gemacht, die Roma und Sinti aufzugreifen und zu deportieren, erklärt er der Presse. »Die Zigeunerverfolgung setzte schon lange vor dem Krieg ein. Die Identifikation und Registrierung aller Wohnwagenbewohner war der erste konkrete Schritt«, zitiert ›De Telegraf‹ den Historiker. Es ist das erste Mal, dass sich jemand so unumwunden für mein Volk einsetzt.

»Die Verfolgung der Zigeuner konnte in unserem Land so *gründlich* vonstattengehen, weil *Zigeuner* hier schon lange vor dem Krieg als unerwünschte Elemente galten. Es herrschte die Grundstimmung: Wir wollen die Zigeuner am liebsten loswerden.« Hier steht es wirklich schwarz auf weiß in ›De Telegraaf‹, der Zeitung der wackeren Niederlande. Sijes stellt sogar fest, dass die schlechte Behandlung von »Zigeunern« in den Siebzigerjahren weiter anhält. Das neue Gesetz, das einen nomadischen Lebensstil verbietet, führt er als Beleg dafür an. Noch immer seien Beamte vor allem darauf aus, ihnen Steine in den Weg zu legen.

Nach diesem Interview stehen die Niederlande kopf.

Beamtenverbände gehen förmlich vor Empörung in die Luft, so schändlich finden sie die Annahme, dass sich ihre Mitglieder in der

Vergangenheit an der Verfolgung von Minderheiten schuldig gemacht hätten – und heute noch machten. Es gebe sogar eine spezielle »Zigeunerpolitik«, um Roma und Sinti so weit wie möglich zu unterstützen, verkündet ein Beamtensprecher wutschnaubend in der Zeitung. Polizeivertreter teilen äußerst aufgebracht mit, dass den Polizisten während des Krieges gar nichts anderes übrig blieb, als mit den Deutschen zusammenzuarbeiten; andernfalls wären sie selbst verfolgt worden. Niemand habe das Recht, sie dafür heute ans Kreuz zu nageln.

Der Umgang mit der Vergangenheit bleibt schwierig, vor allem wenn die Beweise gegen einen so schwerwiegend sind.

Beginnen wir nun endlich, eine echte Diskussion über Schuld und Verantwortung während des Zweiten Weltkrieges zu führen? Jetzt, da viele Amtsträger aus der Lokalverwaltung und der Polizei noch leben, wäre die Zeit dafür wahrlich günstig. Lasst sie doch mal verteidigen, was sie getan haben. Aber nein. Schon bald verschwinden die Artikel darüber, wer was während des Krieges getan hat, wieder von den Titelseiten. Zu einer tiefer gehenden Analyse, warum es so leicht war, einen Massenmord unter den Roma und Sinti zu begehen, kommt es nicht. Ein Jahr nach Erscheinen seines Berichts erkrankt Sijes. Nicht lange danach stirbt er.

Der Besuch in Westerbork und Sijes' Bericht bringen den Krieg plötzlich wieder intensiv in mein Leben zurück. Dank meiner Therapie kann ich Ende der Siebziger-, Anfang der Achtzigerjahre endlich über diese Dinge nachdenken und sprechen, ohne gleich in Panik zu geraten, aber gern tue ich es noch immer nicht.

Außerdem gibt es andere Dinge, die mich in Beschlag nehmen. Sander und Elvira werden größer und fordern neben der Arbeit einen beträchtlichen Teil meiner Aufmerksamkeit. Wir ziehen sie wie normale niederländische Bürger auf, vermitteln ihnen aber auch die Werte und Regeln, die bei den Sinti gelten. Sie müssen wissen, was sie essen dürfen und was nicht. Pferdefleisch darf man nicht essen, denn das Tier, das die Wagen zieht, ist uns fast heilig. Natürlich müssen sie auch wissen, welche Tabus es gibt, und sei es nur, um sie bei einem Familienbesuch berücksichtigen zu können.

Sie müssen zum Beispiel wissen, bei wem sie essen dürfen und bei wem nicht, und dass sie immer ihre Schuhe ausziehen müssen, bevor sie einen Wagen betreten. Besonders wichtig ist es, dass sie ältere Leute mit Respekt behandeln und ihnen nicht den Rücken zuwenden. Elly sieht das nicht so eng, aber für mich wiegt es schwerer, gerade weil es sich um Tabus handelt. Sie passt sich einfach an, bleibt aber doch sie selbst. Lange, weite Röcke wird sie bestimmt nicht tragen. Ich halte mich immer strikt an unsere Reinheitsgebote und andere Vorschriften.

Sander und Elvira erzähle ich anfangs nicht, was im Krieg geschehen ist. Das hat einen einfachen Grund: Ich will sie mit meiner Geschichte nicht belasten. Doch nun, mit zunehmenden Alter, erfahren sie in der Schule natürlich etwas vom Zweiten Weltkrieg. Auch das Fernsehen hat das Thema für sich entdeckt. Was ist in dieser Zeit ihrem eigenen Vater widerfahren? Sie denken, ein Recht darauf zu haben, das zu wissen. Mir wird bewusst, dass es ein großer Fehler war, nicht schon früher mit ihnen darüber geredet zu haben. Sie haben tatsächlich ein Recht darauf, denn es ist auch *ihre* Geschichte. Es versetzt mir einen Stich ins Herz, als mir das bewusst wird.

Sie haben recht, sie müssen erfahren, was geschehen ist – auch um zu verstehen, warum ich auf einige Dinge so emotional reagiere. Nach und nach erzähle ich ihnen, was in dieser schrecklichen Zeit geschehen ist. Es ist sehr emotional. Solche Dinge mit den eigenen Kindern zu besprechen, ist nicht einfach.

Die Jahre fliegen dahin. Während unsere Kinder ohne nennenswerte Probleme aufwachsen, sind Elly und ich Tag und Nacht eingespannt. Ich bin wegen all der internationalen Reisen manchmal

Auf einer meiner Reisen begegne ich dem Landwirtschaftsminister
Piet Bukman bei der Eröffnung des niederländischen Beitrags zur IGA,
der Gartenausstellung 1993 in Stuttgart.

wochenlang unterwegs. Doch ich tue mein Bestes, um für sie da zu
sein. Jede Minute, die wir zu Hause sind, widmen wir uns Sander
und Elvira. Elly und ich gehen gemeinsam zu allen Elternabenden,
wir unternehmen viel zu viert. Wir fahren in die Heide bei Blari-
cum, gehen ins Kindertheater, fahren einfach mal übers Wochenende weg. Campen in Südfrankreich. Wir genießen es.

Gerade als wir denken, stressiger könne unsere Arbeit nicht
mehr werden, erhalten wir einen sehr ehrenvollen Auftrag. Königin Juliana verkündet, den Stab an ihre Tochter Beatrix zu
übergeben. Sie wird die dritte Königin, die ich miterleben kann.
Und das auch noch ganz aus der Nähe, wie ich schon bald erfahre. Der Hof sucht jemanden, der die Nieuwe Kerk zur Krö-

nung mit Blumen ausschmückt. Die Wahl ist dabei auf mich gefallen.

Einfach wird das für mich nicht. Dieser Auftrag bedeutet vor allem jede Menge Sitzungen – mit Leuten vom Hof, aus der Politik, der Armee und von der Gemeinde Amsterdam. Auch die Vertreter der niederländischen Zierpflanzeninnung sind mit von der Partie. Sie stellen die Blumen und Grünpflanzen für diese besondere Dekoration zur Verfügung. Es ist eine Chance, die Niederlande als Blumenland noch besser zu präsentieren.

Von meiner Seite sind mehrere Vorschläge und Entwürfe nötig, um zu einem guten und detaillierten Konzept zu kommen, mit dem alle einverstanden sind. Um dem Blumenschmuck eine klassische Note zu verleihen, gehe ich von den gotischen, in die Höhe strebenden Linien der Kirche aus. Diesen Linien folgen wir mit den Blumenarrangements. Aber mit welchen Blumen?

Die zukünftige Königin macht mir deutlich, dass sie kein Orange möchte. Das ist das Erste, woran man bei der Amtseinführung eines Mitglieds des Hauses Oranje denken würde, aber Beatrix ist fest entschlossen. Ebenso wie ihre Großmutter ist sie in dem, was sie will, und vor allem in dem, was sie nicht will, sehr entschieden. Die neue Königin liebt außerdem Blumenarrangements mit einer barocken Ausstrahlung. Daher entscheide ich mich für einen Ton in Ton gehaltenen Blumenschmuck in Gelbnuancen. Auf dem Podium vor der Chorschranke werden zwei gigantische klassische Arrangements platziert.

Unter meiner Anleitung arbeiten Floristen aus Amsterdam und Umgebung rund um die Uhr. Die Sicherheitsmaßnahmen sind in dieser Zeit noch nicht so streng wie heute, aber trotzdem muss ich als Verantwortlicher kurz vor der Amtseinführung mit einem Offizier unter das Podium der Krönungszeremonie kriechen, um sicherzustellen, dass dort niemand eine Sprengladung angebracht hat.

Der Tag selbst verläuft bizarr. Während drinnen die feierliche

Amtseinführung stattfindet, bricht draußen die Hölle los. Hausbesetzer liefern sich unter dem Motto »Keine Wohnung, keine Krönung« regelrechte Schlachten mit der Polizei. Selbst während der Zeremonie in der Nieuwe Kerk ist der Lärm der Tumulte vernehmbar. Es macht mir Angst, da ich nicht weiß, ob es der Polizei gelingen wird, die Aufständischen auf Distanz zu halten.

Wie sehr ich mich einerseits auch vor den Krawallen fürchte, so zeigen die Hausbesetzer doch andererseits, wozu eine kleine Gruppe Menschen in der Lage ist, wenn sie gut organisiert ist. Die Niederlande sind das Land der Clubs, Vereine und Diskussionsforen. Jede Gruppe, und sei sie noch so klein, hat ihren eigenen Interessenverband. Das ist eine Möglichkeit, sich bei den Behörden Gehör zu verschaffen. Doch die Roma und Sinti sind bis in die Achtzigerjahre hinein wie ein Sack Flöhe. Auf solche Weise zusammenzuarbeiten, entspricht nicht unserer Kultur, eigentlich sind wir ein Volk von Einzelgängern.

Mein Cousin Hannes, Moezlas ältester Sohn, mit dem ich während des Krieges im Zug nach Zwolle geflohen war, will das nicht länger hinnehmen. Er sieht, dass unsere Kultur in Bedrängnis gerät und Gefahr läuft, marginalisiert zu werden. Selbst die Anzahl fester Wohnwagenstandplätze geht infolge der staatlichen Maßnahmen allmählich zurück. Er ist zu Recht der Auffassung, dass wir solchen Entwicklungen nur entgegentreten können, wenn wir uns zusammenschließen und uns gemeinsam wehren. Zusammen mit seiner Tochter Lalla setzt er alle Hebel in Bewegung, um eine Organisation zu gründen, die bei den Behörden im Namen der Sinti sprechen kann. Es geht ihnen auch darum, der Anerkennung unseres Volkes als Kriegsopfer Nachdruck zu verleihen. In absehbarer Zeit wollen wir für die Schäden, die wir erlitten haben, und das Leid, das uns angetan wurde, eine Entschädigung. Das ist keine übertriebene Forderung, denn für andere Bevölkerungsgruppen gibt es solche Entschädigungszahlungen schon längst.

Gemeinsam mit zwei anderen Cousins leistet Hannes die Kärr-nerarbeit. Er ist ein bedeutender Mann in unserem Volk und ein Hüter unserer Kultur. Er kennt alle Regeln und weiß um die Hin-tergründe jeden Tabus. Wenn mir ein Wort in Romanes nicht ein-fällt, rufe ich ihn an. Er möchte unsere Sprache in ihrer ursprüng-lichen Form erhalten, deutsche oder andere Lehnwörter sind ihm daher ein Gräuel. Ein Spiegel sei kein *Spiegelo*, sondern ein *Glan-diri*, erklärt er mir.

Seit unserer Flucht vor den Deutschen schaue ich sehr zu ihm auf; daher bin ich froh und zugleich überrascht, als er mich im Laden besucht. Voller Bewunderung schaut er sich um. Das hätte ich gut gemacht, sagt er. Offensichtlich ist Hannes etwas milder geworden. Als junger Mann war er ein ziemlicher Raufbold. Auf Kirmesfesten forderte er andere Jungs im Boxring heraus. Dort konnten die örtlichen Machos dann gegen ihn oder einen der an-deren Preiskämpfer boxen oder ringen. Wenn sich ein sehr großer, kräftiger Kandidat meldete, wurde Hannes nach vorn geschoben. Er gewann fast jedes Mal und kassierte dann den Einsatz, um den er gewettet hatte. Auch bei anderen Gelegenheiten ließ er in diesen Jahren manchmal seine Fäuste sprechen.

Doch mit den Jahren ist er sanfter und weniger machohaft ge-worden. Er ist sich auch seiner Position in unserer Gemeinschaft bewusst. Um sich für sie einsetzen zu können, müsse man die *Landelijke Sinti Organisatie* (»Nationale Sinti-Organisation«, LSO) auf die Beine stellen, sagt er. Und dazu benötigt er meine Hilfe. Um den Behörden gegenüber als ernst zu nehmender Ge-sprächspartner auftreten zu können, muss die Organisation bei ihrer Gründung vielerlei amtlichen Anforderungen entsprechen. Dann ist es auch möglich, Zuschüsse zu bekommen. Das bedeutet Briefe schreiben und Formulare ausfüllen: Dinge, die nicht gerade zu Hannes' Stärken gehören.

Natürlich helfe ich Hannes und Lalla, wo ich kann. Ich schreibe Briefe und kommuniziere mit den Behörden. Einerseits, weil ich der Auffassung bin, dass es eine solche Organisation geben sollte, andererseits aber auch, um die Distanz, die ich zwischen der Sinti-Gemeinschaft und mir aufgebaut habe, wieder etwas zu verringern.

Von 1985 an nimmt mein Cousin Rinus regelmäßig Kontakt zu mir auf, er lädt mich zu sich ein, und wir tauschen uns viel aus. Bei meiner Hochzeit 1963 war kein einziges Familienmitglied von der Seite meines Vaters anwesend, doch als wir unsere Silberhochzeit feiern, sind meine Tanten Dolfien und Rakli und meine Cousins Hannes und Rinus dabei.

Der Aufbau der neuen Organisation braucht einige Jahre, doch dann steht sie fest gegründet da wie ein Fels in der Brandung. Die LSO wird zum Ansprechpartner für die Behörden, wenn es um die Belange der Sinti geht; später kommen auch die Roma hinzu. Zum ersten Mal stoßen die Beamten des Ministeriums für Verkehrswesen auf ernst zu nehmenden Widerstand, wenn sie ein Lager aufheben oder unsere Freiheit weiter einschränken wollen.

»Früher wurde über uns entschieden, das wollen wir nicht mehr. Wir wollen selbst ein Wörtchen mitreden«, sagt Hannes' Tochter Lalla in der Zeitung ›De Telegraaf‹. Der Stab von Hannes geht zunehmend in ihre Hände über.

Wir haben endlich eine Stimme bekommen. Gar nicht so übel für ein Volk, das durch einen Massenmord dezimiert wurde und seit Jahrhunderten in einer Diaspora lebt. Es zeugt von der Stärke, mit der wir uns miteinander verbunden fühlen. Nicht nur in den Niederlanden, sondern überall in der Welt.

Eines der ersten Themen, die die neue Organisation ankurbelt, ist Bildung. Traditionell ist das unsere große Schwäche. Schulbildung brauchten wir nie, deshalb haben einige traditionelle Sinti damit immer noch Schwierigkeiten. Obwohl viele Kinder der Sinti seit den Siebzigerjahren in die Grundschule gehen, bleibt noch genug zu tun. Ein großes Problem ist das sprachliche Defizit. Bei traditionellen Sinti wird zu Hause Romanes gesprochen, daher ist der Spracherwerb des Niederländischen manchmal mangelhaft. Die Kinder beginnen ihre Schulzeit mit einem Rückstand.

Die LSO (aber vor allem Hannes' Tochter Lalla und ein paar andere Familienmitglieder) beschließen, dieses Problem dort, wo viele Sinti wohnen, in dem brabantischen Örtchen Best, anzugehen. In einem Industriegebiet mietet die Organisation eine große

Achten Sie auf die schöne Holzschnitzerei an der Außenseite des Wagens; oft war sie der Stolz des Besitzers.

Der Innenraum ihres Wagens war der Stolz der Frau. Schöne »barocke« Möbel, prachtvolle geschliffene Spiegel an der Wand zwischen dem Wohn- und Schlafbereich. Dieser Wohnwagen steht zurzeit in Amersfoort und ist ein Beispiel für den Sinti-Wohnstil.

So wie viele Sinti sind Stochello, Nonnie und Nousche Rosenberg von Kindesbeinen an mit Musik aufgewachsen. Sie bilden das inzwischen weltberühmte Rosenberg Trio. Sie spielen Musik in der Tradition ihres großen Vorbilds Django Reinhardt, aber auch modernen Jazz und lateinamerikanische Musik.

Halle, die fortan als Schule dient. Mit viel Engagement errichten wir darin Klassenräume für die Kinder eines nahe gelegenen großen Lagers. Mithilfe von Frauen aus unserer Gemeinschaft erhalten sie Sprach- und Mathematikunterricht.

Dank eines kleinen Zuschusses des Kultusministeriums kann dort Anfang der Neunzigerjahre die erste Klasse mit dem Unterricht beginnen. Schon bald entstehen auch Projekte in der Erwachsenenbildung, etwa ein Programm, in dem Männer und Frauen zwischen 15 und 27 Jahren lesen und schreiben lernen können. Daneben bietet die Schule nach einer Weile Berufsbildungskurse an, die den Erwerb eines richtigen Diploms in Aussicht stellen. Die Schule bedeutet für Sinti nicht nur bessere Chancen auf dem Arbeitsmarkt, sie bietet auch die Gelegenheit, jungen Sinti einiges über ihre eigene Kultur zu vermitteln. Selbstverständlich gibt es auch eine Musikschule, in der Jugendliche mit unserer traditionellen Musik vertraut gemacht werden und etwas über den *Gipsy Jazz* im Stil des großen Django Reinhardt erfahren.

Ich nehme mir vor, mich für eine Sache besonders einzusetzen. Noch immer hat unser Volk für alle im Krieg erlittenen Schäden keine Entschädigung erhalten. Das Leid, das uns angetan wurde, lässt sich natürlich schwerlich beziffern, doch wir haben auch materiellen Schaden zu verzeichnen. Was ist beispielsweise mit der teuren Geige meines Vaters passiert? Ich weiß, dass ich sie nicht wiederbekommen werde, aber schon eine Geste des niederländischen Staates wäre eine ausgesprochen feine Sache.

Von 1992 an habe ich für mein Engagement auch viel mehr Zeit. Denn Elly und ich beschließen, mit dem Laden aufzuhören. Ich gestalte zwar weiterhin Präsentationen und Ausstellungen, aber auch in diesem Bereich gehe ich es etwas ruhiger an. Zwei unserer Mitarbeiter führen das Geschäft fort.

Hinzu kommt, dass Ellys Eltern nun mehr der Pflege bedürfen. Sie ziehen über dem Laden ein, so dass Elly einspringen kann, wenn es nötig ist. Als unsere Kinder aufwuchsen, haben sie so oft auf sie aufgepasst, nun werden die Rollen getauscht. Mein Schwiegervater leidet an Demenz. So lange ich ihn kenne, ist er wie ein Vater für mich, wir hängen sehr aneinander. Es geht ihm immer schlechter. Sein Tod bedeutet für mich tiefen Kummer. Für unsere ganze Familie nicht minder.

In den Neunzigerjahren heiraten sowohl Sander als auch Elvira. Wir bekommen Enkel. Elly und ich sind gern als Opa und Oma unterwegs. Wir passen auf unsere Enkel auf und unternehmen schöne Dinge mit ihnen. Ich fühle mich wie der reichste Mann auf der Welt.

9

EINTRETEN FÜR UNSER RECHT

Als ich in Den Haag den Trêves-Saal des Binnenhofes, des niederländischen Parlamentsgebäudes, betrete, blicken mich mehrere Statthalter von den Gemälden herab streng an. Die Porträts der Herren von Oranje sind so gehängt, dass man immer ein wenig zu ihnen aufschauen muss. Für diese Herrscher über die Vereinigten Provinzen ist dieser prachtvolle Raum einst gebaut worden. Er war natürlich dazu gedacht, bei den Besuchern Ehrfurcht zu erwecken, sie vielleicht auch etwas einzuschüchtern, so dass sie den eigentlichen Grund für ihr Vorsprechen vergessen.

Solche Emotionen kann ich mir heute allerdings nicht erlauben. Hierher, in diesen prachtvollen Saal, komme ich, um für unser Volk zu kämpfen. Wir wollen endlich Genugtuung, und wir wollen sie jetzt. Niemand soll uns noch einmal abspeisen, habe ich mir vorgenommen. Nie wieder. Wir haben Rechte, und die werden wir von nun an einfordern. Vor Gericht, wenn es sein muss.

Von der anderen Seite des großen Konferenztisches blicken drei Augenpaare gespannt in unsere Richtung. Die Gesprächspartner, die uns gegenübersitzen, sind alles andere als unbedeutend. Ich reiche Wim Kok, dem Ministerpräsidenten der Niederlande, die Hand. Neben ihm haben Finanzminister Gerrit Zalm und Gesundheitsministerin Els Borst Platz genommen. Auf unserer Seite des Tisches sitzen Sawie Petalo, Storo Berger, Lalla Weiss, die Tochter meines Cousins Hannes, und ich. Wir vertreten die *Landelijke Sinti Organisatie* (»Nationale Sinti-Organisation«). Um unseren

Argumenten Nachdruck zu verleihen, begleitet uns ein Rechts-
anwalt.

Unsere Forderung an die drei Politiker ist simpel: Wir wollen
Geld und die Anerkennung des Leids, das uns im Krieg angetan
wurde.

LASS MARO TSCHATSCHEPEN

Mare sinte, gamle sinte
Hunenn, ho men penepaske hi
Temer djinenna, djinenn' ha-lauta
Ha menge djais an o truschlengero ziro
Te kama mer ga te well ko ziro pale
Qai mare sinte wann pall-line
Palle dikas te rikras kettene
Jake well marotschatschepen mende
i baschepangere an maro ziro
Kolla wenna an hako temm
Jon hunenna, hunenn' i menschenda
Ha lenge djalla ersch-gana noch
Jon hatzenna tschi schterdepaske
Te djann' jon ap o temm
Kotte gai o tschik'leda hi
Kotte naschte tschenn-le pral o went
Brindjera but sinten an o gatschkenno
Qai wann pure an kawa temm
Te penell menge o gadjo, hoske well-len kek liel
Weschke job dell' menge tschi
Kawa hi tschumoni gai hunte djas mer glan
Kawa mukas mer butega ap mende
Bistrann jon, ho jon mentsa krann
Hi kawa lengo tschatschepen

(Refrain)
Mer rodas i drom ap mari riek
Mer hatzas i drom ap mari riek
Lass maro tschatschepen
Mer manga temen
Ma tschass ga ap ko puro drom

(© Häns'che Weiss, 1977)

LASST UNS UNSER RECHT FORDERN

Unsere Sinti, liebe Sinti,
Hört, was wir zu sagen haben.
Ihr wisst, ihr wisst alle,
wie es uns in der NS-Zeit ergangen ist.
Wenn wir nicht wollen, dass sich so etwas wiederholt,
eine Zeit, in der unsere Leute verfolgt wurden,
dann lasst uns zusammenhalten.
Nur so bekommen wir unser Recht.
Die Musiker unserer Zeit, sie kommen in viele Länder.
Sie hören, hören von unseren Leuten,
wie es ihnen heute noch immer ergeht.
Sie finden keinen Lagerplatz,
so dass sie nicht auf Reisen gehen können.
Dort, wo es am schmutzigsten ist,
dort können sie über Winter bleiben.
Wir kennen viele Sinti aus Deutschland,
die in diesem Land alt geworden sind.
Wenn uns der Gadjo fragt, warum wir keine Genehmigung
    haben,
lautet die Antwort: weil ihr uns keine gebt.
Das ist etwas, wogegen wir angehen müssen.
Das lassen wir nicht mehr auf uns sitzen.
Haben sie vergessen, was sie mit uns gemacht haben?
Ist das ihr Recht?

(Refrain)
Wir müssen einen Weg für uns suchen.
Wir müssen einen Weg für uns finden.
Lasst uns unser Recht fordern.
Wir bitten euch (Sinti),
lasst uns nicht auf dem alten Weg bleiben.

Wir schreiben das Jahr 2000. Dem Kalender nach ist ein neues Jahrhundert angebrochen, doch meiner bescheidenen Meinung nach haben wir mit dem vergangenen noch lange nicht abgeschlossen. Ist es nun nicht an der Zeit? Um diese Botschaft zu überbringen, sitze ich hier dem Ministerpräsidenten gegenüber.

Unmittelbarer Anlass für diesen Besuch ist ein Bericht der Kontaktgruppe *Tegoeden WO II* (Guthaben Zweiter Weltkrieg), der vor einigen Monaten veröffentlicht wurde. Dieses staatliche Gremium, wegen ihres Vorsitzenden auch als Van-Kemenade-Kommission bekannt, hat sich mit den Guthaben von Kriegsopfern des Zweiten Weltkrieges befasst, die sich unter anderem noch auf Schweizer oder anderen Banken befinden. Seit dem Krieg ruht eine Menge geraubtes Gold und Geld auf diversen Bankkonten. Die rechtmäßigen Eigentümer sind verstorben oder werden vermisst, und niemand erhebt Anspruch darauf, daher bleibt das Geld einfach liegen.

Einige Länder, unter ihnen Großbritannien und die USA, setzten sich bei den Schweizern aktiv dafür ein, diese Guthaben loszueisen, damit das Geld unter den Opfern des Naziregimes verteilt werden kann. Und die Niederlande? Unser Staat »monitort« (seit wann ist das ein Tätigkeitswort?) das Verhalten anderer Länder in dieser Sache und will – eventuell, unter gewissen Bedingungen – aktiv werden, falls sich tatsächlich herausstellen sollte, dass Geld zu verteilen ist. Eine erste Summe ist von ausländischen Wissenschaftlern bereits aufgefunden worden und kann nun ausgeschüttet werden. Aber an wen? Und wie?

Eine derart passive Haltung wirkt wenig vertrauenserweckend. Dieses negative Gefühl verstärkt sich noch, als die Kontaktgruppe nach einer Reihe von Jahren des »Monitorings« ihren umfangreichen Abschlussbericht vorlegt. In ihm befasst sie sich ausführlich mit den Schäden, die alle möglichen Gruppen im Zweiten Weltkrieg erlitten haben. Mit dem Bericht geht eine offizielle Entschuldigung der niederländischen Regierung einher. Nicht dafür, was während des Krieges geschehen ist, sondern dafür, wie unser Land die Überlebenden behandelt hat. Diese Behandlung war oft frostig und gelegentlich sogar regelrecht feindselig.

»Es tut uns leid, im Rückblick auf damals und mit den Erkenntnissen von heute, dass die niederländische Gesellschaft und die Regierung mit den heimkehrenden Opfern der Verfolgung zu achtlos umgegangen ist«, so Ministerpräsident Kok auf einer seiner wöchentlichen Pressekonferenzen, als er um eine Reaktion auf den jüngst erschienenen Bericht der Van-Kemenade-Kommission gebeten wurde.

Ich lese den gesamten Bericht innerhalb eines Tages und einer Nacht durch. Als ich die letzte Seite umblättere, koche ich vor Wut. Nun gut, wir haben also eine Entschuldigung des Ministerpräsidenten. Aber was in Gottes Namen können wir uns dafür kaufen? In dem umfangreichen Bericht finden sich nur wenige Sätze über die Verluste, die die Roma und Sinti im Krieg erlitten haben. Aus reiner Verärgerung mache ich mich daran, sie zu zählen, und komme auf 25.

Wieder einmal werden wir unter den Teppich der Geschichte gekehrt. Es ist offensichtlich noch nicht bis zu dieser Kommission, die eigens dazu eingerichtet wurde, sich mit der Frage der Überlebenden zu befassen, durchgedrungen, dass unsere Kultur 1944 fast vollständig vernichtet worden ist und wir großen Schaden erlitten haben. Wie ist das möglich?

Eigentlich sollte es mich nicht verwundern. Denn dass wir Sinti als eine Fußnote in der Geschichte abgetan werden, ist fast normal. Auch während der Nürnberger Prozesse, in denen Naziführer vor Gericht standen, wurde dem Schicksal der Sinti und Roma nur sporadisch Aufmerksamkeit zuteil. Ich habe offizielle Schriftstücke über den Krieg gelesen, in denen Sinti und Roma kein einziges Mal erwähnt wurden. Nach dieser Art von Berichten zu urteilen, sind in den Gaskammern nur Juden ermordet worden. Die paar Zigeuner – ach, die zählen nicht.

Verstehen Sie mich nicht falsch: In absoluten Zahlen ist das Leid der jüdischen Gemeinschaft natürlich um ein Vielfaches größer als das der Sinti und Roma. Ich will das Elend keines Menschen bagatellisieren und die Gräueltaten an verschiedenen Völkern auch nicht miteinander vergleichen. Aber Zahlen sind, was mich angeht, nicht das, worum es hier eigentlich geht; was zählt, ist das Leiden des Einzelnen. Und gelitten haben wir, und wir tun es noch.

Unsichtbar für den Staat. Da wir in offiziellen Berichten bestenfalls eine marginale Rolle spielen, werden wir auch ein ums andere Mal übergangen, wenn es um die Entschädigung erlittener Verluste geht. Es klingt vielleicht seltsam, über Geld zu reden, wenn es um Gräueltaten geht, für viele Opfer ist das jedoch von bedeutendem symbolischen Wert.

Die Niederlande haben seit Kriegsende von den Alliierten und internationalen Organisationen eine Reihe von Zahlungen erhalten, um sie an die Opfer auszuschütten. Dieses Geld stammte beispielsweise aus dem Verkauf von beschlagnahmtem Nazigold, aus Fonds der deutschen Industrie oder aus beschlagnahmten deutschen Bankguthaben. Immer wieder aufs Neue wurden Roma und Sinti dabei übergangen. Die Geschichte dieser Ignoranz reicht bis in die Fünfzigerjahre zurück.

Zu dem Zeitpunkt, an dem ich den Bericht der Van-Kemenate-Kommission lese, ist mir der letzte Vorfall dieser Art noch frisch in Erinnerung. 1998 hatte die Dolman-Kommission über eine Auszahlung von 22,5 Millionen Gulden zu entscheiden. Dieses Geld ist innerhalb der Bürokratie als die sogenannte »vierte Tranche« bekannt. Es handelt sich dabei um die vierte und letzte Auszahlung geraubten Goldes, die die Niederlande von einer internationalen Organisation erhalten hatte, die deutsches Beutegut unter den besetzten Ländern verteilt hatte. Von den ersten drei Tranchen haben die Roma und Sinti keinen Cent gesehen.

Um dafür zu sorgen, dass diese vierte Auszahlung an der richtigen Stelle ankommt, berief der Vorsitzende Dolman eine Arbeitsgruppe ein, die über einen Verteilungsschlüssel entscheiden sollte. Daran waren auch Vertreter von Opfergruppen beteiligt. Er sorgte – zu Recht – dafür, dass die jüdische Gemeinschaft in dieser Gruppe sehr breit repräsentiert war. Doch als man die Einladungen aussprach, wurden die Sinti und Roma wieder einmal übergangen. Wir wurden nicht gebeten mitzureden. Obwohl es auch unser Gold war, das geraubt worden war. Ja, mehr noch: Sinti und Roma besaßen häufig gar keine Bankkonten. Sie legten ihr Geld meist in Edelmetallen an. Es ist also auch unser Geld, das zurückfloss.

Ohne uns zurate zu ziehen, entschied Dolman, dass der Teil, der den Sinti und Roma zustand, für etwas verwendet werden sollte, was man als sehr schöne »Projekte« bezeichnete. Das Geld ging nicht direkt an die Überlebenden, sondern sollte der ganzen Gemeinschaft zugutekommen. Den Juden wurden einige wissenschaftliche Bücher über den Krieg finanziert; deren Autoren wurden aus den von Dolman verwalteten Finanzmitteln bezahlt. In unserem Fall finanzierte dieses Geld einen Spielfilm über Sinti im Krieg, lese ich in die Zeitungen. Die *Landelijke Sinti Organisatie* erhält von dem Geld keinen Cent, obwohl wir es gut für Projekte gebrauchen könnten, von denen wir wirklich etwas hätten. Unsere Bitte an Herrn Dolman, ihm unseren Standpunkt noch einmal darlegen zu dürfen, wurde abschlägig beschieden. Warum sollte man auch mit einer Gruppe der Betroffenen sprechen?

So, wie es jetzt aussieht, will Van Kemenate uns wieder ausschließen. Diese Kommission hat aus unterschiedlichen Quellen 250 Millionen Gulden, die es zu verteilen gilt. Nicht gerade eine kleine Summe. Erneut drohen die Sinti und Roma, leer auszugehen, obwohl ein Teil des Geldes womöglich von uns stammt. Es kann höchstens sein, dass der niederländische Staat davon noch einen weiteren Film in Auftrag gibt.

Man kann zornig sein und in seinem Zorn verharren, aber damit erreicht man wenig. Ich entscheide mich dafür, meine Wut in etwas Konstruktives umzusetzen. Wenn die Politik uns ein weiteres Mal mir nichts, dir nichts übergeht, müssen wir versuchen, die öffentliche Meinung auf unsere Seite zu bekommen. Vielleicht hören sie dann zu. Ich klemme mich also hinter den Computer und beginne, eine Presseerklärung zu tippen. So zornig, wie ich bin, steht sie im Handumdrehen auf dem Bildschirm.

Aus Presseveröffentlichungen und Radio- und Fernsehinterviews hat die *Landelijke Sinti Organisatie* von den Ergebnissen und Empfehlungen der Van-Kemenate-Kommission in Bezug auf die Behandlung der niederländischen Juden in der Nachkriegszeit und den finanziellen und materiellen Schaden, den sie im Zweiten Weltkrieg erlitten haben, erfahren.

Die Empfehlung umfasst unter anderem die Anerkennung des ihnen zugefügten Leids und Unrechts und schlägt vor, einen Betrag von 250 Millionen Gulden an die jüdischen Opfer und ihre Angehörigen auszuzahlen. Wer beschreibt die Verwunderung der LSO darüber, dass die Sinti- und Roma (Zigeuner)-Problematik in dem Bericht in fünfundzwanzig Sätzen abgetan wird und wir wieder einmal nicht als vollwertige Niederländer behandelt werden?

Sogar Ministerpräsident Kok erwähnte in einem Interview für das ›NOS-Journaal‹ am 26. Januar dieses Jahres die Sinti und Roma mit keinem Wort, obwohl er uns am 25. Februar 1999 in einem Gespräch mit Vertretern unserer Gemeinschaft, bei dem auch Ministerin Els Borst zugegen war, doch zugesagt hatte, eventuelle Ansprüche unsererseits mit großem Wohlwollen zu behandeln.

Um die Sache noch stärker zuzuspitzen, füge ich eine kurze Geschichte der »großen Ignoranz« hinzu. Anhand derer können die Journalisten selbst sehen, dass wir seit dem Ende des Krieges schändlich behandelt worden sind.

Meine Presseerklärung verfehlt ihr Ziel nicht. Das ANP (Allgemeines Niederländisches Pressebüro), die größte niederländische Nachrichtenagentur, übernimmt sie und damit sind wir plötzlich auf dem Radar aller nationalen Medien. Fast alle Zeitungen widmen den Sinti und Roma und ihren Erfahrungen in und nach dem Krieg ihre Aufmerksamkeit. Wir sind der Knüller der Woche. Auch wenn uns fast niemand beim richtigen Namen nennt.

»Zigeuner wollen auch Kriegsgeld«, titelt ›Het Parool‹. »Zigeuner wollen Genugtuung«, steht im ›NRC Handelsblad‹. ›Trouw‹ schreibt: »Die niederländische Regierung hat jahrelang das Leid, das den Sinti und Roma von den Nazis angetan wurde, geleugnet«. Ein Underdog macht sich bei den Journalisten immer gut. In vielen Artikeln wird ausführlich beschrieben, dass wir bei allen Auszahlungen in der Vergangenheit vergessen wurden.

Die Aufmerksamkeit der Presse bringt die Sache ins Rollen. Die LSO wird zu einem kurzfristigen Gespräch mit Ministerpräsident Kok eingeladen. Im politischen Den Haag ist man offenbar über die schlechte Presse ziemlich erschrocken. Kok lässt in einer Reaktion wissen, dass die Handhabung des Van-Kemenate-Berichts »besser hätte sein können«.

So kommen wir also eines schönen Wintertages in den Trêves-Saal. Der Ort ist ein Hinweis darauf, dass man uns endlich ernst zu nehmen beginnt, hoffen wir. Denn in diesem Saal tagt gewöhnlich das Kabinett. Ganz konkret wollen wir für die Aufnahme der Roma und Sinti in die Liste der Gruppen plädieren, die aus Sicht der Van-Kemenate-Kommission für eine Entschädigung in Betracht kommen. Aber wie macht man so etwas effektiv?

Wir haben dazu eine Geheimwaffe mitgenommen: den alten und weisen Storo.

Er ist ein Überlebender der Konzentrationslager, und er war dabei, als mein Vater durch einen Bombensplitter in seinem Hals

starb. Wenn es einen Menschen gibt, der die Politiker vom Ausmaß unseres Leidens überzeugen kann, dann wohl er.

Wir haben einen gewaltigen Berg zu erklimmen. Dass die Sinti und Roma immer übersehen wurden, kommt nämlich nicht von ungefähr. Behörden sind schließlich auf alles fixiert, was ihnen schwarz auf weiß vorliegt. Etwas zählt erst, wenn es mit Tinte auf Papier festgehalten ist. Doch gerade eine solche Dokumentation haben die Sinti nie erstellt. Wir haben uns immer ein wenig von der Gesellschaft ferngehalten. Wir regelten (und regeln) die Dinge lieber unter uns und hatten keinen Bedarf an allzu viel Papierkram.

So hatten und haben beispielsweise viele Sinti keine Bankkonten oder Wertpapiere, keine Renten- oder Lebensversicherungen. Was bedeutet, dass nur wenige ihrer Besitztümer registriert waren, als die Verfolgung einsetzte.

Nach der Zigeunerrazzia am 16. Mai 1944 wurden unsere Besitztümer von den Besatzern beschlagnahmt. Das geschah im Rahmen der sogenannten *Zigeunererfassung*. Dieses Dokument hatten die Nazis speziell entworfen, um uns in den besetzten Gebieten ausrauben zu können. Die niederländischen NSB-Clique, die die

229

Niederlande während des Krieges regierte, setzte dieses Gesetz um.

So hat mein Vater seine Waren und seine kostbare Geige verloren. Beamte der Gemeinde Zutphen haben sie und andere Dinge wahrscheinlich einfach aus unserem Haus geschleppt, nachdem meine Familie deportiert worden war. Wo die Dinge anschließend gelandet sind, ist unbekannt. Aber irgendjemand hat Geld daran verdient – ganz gewiss an der Geige, die Tausende von Gulden wert war. Andere Sinti haben Wagen, Pferde und ihr Mobiliar verloren.

In den Lagern wurden Roma und Sinti jeglichen Besitzes beraubt, den sie mitnehmen konnten. Vor allem Gold, Schmuck und Bargeld. Diese Vermögenswerte waren manchmal beträchtlich. Es handelte sich nicht selten um das gesamte Kapital der Familien. Leider wurde von der Beschlagnahmung nichts verzeichnet, oder die Aufzeichnungen wurden während oder unmittelbar nach dem Krieg vernichtet. In Buchenwald haben die Lageraufseher fast alles dem Erdboden gleichgemacht, mögliche Hinweise darauf, was dort geraubt wurde, sind dabei ebenfalls zunichtegemacht worden. Deshalb lässt sich ein Anspruch nicht mehr durch Dokumente erhärten.

Gerade aus diesen Gründen haben wir Storo mitgenommen. Er spricht nicht gut genug Niederländisch, daher sagt er gegenüber den drei Politikern und ihren Mitarbeitern in Romanes aus. Lalla übersetzt seine Worte. Storo erzählt, wie er ebenso wie alle anderen Gefangenen bei der Ankunft in Auschwitz die Oberbekleidung ausziehen und alle seine Besitztümer auf einen großen Tisch legen musste. Aus Hosentaschen und Kleidungsfuttern, aus Geldbörsen und Tragetaschen, von Fingern und Ohrläppchen wurden große Mengen an Geld und Schmuck zusammengetragen. Die niederländischen Roma und Sinti wurden dort faktisch gezwungen, ihre Ersparnisse, die sie bei sich trugen, abzugeben. Münze für Münze, Ring für Ring, Kette für Kette.

Während der Raubzug der Deutschen, was die jüdischen Bankguthaben anbetrifft, gut dokumentiert ist, hat dieser Diebstahl kaum Spuren hinterlassen. Storo erzählt, dass der Tisch mit allerlei Gold, Silber und Edelsteinen hoch beladen war. Es lagen dort Schätze für Hunderttausende, vielleicht für Millionen. Hunderte Menschen hatten alles abgegeben, was sie besaßen und für schlechte Zeiten zurückgelegt hatten. Es funkelte und glitzerte im Licht der Sommersonne, die durch die Fenster der Baracke hereinfiel. Weniger als ein halbes Jahr später waren die Besitzer all dieser Kostbarkeiten fast alle tot. Nur der kräftige Storo überlebte, weil er in einer Fabrik arbeiten musste.

Wo sind all diese Dinge geblieben? Niemand weiß es. Zweifellos haben Lageraufseher einen Teil davon im Chaos des letzten Kriegsjahres beiseitegeschafft. Es kann auch sein, dass Soldaten der Roten Armee bei der Eroberung des Lagers Auschwitz einen Teil davon gefunden haben. Es gibt genug Geschichten über Kostbarkeiten, die letztendlich in Moskau gelandet sind.

Doch der Löwenanteil ist wahrscheinlich schon während des Krieges irgendwo in einem Tresor verschwunden. Vielleicht in der Schweiz, womöglich irgendwo anders. Wenn wir über schlafende Guthaben sprechen, geht es auch um diese Ringe und Ketten, die Storo gesehen hat.

Es ist ein kraftvolles und anrührendes Zeugnis, das der alte Sinto hier ablegt. Doch bei Wim Kok spüre ich eine eher ablehnende Haltung. Woran ich das sehe, kann ich nicht recht erklären, es liegt an seiner Körpersprache. Als er zu reden beginnt, bestätigt der Ministerpräsident meine Vermutung: Der Mann, der früher so hart für die Rechte der niederländischen Arbeiter gekämpft hat, wischt unsere Rechte mit ein paar Sätzen vom Tisch.

Was unser gestohlenes Gold angeht, könne er sich kurz fassen. Dafür müssten wir bei den Deutschen anklopfen, nicht bei ihm, sagt er. Schließlich könne man die Niederlande nicht für einen Diebstahl verantwortlich machen, den ein anderes Land begangen habe, so traurig das auch sei. Das ist eine interessante Bemerkung. Kok weiß wahrscheinlich sehr gut, dass die deutsche Stiftung, die Gelder an Holocaust-Opfer auszahlen soll – finanziert von der Wirtschaft unseres östlichen Nachbarn – schon seit Jahren ein Milliardendefizit aufweist, weil die Geldgeber ihren Verpflichtungen nicht nachkommen.

Formell wird er mit seiner Weigerung wohl im Recht sein. Doch ich erinnere mich noch lebhaft daran, wie sich niederländische Polizisten ungeheuer ins Zeug gelegt haben, um uns im letzten Moment doch noch in den Zug nach Auschwitz zu befördern. Und auf meinem Regal habe ich schon zwanzig Jahre das Buch von Ben Sijes stehen. Der Historiker weist darin nach, dass niederländische Beamte äußerst willfährig mit den Besatzern zusammenarbeiteten. Es waren oft auch Niederländer, die uns bestohlen haben – wie man an meiner eigenen Geschichte sehen kann. Natürlich ächzten die Niederlande unter dem Joch der Besatzer, doch die Gemütsruhe und Effizienz, mit der die Befehle befolgt wurden, sind mir für immer in Erinnerung geblieben.

Borst und Zalm scheinen entgegenkommender zu sein als ihr Chef. Sie haben, während Storo erzählte, die ganze Zeit aufmerksam der Übersetzung gelauscht und eifrig genickt. Beide Politiker sind offensichtlich von diesem Zeugnis der Gräueltaten beeindruckt. Auch als ich erzähle, dass wir jedes Mal von Entschädigungszahlungen ausgeschlossen wurden, sieht man, dass sie betroffen sind. Vielleicht ist es die verabredete Vorgehensweise von Kabinettsmitgliedern – auch Politiker verwenden die Taktik des bösen und des guten Polizisten manchmal –, aber sie scheinen mir eher geneigt, lösungsorientiert zu denken.

Im weiteren Verlauf des Gespräches bemerke ich auch bei Wim Kok eine etwas wohlwollendere Haltung und mehr Verständnis für unseren Standpunkt. Wir sind jedoch nicht gekommen, um für Verständnis zu werben, wir wollen Anerkennung. Nun heißt es: Butter bei die Fische!

Was die Politiker uns anbieten, ist eine Entschädigung. Nicht wegen der geraubten Güter, sondern als Wiedergutmachung für die Art und Weise, in der die Niederlande sich in der Zeit nach dem Mai 1945 den Sinti und Roma gegenüber verhalten haben. Den zurückkehrenden Gefangenen und anderen Überlebenden begegnete man kalt und mit geringem Verständnis für die möglicherweise erlittenen Traumata. Unwillkürlich muss ich an den Beamten denken, den ich einige Jahre nach dem Krieg hinter seinem Schalter hervorgezogen habe. Über solche Leute reden wir hier also.

Aber es sind noch viel bitterere Geschehnisse, die mit diesem Geld abgegolten werden. In manchen Fällen forderte der Staat ausstehende Pachtgelder, Mieten und Steuern von Menschen, die unfreiwillig mehrere Jahre in Lagern gesessen hatten. Oft waren sie zusätzlich mit Bußgeldern belegt worden, weil während des Krieges keine Zahlungen eingegangen waren. »Unzulängliche Rehabilitierung« nennt man das mit einem bürokratischen Begriff. »Niederträchtiges Verhalten« wäre vielleicht eine bessere Bezeichnung, aber lassen Sie uns nicht über Begriffe streiten.

Solcherart Entschädigungszahlungen hat der niederländische Staat häufiger geleistet. In den Neunzigerjahren stellte die Regierung beispielsweise der Indonesischen Gemeinschaft wegen vergleichbarer Versäumnisse in den ersten Nachkriegsjahren 385 Millionen Gulden zur Verfügung. Auch sie mussten sich mit unzuverlässigen Behörden herumschlagen.

Für uns sei ein Betrag von 25 Millionen Gulden vorgesehen, erzählt das Dreiergespann auf der anderen Seite des Tisches. Wir erhalten weniger als die Indonesier, allerdings sind wir auch eine viel kleinere Gruppe. Die Summe ist dazu gedacht, jedem Überlebenden davon 25 000 Gulden auszuzahlen – den gleichen Betrag, den auch die Juden von den Behörden erhalten haben. Gleiche Brüder, gleiche Kappen. Endlich. Was übrigbleibt, dürfen wir zum Wohle unserer Leute einsetzen.

Els Borst macht uns dieses Angebot. Ich vermute, dass vor allem sie sich bei Kok für diese Zahlung stark gemacht hat. Auch in früheren Gesprächen ist sie uns immer entgegengekommen. Mit diesem Angebot im Gepäck verlassen wir den prachtvollen Saal. Wir werden intensiv darüber nachdenken.

Sollen wir es annehmen oder nicht? Einige Roma und Sinti bezeichnen es als »Blutgeld« und wollen nichts damit zu tun haben. Andere, zu denen ich gehöre, sehen eine Genugtuung darin, eine Anerkennung jahrelanger staatlicher Benachteiligung.

Nach einer Beratung mit der Basis beschließen wir, das Geld des Staates anzunehmen. Einen Teil davon können wir direkt an die Überlebenden auszahlen, mit dem Rest können wir viel Gutes für die Gemeinschaft der Roma und Sinti tun. Vor allem im Bildungsbereich stellen die staatlichen Gelder eine willkommene Ergänzung der geringen Subventionen dar, die wir jährlich bekommen. So kommt das Geld der Großeltern einer jüngeren Generation zugute, und das ist schön.

Der Beschluss bringt es mit sich, dass wir eine Organisation auf die Beine stellen müssen, die die Gelder verwalten und verteilen soll. Kurz darauf ist die *Stichting Rechtsherstel Sinti en Roma* (»Stiftung für die Rehabilitierung der Sinti und Roma«) gegründet. In Rücksprache mit den Behörden bitten wir Joop Worrell, den Bürgermeister von Woudrichem, den Vorsitz dieser Organisation zu übernehmen. Als früheres Parlamentsmitglied der *Partij van de Arbeid* (»Partei der Arbeit«) hat er Vorstandserfahrung und weiß, wie man eine solche Stiftung leiten muss. Als *Gadjo* steht er überdies außerhalb aller internen Gruppierungen, so lassen sich schiefe Blicke vermeiden.

Die wichtigste Aufgabe der Stiftung besteht darin, alle aufzuspüren, die ein Anrecht auf das Geld haben. Das ist gewiss keine leichte Aufgabe. Seit Kriegsende ist mittlerweile ein halbes Jahrhundert vergangen. Viele sind bereits gestorben, und das bedeutet, dass wir auch Erben ausfindig machen müssen. Andere sind womöglich im Ausland.

Über persönliche Kontakte können wir zum Glück viele auf die Möglichkeit aufmerksam machen, Geld von der Stiftung zu erhalten. Um sicher zu sein, dass wir niemanden vergessen, setzen wir auch große Anzeigen in niederländische und ausländische Zeitungen. Auf diese Weise finden wir insgesamt mehrere Tausend Berechtigte.

Ich selbst bekomme natürlich auch Geld von der Stiftung. Als einziger Überlebender meiner Familie entspreche ich den Auszahlungsbedingungen. Eines Tages tauchen 25 000 Gulden auf meinem Bankkonto auf. Es ist ein persönlicher Sieg. Die Zahlen auf dem Kontoauszug machen mir deutlich, dass wir diesen Kampf endlich gewonnen haben. Den Betrag lege ich auf ein Sparbuch, um damit gelegentlich etwas Schönes mit meinen Kindern und Enkelkindern zu unternehmen. Sie sollen, wenn es nach mir geht, am meisten von dieser »Wiedergutmachung« profitieren.

Den Menschen, die das Geld ablehnen, kann ich das nicht übel nehmen. Das Misstrauen vieler Sinti und Roma dem Staat gegenüber sitzt sehr tief. Aber ich persönlich denke, dass man irgendwo mit dem Kitten des beschädigten Verhältnisses anfangen muss.

Mein eigenes Verhältnis zum niederländischen Staat ist zwiespältig. Fast zur gleichen Zeit, zu der ich mit einem der Machthaber in Den Haag im Clinch liege, habe ich zu einem anderen hohen Amtsträger gerade ein sehr gutes Verhältnis.

Ein paar Monate, nachdem wir endlich die staatlichen Gelder erhalten haben, sitze ich im Auto. Das Telefon klingelt. Am Apparat ist Doeke Faber, der Vorsitzende der Vereinigung der niederländischen Blumenauktionen. Er meldet sich mit einer besonderen Frage. Er weiß, dass ich offiziell in Rente bin; schon einige Jahre mache ich keine großen Ausstellungen oder Präsentationen mehr. Doch er hofft, dass ich noch einmal zeigen möchte, was ich kann. Ob ich wohl gehört habe, dass Kronprinz Willem-Alexander am 2. Februar 2002 seine Verlobte Máxima heiratet? Natürlich muss dazu die Nieuwe Kerk mit Blumen geschmückt werden. Die ganze Welt wird ihre Augen auf dieses Spektakel richten.

Eigentlich bin ich überrascht, dass sie mich anrufen. Es gibt in den Niederlanden viele hervorragende Floristen, und die meisten sind wesentlich jünger als ich. Ambitionierte Männer und Frauen, die einen solchen Auftrag gern ausführen würden. Doch Faber ist hartnäckig; sie wollen unbedingt mich. Schließlich hätte ich im Mai 2001 auch die Blumendekoration für die Hochzeit von Prinz Constantijn und Laurentien Brinkhorst gestaltet. Die standesamtliche Hochzeit wurde damals in dem schönen alten Rathaus von Den Haag in der Javastraat abgehalten. Dort habe ich mich seinerzeit für einen klassischen Blumenschmuck in Weiß- und Grüntönen entschieden. Das Ergebnis meiner Arbeit hat offenbar den Geschmack getroffen.

Ich muss nicht lange überlegen. Natürlich möchte ich das machen, auch wenn mir sofort bewusst ist, dass es ein großer und komplexer Auftrag sein wird. Das alles hat eine geschichtliche Dimension. Meine Verbindung zum Haus Oranje zieht sich wie ein roter Faden durch mein Leben. Vom bescheidenen Anfang im Palastgarten in Apeldoorn bis zur Eheschließung von Prinz Constantijn: Immer wieder kreuzen sich unsere Wege. Vor allem zu Juliana habe ich eine gute Beziehung, und sie hat eine ganze Reihe von Ausstellungen eröffnet, die ich organisiert habe. Sie ist eine warmherzige Frau, mit der ich mich immer sehr entspannt unterhalten konnte. Ohne mich damit brüsten zu wollen, kann ich sagen, dass ich ihr das eine oder andere über das Arrangieren von Blumen beigebracht habe.

Willem-Alexander kenne ich ebenfalls ziemlich gut. Ich bin ihm einige Male als Vertreter der Blumenindustrie begegnet. Vor ein paar Jahren besuchte er eine Sinti-Schule in Best. Dort wurde ich ihm als Zoni Weisz vorgestellt. Der Kronprinz schaute mich damals ein wenig verwundert an. Denn er kannte mich in meinen anderen Funktionen als Johan. Es war eine gute Gelegenheit, ihm zu erklären, dass wir in der Sinti-Kultur oft zwei Namen haben. Er fand das eine großartige Geschichte.

Faber erklärt mir, ich sei ausgewählt worden, weil ich die Erfahrung und das künstlerische Können besäße, eine solche Aufgabe zu bewältigen. Der Schmuck in der Beurs van Berlage und in der Nieuwe Kerk sei ein Geschenk der gesamten niederländischen Blumenindustrie an das königliche Paar. Außerdem hätte ich das alles doch schon einmal geschafft, bei der von Krawallen gestörten Krönung von Beatrix im Jahr 1980. Man hoffe, es gehe dieses Mal etwas ruhiger zu.

Der Ball kommt gleich ins Rollen. Wir haben gerade mal ein halbes Jahr, um alles fertigzustellen. Was folgt, sind Beratungen mit Mitarbeitern des Hofes, mit Sicherheitsbeamten, der Polizei, mit der Nieuwe Kerk und der Beurs van Berlage. Die Dekorationen müssen nicht nur schön sein, sondern dienen auch dazu, die Bild- und Tontechnik zu verbergen. Insgesamt setzt das Fernsehen 60 Kameras und rund 300 Mikrofone ein. Es wäre schön, wenn wir ein paar davon mit Hilfe von Blumenarrangements den Blicken entziehen könnten.

Am 18. Oktober kommt Máxima mit Mitarbeitern des Hofes, um die Orte des Geschehens in Augenschein zu nehmen. Wir sprechen über Möglichkeiten und Wünsche. Die zukünftige Königin erklärt mir, sie hätte am liebsten einen »argentinischen« Blumenschmuck. Darunter versteht sie üppige Arrangements in vorwiegend weißen Tönen. Sie sollten sozusagen vor klassischem Gefühl nur so triefen.

Ich sage ihr, dass der Wunsch der Braut natürlich heilig ist, dass ich wegen der goldenen Chorschranke dieses ganze Weiß jedoch gern mit einigen gelben und cremefarbenen Tönen kombinieren möchte. Das versteht sie sofort. Mit dieser Dame kann ich arbeiten.

Nach einigem Hin und Her mit ihr und den Mitarbeitern des Hofes werden wir uns recht schnell über die Atmosphäre und die Form des Blumenschmuckes einig. Auch dieses Mal entscheiden wir uns nicht für ein üppiges orangefarbenes Blumenmeer, obwohl manche Zuschauer das vielleicht erwarten. Máxima ist bei den Gesprächen ausgesprochen liebenswürdig und charmant. Ich bin von ihrer Persönlichkeit beeindruckt. Sie ist eine Frau, die weiß, wie sie kriegt, was sie will.

Am 16. November, dem Geburtstag meiner Mutter, stelle ich meinen Entwurf bei Hof vor. An diesem Tag empfinde ich immer so etwas wie Heimweh, doch das bemerkt niemand. Es ergeben sich ein paar kleine Änderungen, dann dürfen wir uns gleich an die Arbeit machen.

Das Brautpaar wird die Kirche durch den offiziellen Eingang am Nieuwezijds Vorburgwal betreten. Dort hat die oberste niederländische Baubehörde einen großen Blumenbaldachin geplant. Er ist gut und gerne zwölf Meter lang und vier Meter breit. Der Baldachin soll ganz in weißen Blumen gestaltet werden.

Solche Konstruktionen kann man nicht vor Ort bauen, daher präparieren wir die Einzelteile in Aalsmeer. Kurz vor dem großen Tag werden die Bauteile nach Amsterdam gebracht. Dort setzen wir sie unter großem öffentlichen Interesse mithilfe von Gabelstaplern zusammen. Es sieht wunderbar aus, wahrlich ein königliches Entree.

Das Einzige, worüber ich mir im Vorfeld der Hochzeitsfeierlichkeiten große Sorgen mache, ist die Jahreszeit. Im Februar kann es noch Stein und Bein frieren, deshalb schaue ich im Internet nach, was wir zu erwarten haben. Im Jahr davor, am 2. Februar 2001, schneite es in großen Teilen des Landes. Wegen des heftigen Win-

Vor der Nieuwe Kerk in Amsterdam wird ein großer Blumenbaldachin
aus tausenden weißen Blumen errichtet, als Entree für das Brautpaar
Prinz Willem-Alexander und Prinzessin Máxima-Zorreguieta.

des kam es sogar zu Schneeverwehungen. 1956 wurde an einigen
Orten in den Niederlanden weniger als −15 °C gemessen und 1912
sank die Temperatur sogar unter −20 °C.

Versuchen Sie mal, unter solchen Bedingungen zarte Blumen
frisch zu halten. Daher ergreifen wir umfangreiche Vorsichtsmaß-
nahmen, um die Arrangements im Außenbereich vor dem Frost
zu schützen. Notfalls könnten wir sie sogar mit Heißluftkanonen
leicht anwärmen.

Doch das ist nicht nötig, denn wir haben großes Glück mit dem
Wetter. Es ist trocken, und das Thermometer zeigt am 2. Februar

AMSTERDAM, 2 FEBRUARI 2002

2.2.2002, Foto mit den Unterschriften von Willem-Alexander und Máxima
als Zeichen des Dankes für den Blumenschmuck zu ihrer Hochzeit.

2002 sogar kurzzeitig 15 °C, was für diese Jahreszeit ungewöhnlich warm ist.

Dadurch sehen die Blumen, die ich ausgewählt habe, nicht nur
besonders schön aus, sie riechen auch sehr gut. Ich habe nämlich
sowohl in der Beurs van Berlage als auch in der Nieuwe Kerk auf
den Duft besonders geachtet. Verschiedene Sorten wohlriechen-
der Blumen wurden von meinem Team so dosiert verarbeitet, dass
die Gesamtheit der Arrangements zart duftet, ohne zu dominie-
ren. Diese Arbeit gleicht ein wenig dem Zusammenstellen eines
Parfums.

In der Nieuwe Kerk gestaltet sich dies am schwierigsten. Neben den im Blattwuchs forcierten Birken, Rhododendren und Azalea mollis sind 35 Sorten Schnittblumen zu verarbeiten, unter ihnen zehn duftende Sorten, wie Flieder, Lilien, Lathyrus, Hyazinthen und natürlich Maiglöckchen (*Convallaria majalis*), die Blumen, die ich Elly bei unserer ersten Verabredung mitbrachte. Außerdem ist eine neue Rosenart auf dem Markt, die zart duftende weiße Avalanche. Diese Rosenart besitzt keinen ausgeprägten Duft, ist aber so überwältigend schön, dass ich sie für unsere Arrangements einfach einsetzen muss.

In der Beurs van Berlage verwende ich für den Duft nur blaue Hyazinthen (*Delft Blue*), die ich in strengen Quaderformen verarbeite. Die entscheidende Frage dabei ist, wie viele Hyazinthen man verarbeiten kann, ohne dass ihr Geruch unangenehm wird. Bei manchen Menschen ruft ihr Duft Kopfschmerzen hervor. Ich habe schlaflose Nächte – wie kriegen wir es nur hin, dass alles richtig dosiert ist? Letzten Endes verlasse ich mich auf mein Gefühl und meine Erfahrung.

Die Planung geht auf. In dem Moment, in dem die Gäste die Kirche betreten, sehe ich bei fast allen einen überraschten Gesichtsausdruck. Viele recken ihre Nase in die Luft und schnuppern nach der herrlichen Kombination von Düften. Das sehe ich als das größtmögliche Kompliment an. Für mich schließt sich damit der Kreis. Der Duft von Blumen war einer der Gründe, aus denen ich diesen Beruf gewählt habe. Als junger Bursche im Laden von Derksen in Apeldoorn roch ich zum ersten Mal, welch herrliches Aroma man als Blumenhändler den ganzen Tag einatmen kann.

Im Gegensatz zur Nieuwe Kerk, wo alles in klassischem und natürlich barockem Stil gehalten ist, habe ich für die Beurs van Berlage einen modernen, strengen Blumenschmuck entworfen. Selbstverständlich in Absprache mit der Innenarchitektin Marijke van

Elly und Zoni, Dezember 2015.

der Wijst, einer der drei Künstler, die während der Feierlichkeiten für die Ausschmückung der Gebäude und der Innenstadt verantwortlich zeichnen.

An diesem Ort verwende ich sogar eine neue Form von Blumenarrangements. Viele Hunderte gelbe Orchideen, blaue Hyazinthen und blaue Rittersporn kombinieren wir zu einem Farbenspektakel. Es sind die gleichen Farben, die sich auch in den von Berlage entworfenen Innenräumen wiederfinden. Das funktioniert großartig, der Kontrast zwischen beiden Orten macht sich im Fernsehen besonders gut.

Es heißt, man sollte auf dem Höhepunkt seiner Karriere aufhören. Eigentlich hatte ich ja schon aufgehört, aber dass noch ein solch überraschender Höhepunkt folgen sollte, hätte ich nie gedacht.

Am Ende des Tages gehe ich müde, aber auch sehr zufrieden zurück nach Hause. Ich bin 65 Jahre jung und fühle mich ausgezeichnet. Elly und ich unternehmen gemeinsam vieles, was wir schon längst tun wollten. Nun haben wir die Zeit dafür.

Bald darauf erhalte ich für meine Arbeit für die niederländische Blumenindustrie und mein Engagement für die Sinti und Roma eine königliche Auszeichnung und darf mich Offizier des Ordens von Oranje-Nassau nennen.

10

DAS UNGEHEUER HAT SEINE
ZÄHNE VERLOREN

Im Laufe der Jahre habe ich sie alle besucht, die Orte, vor denen ich mich einst so entsetzlich fürchtete. Für mich ist es eine Art Therapie, die mir hilft, die alte Furcht zu überwinden. Es beginnt mit Westerbork. Nach meinem ersten Besuch 1979 kehre ich oft in dieses niederländische Durchgangslager zurück, manchmal mit Verwandten oder anderen Sinti, manchmal allein.

1988 will meine Tochter Elvira mich zum ersten Mal in dieses Lager begleiten, zur alljährlichen Gedenkveranstaltung der Deportation am 19. Mai 1944. Ich nehme jedes Jahr an ihr teil, und ich nehme immer häufiger Elly und meinen Sohn Sander mit. Bisher war Elvira an diesem Tag immer zu Hause geblieben, weil sie fürchtete, es könnte für sie zu schlimm sein. Aber nun sei sie dazu bereit, erklärt sie.

Elly und ich haben sie irgendwann während unseres Besuches kurz aus den Augen verloren. Als ich durch das Besucherzentrum laufe, um sie zu suchen, sehe ich, dass sie sich in den Filmsaal gesetzt hat. Sie sitzt fast an der gleichen Stelle, an der ich zehn Jahre zuvor einen totalen Zusammenbruch hatte. Bei genauem Hinsehen bemerke ich, dass ihr Tränen über die Wangen laufen. Sie hat denselben Film gesehen wie ich damals, und es hat auf sie eine ähnliche Wirkung. Ihre Großeltern, ihr Onkel und ihre Tanten – Menschen, die sie nie kennengelernt hat, aber mit denen sie durch mich dennoch verbunden ist – sind von hier aus deportiert worden.

Ich setze mich zu meiner Tochter und versuche, sie zu trösten.

Vom Psychiater Mengelberg habe ich gelernt, dass Kummer oft von einer Generation zur nächsten übergeht. Das erscheint vielleicht nicht logisch, weil man annehmen könnte, dass die Distanz zwischen dem Leben von Menschen, die sich nicht begegnet sind, dafür viel zu groß ist. Doch wo sich Emotionen nicht direkt Bahn brechen können, suchen sie sich neue Wege. Auf diese Weise erben Kinder oft den Kummer ihrer Eltern und sogar ihrer Großeltern. Man muss den Mut aufbringen, darüber zu reden, weiß ich heute, denn sonst fressen sich Kummer und Schuldgefühle nach innen. Schuldgefühle sollten sich niemals in uns festsetzen.

Früher hatte ich eine starke Sehnsucht. Ich dachte, dass ich damals, hier in diesem Lager, bei meiner Familie hätte sein müssen, erzähle ich Elvira. Dann wäre ich heute nicht mehr am Leben, aber dann wären wir zumindest zusammen gewesen. Es war für mich unbegreiflich, dass ausgerechnet ich dem Grauen entkommen war, und sie nicht. Warum? Und wozu? Doch dieses Gefühl ist mit den Jahren verblasst, versuche ich, ihr zu erklären. Und das zu Recht, ich brauche mich nicht schuldig zu fühlen, dass ich nicht in den Zug nach Auschwitz gestiegen bin. Sonst hätte es mich nicht gegeben, und sie auch nicht.

Es ist nun mal gegangen, wie es gegangen ist. Wir sind am Leben, während andere gestorben sind. Doch das darf man sich selbst nie zum Vorwurf machen.

Zehn Jahre zuvor hätte ich diese Worte ganz sicher noch nicht aussprechen können. Damals war das Schuldgefühl bei mir selbst noch viel zu stark. Doch die Jahre haben das ihrige getan, der Kummer ist verblasst, und ich habe angefangen, den Krieg zu verarbeiten.

Mit der Zeit wird es für mich dadurch immer einfacher, ins Lager Westerbork zu gehen und den Ort anzuschauen, der eng mit dem Untergang meiner Familie verknüpft ist. Hemmungsloses Weinen wie bei meinem ersten Besuch überkommt mich

schon lange nicht mehr. Mit der Zeit und durch die Auseinander-
setzung mit dem Geschehenen verliert das Ungeheuer allmählich
seine Zähne. So kann ich ihm direkt in die Augen schauen und es
als das sehen, was es ist: ein Spuk aus der Vergangenheit.

Dennoch dauert es noch lange, bevor ich es wage, das Vernichtungslager Auschwitz zu besuchen. Erst Anfang der Neunzigerjahre, als ich nach dem Verkauf des Ladens in meinem Leben genug
Ruhe habe, kann ich mich dazu durchringen, nach Auschwitz zu
fahren. Ich bin fest entschlossen, diese Reise allein zu unternehmen, aber Elly und die Kinder lassen das nicht zu. Sie fürchten,
dass ich das allein nicht verkrafte. Elvira schreckt vor der Konfrontation zurück und beschließt, nicht mit uns zu fahren. So
machen Elly, Sander und ich uns mit dem Wagen auf den Weg
nach Auschwitz, das seit Ende des Krieges wieder in Polen liegt.
Wir fahren in einem Rutsch von Amsterdam nach Krakau. Am
nächsten Morgen fährt Sander uns nach Auschwitz-Birkenau,
dem Ort, an dem meine Mutter, mein Bruder und meine Schwestern ums Leben gekommen und eingeäschert worden sind. Es ist
der 23. Mai, der Tag, an dem dort der »Zigeunertransport« 1944
eintraf.

Bei meiner Ankunft erschrecke ich über das gigantische Ausmaß
dieses Lagers. Wer hier ankommt, sieht den Zaun, der sich nach
links und rechts Hunderte von Metern hinzieht. Auf dem Tief-
punkt waren hier gleichzeitig 140 000 Menschen eingepfercht, berichtet das Faltblatt, das mir ausgehändigt wurde – obwohl das
Lager nur für 80 000 Menschen gebaut worden war. Das entspricht
der derzeitigen Einwohnerzahl der Stadt Amersfoort, und das auf
einem schlammigen, von Stacheldraht eingezäunten Feld von wenigen Quadratkilometern.

Es ist ein Beleg dafür, in welch unmenschlichem Ausmaß hier
Millionen von Menschen gefoltert und ermordet wurden. »Arbeit
macht frei«, lautet der berüchtigte Satz, der in Schmiedeeisen über
der Pforte des Zentrallagers prangt – vielleicht das zynischste

Motto, das jemals erdacht worden ist. Schließlich kamen die Menschen nicht zum Arbeiten hierher, und ganz sicher nicht, um wieder ihre Freiheit zu erlangen. Sie kamen hierher, um zu sterben; in manchen Fällen schon eine Stunde nach ihrer Ankunft.

Was wir heute als »Auschwitz« kennen, sind eigentlich drei Lager. Das größte von ihnen ist Birkenau bzw. Auschwitz II. Dieses Lager liegt westlich des ursprünglichen Lagers I und des heutigen Ortes Oświęcim. Es wurde 1942 in Gebrauch genommen, weil sich die ursprünglichen Anlagen für die große Zahl der Deportierten als viel zu klein erwiesen. In Birkenau sind die meisten Menschen ums Leben gekommen, auch meine Familie.

Wie betäubt irre ich eine Weile über das Gelände. Hier war es also, sage ich mir. Aber was war hier? Ich suche etwas, einen Anknüpfungspunkt oder ein Symbol für die Anwesenheit meiner Familie. Meine kleinen Schwestern werden hier wohl herumgelaufen sein. Mein Vater ist durch den Zaun hinter mir mit seiner Familie hereingekommen und ohne sie wieder in das Arbeitslager aufgebrochen. Beides unfreiwillig. Aber wie intensiv ich mich auch umschaue, ich sehe nichts als Bauten, Zäune und Wege. Es gibt nichts, an dem ich mich festhalten kann. Also beginne ich herumzulaufen, auf der Suche nach etwas, das dem, was hier geschehen ist, Bedeutung geben kann.

Das Lager Birkenau ist so weitläufig, dass es an vielen Orten auf dem Gelände sehr ruhig ist. Man kann minutenlang herumlaufen, ohne einem anderen Menschen zu begegnen. Diese Stille steht in bizarrem Kontrast zu dem, was sich an diesem Ort vor einem halben Jahrhundert ereignet hat. Ich versuche, mir vorzustellen, wie es hier gewesen sein muss, mit Zehntausenden Inhaftierten dicht zusammengedrängt. Der Hunger, das Entsetzen, die Krankheiten; wir kennen die Geschichten alle. Aber es gelingt mir nicht. Was hier vor sich gegangen ist, übersteigt das menschliche Vorstellungsvermögen.

Vom Eingang gehe ich zehn Minuten bis zur anderen Seite des

Lagers, wo das frühere Krematorium Nummer 5 liegt. Der einst so abschreckende Bau ist heute kaum mehr als eine Ruine. Die Backsteinbauten wurden Ende des Krieges zerstört, und die polnische Regierung hat in diesem Teil des Lagers nichts wiederaufgebaut. Warum sollten sie auch? Hier hat man vielleicht meine Angehörigen hingebracht, denke ich vor einem Berg von Steinen.

Dann sehe ich einige Dutzende Meter entfernt hinter den eingestürzten Mauern einen kleinen Birkenhain – nach diesen Bäumen ist das Lager benannt worden. Daneben liegt ein Teich. Es ist ein sehr kleines Stück Natur auf diesem im Grunde industriellen Gelände.

Ich trete an das Ufer des Gewässers und schaue auf seine dunkle, spiegelnde Oberfläche. In diesem Moment passiert etwas Sonderbares: Eine Windböe streicht sacht über die Bäume und bringt die Blätter zum Rascheln. Das Geräusch wirkt auf eine seltsame Weise beruhigend. Ein fast andächtiges Gefühl ergreift mich. In diesem Teich liegen die Überreste von vielleicht hunderttausend Menschen, denke ich bei mir. Denn die Asche wurde aus den Öfen auch in diesen kleinen Weiher gekippt, wie ich gelesen habe.

Plötzlich ist der Weiher kein gewöhnliches Gewässer mehr, ich stehe am Grab meiner Familie. Sicher weiß ich das natürlich nicht, denn ihre Asche kann auch auf der anderen Seite des Lagers liegen. Aber für mich ist dieses schöne Stückchen Natur hier am Fuß der Birken von nun an der Ort, den ich als ihre letzte Ruhestätte betrachte. Ohne Elly und Sander hätte ich das nicht gekonnt. Indem ich nun hier bin, an dem Ort, an dem es geschehen ist, rückt alles an seinen Platz und eine gewisse Ruhe überkommt mich, so emotional das Ganze auch ist. Ich kehre danach noch viele Male zurück.

1996 werde ich auf Initiative seines Vorsitzenden Jacques Grishaver gebeten, Mitglied des Niederländischen Auschwitz-Komitees zu werden. Später, 2008, kommt die Mitgliedschaft im Internationalen Auschwitz-Komitee in Berlin hinzu. Ich setze mich von ganzem Herzen für diese Organisationen ein. Auch Auschwitz verliert seinen Schrecken, aber niemals seinen Erinnerungswert. Heute besuche ich Auschwitz mit jungen Sinti und Roma, um ihnen den Ort zu zeigen, an dem man einen Versuch unternommen hat, unser Volk auszulöschen.

Im September 1999 erhalte ich eine ganz besondere Anfrage. Ich werde gefragt, ob ich anlässlich des Umzugs des Deutschen Bundestages von Bonn nach Berlin zwei florale Kunstwerke gestalten möchte. Sie sollen der Einweihung des neu umgebauten Reichstagsgebäudes in Berlin Glanz verleihen. Darüber muss ich doch kurz nachdenken. Will ich das denn, nach allem, was sich in diesem Land zugetragen hat?

Letztendlich beschließe ich, den Auftrag anzunehmen. Ich denke, dass ich gerade nach Deutschland gehen muss. Um den Menschen dort zu zeigen, dass sie uns nicht alle ermordet haben.

Während ich damit beschäftigt bin, kommt ein Journalist der ›Süddeutschen Zeitung‹ vorbei, der mich gern interviewen möchte. Er hat auf die eine oder andere Weise etwas über meine Vergangenheit herausgefunden. »Ein Opfer der Deutschen schmückt den Plenarsaal«, schreibt er in der Einleitung eines großen Artikels. Viele Abgeordnete haben es wahrscheinlich gelesen, denn ich erhalte stehende Ovationen, als das Arrangement präsentiert wird.

Vielleicht ist das der Moment, in dem ich beschließe, mit meiner Geschichte an die Öffentlichkeit zu gehen. Die Erkenntnis, dass ich Verständnis zwischen Völkern wecken kann, dringt durch diesen Applaus vollends zu mir durch. Die Überschrift des Artikels ist perfekt gewählt: »Die Blumen des Guten«.[2]

Ein Ort des Grauens steht noch aus. Zwanzig Jahre nach meinem ersten Besuch in Auschwitz unternehme ich mit Elly eine Reise

---

2 Frank Rothe, »Die Blumen des Guten«, ›Süddeutsche Zeitung‹, 7.9.1999.

zum Lager Mittelbau-Dora in der Nähe von Nordhausen. Ich muss meinen Weg endlich zu Ende gehen. Endlich will ich sehen, wo mein Vater gearbeitet hat und wo er gestorben ist. Elly unterstützt mich enorm auf diesem Weg, der ebenfalls nicht einfach ist.

Die Mitarbeiter des Gedenkzentrums im ehemaligen Lager kümmern sich sehr gut um uns. Sie wissen, dass ich komme, weil mein Vater hier gestorben ist, und haben sich gut vorbereitet. Nach einigen Recherchen haben sie in den Archiven den exakten Ort ausgemacht, an dem er gestorben ist, eine alte Krankenbaracke.

Gemeinsam mit Elly gehe ich dorthin. Vom ursprünglichen Komplex ist viel weniger erhalten als in Auschwitz. Die meisten Gebäude und Baracken wurden abgerissen. Die Aktivitäten fanden hier größtenteils unterirdisch statt. Die Nazis ließen aus dem Gestein kilometerlange Tunnel hauen, in denen sie ihre Geheimwaffen bauten, die berüchtigten V-Raketen. Die meisten Tunnel sind eingestürzt; viele Eingänge sind mit Gesteinsbrocken bedeckt, die von den Hügeln herabgerollt sind. Elly und ich finden letztlich nur die Fundamente der Baracke, in der mein Vater gestorben ist.

Auch hier ist die Natur mein größter Trost; die Fundamente sind völlig mit einer dicken Schicht Moos bedeckt. Wie passend, als ob die Jahre eine leichte Decke über den Kummer gelegt hätten, den die Menschen hier gehabt hatten. Auch hier habe ich nun endlich einen Ort gefunden.

Mit diesem letzten Besuch ist der Krieg für mich ein abgeschlossenes Kapitel. Was nicht bedeutet, dass ich mich nicht mehr damit befasse, sondern nur, dass die damaligen Ereignisse nun stärker in den Hintergrund rücken dürfen. Es hat mehr als ein halbes Jahrhundert gedauert, aber die Schrecken haben mich letztlich nicht in die Knie gezwungen. Im Gegenteil, ich bin ein glücklicher Mensch, und das Leben hat mir doch noch alle Chancen gegeben, der zu werden, der ich sein wollte.

Außenlager Ellrich-Mittelbau-Dora, die Fundamente der Krankenbaracke,
in der mein Vater gestorben ist. Das Ganze ist mit wunderbarem
grünem Moos bewachsen.

Andere sollten diese Chance auch erhalten, das ist meine feste
Überzeugung. Wenn es etwas gibt, für das ich mich einsetzen
möchte, dann ist es, dafür zu sorgen, dass die Opfer von Verfol-
gung, vor allem junge Menschen, eine zweite Chance bekommen.
Das ist ein Ideal, von dem wir heute noch weit entfernt sind, denn
bis zum heutigen Tag erleiden Kinder überall auf der Welt durch
Kriege und Gewalt in ihrem Umfeld Traumata. In zahlreichen Län-
dern werden sie sogar als Soldaten eingesetzt. Gerade aus diesem
Grund fühle ich mich sehr geehrt, als mich die Organisation *War
Child* 2010 bittet, gemeinsam mit der Sängerin Liesbeth List nach
Uganda zu kommen, um mit ehemaligen Kindersoldaten zu spre-
chen.

Uganda ist etwas ganz anderes als Auschwitz. Doch finden auch dort die grausamsten Menschenrechtsverletzungen statt, denn bis auf kurze Unterbrechungen herrscht in diesem afrikanischen Land seit Jahrzehnten Krieg. Diktatoren und bewaffnete Konflikte haben dazu geführt, dass sehr viele ugandische Kinder mit Gewalt aufgewachsen sind. In jüngster Zeit ist es vor allem ein Rebellenführer im nördlichen Uganda, der der Bevölkerung großes Elend beschert. Dieser Joseph Kony stützt sich mit seiner »Widerstandsarmee des Herrn« auf Kindersoldaten. Seine Methode besteht darin, Kinder zu entführen und sie dann durch eine Kombination aus Einschüchterung und Drogen zu Mordmaschinen auszubilden.

Manche Kinder werden auf diese Weise schon als Acht- oder Neunjährige in den Krieg hineingezogen. Man drückt ihnen schwere Waffen in die Hand, und sie müssen in Konys Namen kämpfen, im Namen eines Mannes, der sich selbst als Prophet betrachtet. Dabei sind sie in ihrer Misere eher von Gott verlassen. Wenn es ihnen gelingt zu fliehen oder die Regierungsarmee sie gefangen nimmt, haben sie oft Jahre des Elends hinter sich. Nicht selten sind sie durch das, was sie gesehen haben und selbst tun mussten, schwer traumatisiert.

War Child lehrt die Kinder nach und nach, mit ihren psychischen Verletzungen umzugehen. Mit viel Geduld unterstützen die Therapeuten diese jungen Bürgerkriegsopfer dabei, mit der Verarbeitung zu beginnen. Das tun sie, indem sie die Kinder anhand von Theaterstücken, Musik und Filmen von den Geschehnissen erzählen lassen. Ihr Ziel besteht darin, ihnen die Möglichkeit zu geben, mit der Verarbeitung ihrer Schrecken zu beginnen und wieder Kind zu werden. Gleichzeitig erhalten diese Opfer des grausamen Bürgerkrieges eine Ausbildung in den von *War Child* gegründeten Schulen. So haben sie Aussichten auf eine bessere Zukunft.

Ein Teil der Therapie besteht darin, ihnen deutlich zu machen, dass ein schlechter Start ins Leben nicht zwangsläufig das ganze

März 2010. In Gulu, Norduganda, spiele ich mit ehemaligen Kindersoldaten, auf meiner Reise mit *War Child*. Spiel und Musik werden als Therapie für diese traumatisierten Kinder eingesetzt.

zukünftige Leben zerstören muss. Und wie könnte man das besser verdeutlichen als dadurch, Erwachsene zu Wort kommen zu lassen, die selbst ebenfalls einen schlechten Start ins Leben hatten? Sie sind die lebenden Beweise dafür, dass das Leben gut werden kann, wenn man bereit ist, an sich zu arbeiten.

253

Daher reisen Liesbeth und ich mit einem sechssitzigen Flugzeug von der Hauptstadt Kampala nach Gulu in Norduganda, um mit einer Gruppe ehemaliger Kindersoldaten zu sprechen. *War Child* hat in Gulu eine Niederlassung, in der die Kinder eine Ausbildung erhalten, mit der sie später als Sozialarbeiter arbeiten können.

Die Organisation hat uns für diesen Besuch ausgewählt, weil wir beide selbst Kriegskinder sind und trotzdem im Leben erfolgreich waren. Liesbeth ist in einem japanischen Konzentrationslager aufgewachsen und hat dort die fürchterlichsten Dinge erlebt. Das hielt sie jedoch nicht davon ab, ihr großes Talent zu nutzen und eine wundervolle musikalische Karriere zu machen. Ich kann den Kindern zeigen, wie wichtig es ist, einen Beruf zu erlernen, der einem wirklich liegt.

Wir erzählen den Kindern, was wir erlebt haben, und sie teilen ihre Erfahrungen mit uns. Das sind schreckliche Geschichten, in denen es fast immer um Entführung, Mord und Vergewaltigung geht. Es ist unbegreiflich, dass Erwachsene dazu fähig sind, unschuldige Kinder innerhalb kürzester Zeit so zu traumatisieren. Viele dieser Kinder haben gesehen, wie ihre Eltern umgebracht worden sind, bevor sie selbst in der Rebellenarmee kämpfen und andere töten mussten. Ein sehr schüchternes und in sich gekehrtes Mädchen fällt mir in der Gruppe auf. Vorsichtig versuche ich, mit ihr Kontakt aufzunehmen, was mir schließlich auch gelingt. Sie fasziniert mich – warum ist sie so still? Wir setzen uns zusammen auf einen Baumstamm, etwas entfernt von den anderen. Sehr langsam löst sie sich und erzählt mir ihre Geschichte, ein Mitarbeiter von *War Child* übersetzt.

Was ich zu hören bekomme, ist so traurig, dass ich es kaum fassen kann. Sie musste dabei zuschauen, wie die Rebellen ihre Eltern ermordeten. Danach wurde sie selbst mehrfach vergewaltigt und letztlich von Kony als Kindersoldat eingesetzt. Dabei hat sie die schrecklichsten Dinge gesehen.

Ich lege vorsichtig meinen Arm um sie. Das ist in Uganda nicht üblich, Menschen treten hier nicht so schnell physisch in Kontakt zueinander. Aber wir fühlen uns beide stark miteinander verbunden. Gerne hätte ich sie in die Niederlande mitgenommen, um ihr eine gute Zukunft zu bieten, aber mir ist klar, dass so etwas nicht möglich ist. Wie sie gibt es Tausende von Kindern in Uganda.

Über diese Reise gibt es einen großartigen Dokumentarfilm, der beim alljährlichen Friedenskonzert im September im Fernsehen gezeigt wird. Während der Ausstrahlung können die Zuschauer anrufen und *War Child* Geld spenden. Damit können neue Projekte gestartet werden, um Kindern eine bessere Zukunft zu bieten. Ich darf dabei an einem der Telefonapparate sitzen, um neue Spender willkommen zu heißen. Solche Dinge tue ich gern. Wenn man damit auch nur einem einzigen traumatisierten Kind eine bessere Zukunft verschaffen kann, ist das jeden Cent wert.

Nicht lange nach dieser Sendung melde ich mich bei dem großen Sinti-Lager am Rand des Brabanter Örtchens Best. In meiner rechten Hand trage ich meinen Werkzeugkasten. Ich habe eine besondere Arbeit zu erledigen: Gemeinsam mit zwei Cousins will ich den letzten Wunsch meines Cousins Hannes erfüllen.

Im Sommer 2011 ist er in seinem etwas außerhalb von Best gelegenen Holzhaus gestorben. Diese Häuser, die noch etwas von dem Gefühl vermitteln, in einem Wagen zu wohnen, sind von der Gemeinde als Bekundung ihres guten Willens gegenüber der Sinti-Gemeinschaft erbaut worden.

Hannes' Tod ist nicht nur für mich persönlich ein großer Verlust, sondern auch für die ganze Sinti-Gemeinschaft in den Niederlanden und im Ausland. Niemand wusste mehr über unsere Kultur als Hannes. Ganz im Einklang mit unseren uralten Traditionen hat er natürlich nichts von seinem Wissen schriftlich festgehalten. Alles, was er wusste, steckte in seinem Kopf, unter anderem ein vollständiges Wörterbuch Romanes-Niederländisch.

Mit seinem Tod geht daher eine große Menge an Wissen verloren. Ich kann Hannes nun nicht mehr anrufen, wenn mir ein Wort
in Romanes entfallen ist. Viele Wörter in dieser Sprache wurden
noch nie aufgeschrieben. Junge Leute, die Fragen zu einem bestimmten Brauch oder einem Tabu haben, haben nun keinen Rat-
geber mehr. Sein Verlust legt eine beträchtliche Last auf meine
Schultern. Als einer der wenigen Sinti, die die »alte Zeit« vor dem
Porajmos noch miterlebt haben, ist es nun an mir, mein Wissen zu
teilen. Obwohl ich mit Hannes absolut nicht mithalten kann, denn
er war ein wandelnder Almanach.

Der Tod ist für Sinti ein schwieriges Phänomen. Wenn jemand
stirbt, kommen alle, um dem Verstorbenen die letzte Ehre zu er-
weisen, wir verbringen dann Tage und Nächte zusammen. Begräb-
nisse sind wichtig, die ganze Gemeinschaft ist anwesend. Trotzdem sprechen wir lieber nicht über den Tod; wir schieben ihn
immer ein bisschen von uns weg. Aber dazu hat Hannes noch zu
Lebzeiten etwas ausgeheckt. Einige Jahre vor seinem Tod bat er
mich, ihm etwas zu versprechen. Wenn er sterben würde, solle ich
mit meinen beiden Cousins, mit Rinus und dem anderen Hannes,
seinen Sarg zimmern. Den Grund dafür sollte ich erst später erkennen.

So kommen wir an dem Tag, nachdem er seinen letzten Atem-
zug getan hat, in Best zusammen. Keiner von uns dreien ist mit
Holz und Nägeln besonders geschickt, aber heute müssen wir
dennoch unser Bestes tun, um etwas Schönes zu schaffen. Zum
Glück werden die rohen Bretter zugeschnitten geliefert. Wir müssen sie nur noch zusammenfügen. Sogar ein Bauplan für einen
Sarg liegt dabei, so dass wir nur noch der Anleitung folgen müssen.

Also machen wir uns an die Arbeit. Der Bestatter ist so freundlich, uns die Garage neben der Trauerhalle zur Verfügung zu stellen. Dort dürfen wir so lange, wie es nötig ist, an dem Sarg zimmern. Wir hobeln, sägen und hämmern drauflos. Und während

Mit meinen Cousins vor dem Wohnwagen. Ganz rechts steht Hannes,
ich hocke links vorne.

der Arbeit passiert das, was Hannes wahrscheinlich im Sinn
hatte: Wir fangen an, miteinander zu reden. In den Stunden, die
wir miteinander werkeln, sprudeln die Geschichten wie von
selbst aus uns heraus. Jede Anekdote zieht die nächste nach sich.
Wir sprechen über frühere Zeiten, über das Leben im Wohnwagenlager.

Jeder von uns weiß mindestens eine wunderbare Anekdote über
den kräftigen Hannes zu erzählen. Er war ein Mann, der sich von
niemandem sagen ließ, wie er zu leben habe, und das führte zu einigen schönen Geschichten. Ich erzähle meinen Cousins von unserer Flucht durch die Felder im Jahr 1944, als Hannes geschnappt
wurde, während wir uns in der Molkerei versteckt hielten. Und
ich erzähle ihnen, wie derselbe Hannes in den Sechzigerjahren
plötzlich in meinem Laden stand und sich bewundernd umschaute.

4. Mai. Kranzniederlegung bei der Nationalen Totenehrung
auf dem Dam in Amsterdam.

Er konnte die Entscheidungen, die ich getroffen hatte, sehr gut nachvollziehen.

Jedem von uns dreien ist klar, dass mit seinem Tod mehr als ein Menschenleben zu Ende gegangen ist. Eine Zeit hat ihren Abschluss gefunden. Sinti wie er werden heute nicht mehr gemacht. Wir reden und reden, während wir an seinem Sarg arbeiten. Was für ein Glück, dass wir einander haben, um das alles miteinander zu teilen. War es das, was Hannes im Sinn hatte?

Nach einem Abend und einem Teil der Nacht steht endlich ein wunderschöner letzter Ruheort für Hannes auf der Werkbank. Wir können auf unser Werk stolz sein, finde ich. Der Sarg ist genauso so, wie mein Cousin selbst war: nicht glatt geschliffen, sondern robust und ehrlich. Als Griffe haben wir Stücke eines Taus verwendet, ein Material, das so stark ist, wie er es war.

27. Januar 2011. Vor dem Bundestag in Berlin sprach ich über
die Vergangenheit und die wenig rosigen Zukunftsaussichten
der Roma und Sinti in Europa.

Zwei Tage später legen wir Hannes in den Sarg und tragen ihn
zu Grabe. Seine Kinder bitten mich, dem Zug zum Grab voranzu-
gehen – eine große Ehre. Früher hätten wir nach dem Begräbnis
Hannes' Wagen verbrannt.

Jahrhundertelang ging mit dem Ende eines Menschenlebens
auch das Ende seines Wagens einher, doch die schönen Holzhäu-
ser in Best fackeln wir nicht ab, einige Bräuche passen nicht mehr
besonders gut in die moderne Zeit.

Schon vor Hannes' Tod bin ich zur Stelle, wenn ich in der Sinti-
Gemeinschaft gebraucht werde. Meine Aufgabe als »Ältester«
nehme ich sehr ernst. Ich halte Reden, spreche mit Jugendlichen,
unterrichte in Schulen. Es ist sehr befriedigend für mich, etwas
von unserer Kultur weitergeben zu können.

Ein paar Monate vor Hannes' Tod erreicht mich das außergewöhnlichste Gesuch, das ich bisher erhalten habe: Ich soll im kommenden Jahr, dem 27. Januar 2011, am alljährlichen Holocaust-Gedenktag, vor dem Deutschen Bundestag sprechen.

Es ist die deutsche Organisation der Sinti und Roma, die mich darum bittet. Ich bin sprachlos. Ich, ein Amsterdamer Florist, darf im Deutschen Bundestag im Namen der Sinti und Roma sprechen! Das ist nicht nur eine große Ehre, sondern auch ein Zeichen des Vertrauens. Ich sage daher gleich zu. Das ist *die* Chance, unsere Geschichte international ins öffentliche Bewusstsein zu heben.

Um mich vorzubereiten, bleiben mir nur wenige Monate. Es soll eine exakt fünfzigminütige Rede werden, und das in einer fremden Sprache. Und um den Druck noch etwas zu erhöhen, wird sie auch noch live im deutschen Fernsehen ausgestrahlt. Das bedeutet, dass ich mir keinen Fehler erlauben darf.

Auf ausdrückliche Bitte von Norbert Lammert, dem Vorsitzenden des Deutschen Bundestages, soll ich meine eigene Geschichte ebenso in die Rede einarbeiten wie die Historie der jahrhundertelangen Verfolgung der Sinti und Roma. Dann könne ich auf den tiefsten Einbruch in unserer Geschichte in der Nazizeit hinarbeiten. Alles schön und gut, aber auch die heutige Situation der Roma und Sinti muss angesprochen werden. Wenn wir die Schwierigkeiten, vor denen unser Volk steht, ansprechen, ist es auch wichtig, die heutige Situation in vielen Ländern anzuprangern, finde ich. Außerdem handle ich aus, dass der Musik, der wahren Sprache der Sinti, Raum gegeben wird. Mein ungarischer Freund Ferenc Schnétberger, ein klassischer Gitarrist aus Budapest, soll sein Stück ›In Memory of My People‹ spielen. Gewöhnlich lädt der Deutsche Bundestag keine Musiker ein, um etwas zu spielen. Zum Glück werde ich schon bald davon in Kenntnis gesetzt, dass allen meinen Wünschen entsprochen werde.

Ich schreibe alle meine Reden immer selbst, aber dieses Mal ist

Am Holocaust-Gedenktag, dem 27. Januar 2011, spreche ich als Vertreter
der europäischen Roma und Sinti vor dem Deutschen Bundestag.
Bundeskanzlerin Angela Merkel war sehr gerührt von meiner Rede.

das nicht so einfach. Alles soll zur Sprache kommen, denn ich will
meine Hörerschaft fesseln und ihnen etwas mitgeben, und sie nicht
in den Schlaf wiegen.

Einigen Freunden, deren Urteil ich sehr schätze, gebe ich meine
ersten Versionen zu lesen. Sie geben mir Tipps, um die Rede noch
zu verbessern. Dann beginnt der schwierigste Teil dieser Übung:

das Timing. Es müssen genau fünfzig Minuten werden, keine Minute mehr oder weniger. Und das auf Deutsch.

Das bedeutet, dass ich bis zum Umfallen üben muss. Elly macht das völlig verrückt. Bestimmt fünfzig Mal schaut sie zu, wie ich mit der Stoppuhr in der Hand meine Rede übe. Weggehen darf sie nicht, denn sie muss mir sagen, ob ich meine Sache gut mache. Nach all diesen Wiederholungen bin ich dann endlich für den Ernstfall bereit.

Elly, Sander, Elvira und ich fliegen am Tag vor meiner Rede nach Berlin. Wir werden wie Würdenträger empfangen, einschließlich eines vornehmen Hotels und Limousinen, die uns überall hinbringen. Auch mein Schwager Rob und seine Frau Will, Lalla, die Tochter meines Cousins Hannes, und mein Cousin Rinus sowie Joop Worrell, der Vorsitzende der *Stichting Rechtsherstell Sinti en Roma* (»Stiftung für die Rehabilitierung der Sinti und Roma«) sind da. Von den deutschen Sinti und Roma ist ebenfalls eine große Delegation anwesend.

Im Bundestag werden wir mit allen Ehren behandelt. Der Bundestagspräsident begrüßt uns und führt uns in einen speziellen Empfangsraum, wo wir warten sollen, bis ich an der Reihe bin. Dort schütteln wir Angela Merkel die Hand, die ich ein Jahr darauf bei der Enthüllung des Denkmals für den *Porajmos* in Berlin wiedersehe. Sie beruhigt uns gleich und redet von tausenderlei Dingen. Frau Merkel ist eine herzliche Frau, das kann ich aus eigener Erfahrung sagen.

Dann bekomme ich ein Zeichen: Ich bin dran. Wir gehen in einer Art geschlossener Formation hintereinander in den Plenarsaal. Denselben Ort, an dem vor zwölf Jahren meine floralen Kunstwerke präsentiert wurden. Ich werde von Norbert Lammert, dem Bundestagspräsidenten, begleitet; danach kommen Kanzlerin Angela Merkel und andere Würdenträger. Mein Herz schlägt bis zum Hals. Das ist vielleicht die wichtigste Rede, die ich je halten werde. Zuerst hält Bundestagspräsident Lammert eine Ansprache, in der er uns willkommen heißt.

Alle Augen im Saal sind auf mich gerichtet, als ich zum Rednerpult gehe. Ich stehe hier nicht für mich, sondern für all jene Menschen, die nicht mehr unter uns sind. Das legt mir eine gehörige Last auf die Schultern, aber es gibt mir auch Mut. Sander und Elvira hören an meiner Stimme, dass ich anfangs ziemlich nervös bin, erzählen sie mir im Nachhinein.

Ich erzähle meine Geschichte. Über den Zug in Assen und das Wunder, dank eines tapferen Polizisten entkommen zu sein. Ich erinnere an das Foto von Settela Steinbach, die durch die Tür des Waggons nach draußen blickt, ein ikonisches Bild, das auch in Deutschland sehr bekannt ist. Aber in meiner Rede geht es auch um die schreckliche Unsicherheit. Beispielsweise über das Schicksal meiner Eltern, als sie 1945 nicht heimkehrten. Ich erkläre, wie unerträglich das war, mehr, als ein kleiner Junge eigentlich verkraften konnte. Es sind die Geschichten, die ich erzählen muss, um unserer Geschichte, unserer Vergangenheit gerecht zu werden.

Aber dann gehe ich auch auf die Gegenwart ein. Auf die Notwendigkeit einer Entwicklung bei den Sinti und Roma. Wenn wir nicht in einem Sumpf von Armut und Hoffnungslosigkeit versinken wollen, dann werden wir uns entwickeln müssen. Und dazu brauchen wir Unterstützung. Ich erinnere die Politiker daran, dass die Sinti und Roma in vielen Ländern Europas die älteste Minderheit darstellen. Wir haben zu Kulturen auf dem ganzen Kontinent beigetragen. Die Spanier tanzen unseren Flamenco, als sei er immer schon ihr Tanz gewesen. Die Stehgeiger, die in Budapest in den besseren Restaurants an den Tisch kommen, spielen unsere Melodien.

Gerade deshalb ist es eine große Schande, dass die Unterdrückung in vielen Ländern noch immer andauert, halte ich meiner Hörerschaft vor. Überall gibt es Diskriminierung. Wir sind das

Opfer von Gesetzen, die uns in einigen Ländern zu Bürgern zweiter Klasse machen. In einem vereinten Europa können wir eine derartige Politik der Ausgrenzung nicht länger dulden, denn sie führt nur zu Kriminalität und Verarmung.

Wir müssen die Spirale der Armut und Isolation durchbrechen. Das kann nur geschehen, indem wir der Diskriminierung ein Ende bereiten, durch Bildung und dadurch, dass wir den Roma und Sinti eine wirkliche gesellschaftliche Rolle zuerkennen, erkläre ich:

> Wir sind Europäer und müssen dieselben Rechte wie jeder andere Einwohner haben, mit gleichen Chancen, wie sie für jeden Europäer gelten.
>
> Es kann und darf nicht sein, dass ein Volk, das durch die Jahrhunderte hindurch diskriminiert und verfolgt worden ist, heute, im einundzwanzigsten Jahrhundert, immer noch ausgeschlossen und jeder ehrlichen Chance auf eine bessere Zukunft beraubt wird.
>
> Meine Damen und Herren, ich möchte der Hoffnung Ausdruck geben, dass unsere Lieben nicht umsonst gestorben sind. Wir müssen ihrer auch künftig gedenken, wir müssen auch weiterhin die Botschaft des friedlichen Miteinanders verkünden und an einer besseren Welt bauen – damit unsere Kinder in Frieden und Sicherheit leben können.

Bei meinen letzten Worten tritt Ferenc Schnétberger nach vorn und spielt sein wunderbares Stück auf der Gitarre. Ein besserer Abschluss ist nicht möglich. Als er sein Spiel beendet hat, erhebt sich der Applaus der Bundestagsabgeordneten. Die Botschaft ist angekommen, glaube ich.

Dass die Deutschen tatsächlich beeindruckt sind, zeigt sich ein knappes Jahr darauf.

Im Frühjahr 2012 sind Elly und ich auf einem Kurzurlaub in Madrid und spazieren durch den schönen Parque del Retiro. Die deutsche Politik ist so ziemlich das Letzte, woran ich denke. Dann klingelt mein Telefon; der deutsche Botschafter Heinz-Peter Behr versucht, mich zu erreichen. Er fragt mich, ob ich bereit wäre, einen deutschen Orden anzunehmen, das Bundesverdienstkreuz 1. Klasse.

Ich erhalte diese Auszeichnung für mein Engagement zur Förderung der deutsch-niederländischen Freundschaft, erklärt mir der Botschafter. Das Ersuchen, mir diesen Orden zu verleihen, kommt aus den höchsten Kreisen, denn es handelt sich um ein persönliches Ersuchen des deutschen Bundespräsidenten Joachim Gauck. Ich bin perplex, vor allem, weil ich in meiner Kritik an der heutigen Politikergeneration nicht immer gerade sanft bin, auch in Deutschland nicht. Nach kurzem Nachdenken sage ich Ja.

Am 21. Juli desselben Jahres melde ich mich auf der deutschen Botschaft im schönen Stadtpalais Huis Schuylenburch in Den Haag. Dort verleiht mir Botschafter Behr persönlich den Orden. Unsere Kinder und Enkelkinder, Verwandte und viele Freunde sind ebenso anwesend wie ein Vertreter der deutschen Sinti und Roma.

Einige Leute verstehen nicht, dass ich einen deutschen Orden annehme, merke ich in den Wochen darauf. »Wie kannst du ihn annehmen, nach allem, was sie dir angetan haben?« Diese Frage wird mir in diesem Sommer oft gestellt. Das ist ein heikler Punkt, aber dennoch denke ich nicht, dass ich ihn hätte ablehnen können. Die heutige Generation der Deutschen hat den Krieg nicht einmal miterlebt, oder war damals noch sehr jung.

Deutschland hat hart daran gearbeitet, wieder einen Platz in der Völkergemeinschaft zu erringen. In meinen Augen ist es den Deutschen gelungen, in die internationale Arena zurückzukehren.

Ich empfinde diese Auszeichnung außerdem als eine Anerkennung meiner Arbeit. Es ist ein Zeichen dafür, dass ich auf dem richtigen Weg bin, wenn ich sowohl an die Vergangenheit erinnere als auch vor der Zukunft warne. Auch wenn es nur ein Orden ist, verleiht der doch allen Bemühungen, das Thema der Sinti und Roma auf die Tagesordnung zu setzen und dort zu halten, einen gewissen Glanz. In diesem Sinne ist es eine Auszeichnung für unser ganzes Volk.

11.

FESTGESETZT IM DREILÄNDERECK

Ende der Zwanzigerjahre zieht eine Sinti-Familie durch Belgien. Sie fährt mit ihrem Wagen in der Gegend um Lüttich herum, ohne einer Fliege etwas zuleide zu tun. Trotzdem hat die örtliche Polizei große Probleme mit ihrer Anwesenheit. Die Familie solle das Land so schnell wie möglich verlassen, findet sie. Es wird vermutet, dass sie aus den Niederlanden oder Deutschland kommt, daher solle sie in eines dieser Länder zurückkehren.

Die Familie macht einen Rückzieher. Sie beschließt, nach Deutschland zu fahren; in der Hoffnung, dort in Ruhe gelassen zu werden. Sie fährt Richtung Aachen, aber dieses Ziel erreicht sie nie, denn an der Grenze lässt der Zollbeamte plötzlich den Schlagbaum herunter. Die Deutschen sind der Meinung, es handele sich um belgische oder niederländische Sinti, daher lassen sie sie nicht herein.

Aus reiner Verzweiflung ziehen die Sinti dann Richtung Norden. Durch das Örtchen Gemmenich nähern sie sich der Grenze zu Limburg. Aber die Niederländer, die davon ausgehen, dass es sich um belgische oder deutsche Sinti handelt, wollen die Familie auch nicht ins Land lassen. Niederländische Grenzposten sind seit einigen Jahren sehr streng. Es gibt schon genug Zigeuner in den Niederlanden, denken sie. Da kann nicht noch eine Familie dazukommen.

Nach Lüttich zurückkehren kann die Familie nicht, denn das lassen die belgischen Behörden nicht zu. Im ersten Dorf mit einem Polizeirevier würde sie zurückgehalten. Deutschland hat ihre Einreise bereits verweigert und stellt daher auch keine Option dar. Von Gendarmen, Zöllnern und Polizisten vertrieben, landet sie schließlich im Dreiländereck, wo sie weder vor- noch zurückkann.

Dort kommt es zu einem Patt. Alle angrenzenden Staaten schicken strenge Grenzwächter zum höchsten Gipfel des Vaalserbergs, um dafür zu sorgen, dass diese »listigen Zigeuner« nicht über einen Waldweg heimlich doch noch über die Grenze schleichen. Die Grenze ist hier löchrig wie ein Maasdamer Käse, es wird sehr viel geschmuggelt. Ein Fotograf einer Limburger Zeitung hält die drei Grenzbeamten mit ihren strengen Mienen auf einem Foto fest. Ein deutliches Signal, dass es die Nachbarländer ernst meinen, wenn es um ihre territoriale Integrität geht.

Da stehen sie nun, die Sinti, im Niemandsland um die drei Grenzpfähle, das heute eine Touristenattraktion ist. Auf diesem Schnittpunkt der Grenzen zu verharren, ist keine Lösung. Wie sollten sie an diesem Ort ihren Lebensunterhalt bestreiten? Wie aus alten Zeitungsausschnitten ersichtlich wird, sehen das die Behörden nach einigen Tagen ebenfalls ein. Die Belgier, die das Problem verursacht haben, lassen sich erweichen. Der Wagen kann wieder nach Wallonien fahren; schließlich kamen sie auch von dort.

Die Geschichte der Familie im Dreiländereck steht symbolisch für die Art und Weise, mit der in Westeuropa sehr lange mit den Sinti und Roma umgegangen wurde. Für einige Staaten stellen wir in erster Linie ein Problem dar. Ein Problem, das man am liebsten über den Zaun zum Nachbarn werfen würde, um sich selbst nicht mehr damit befassen zu müssen.

In niederländischen Zeitungen der Vorkriegszeit gibt es unzählige Berichte über Sinti, die aus Städten und Dörfern verjagt oder an den Grenzen aufgehalten wurden. Dennoch ist das im Vergleich zu den vorhergehenden Jahrhunderten, in denen es erlaubt war, Sinti zu töten, bereits eine große Verbesserung. Heute werden wir toleriert, wenn auch vorzugsweise außerhalb der eigenen Landes- und Gemeindegrenzen. Wir dürfen existieren, wenn es nur irgendwo anders ist.

Um ehrlich zu sein: Wir Sinti sollten uns zum Teil auch an die eigene Nase fassen. Als Volk sind wir immer sehr unter uns geblieben. Wir teilen unsere Kultur nicht gern mit anderen. Selbst unsere Sprache, das Romanes, haben wir lange geheim gehalten, und das weckt natürlich Misstrauen bei Menschen, die uns nicht verstehen. Wir haben immer befürchtet, dass die *Gadje* es ausnützen könnten, wenn wir zu viel erzählen.

Diese Zurückgezogenheit verleiht uns einen geheimnisvollen Anstrich, den manche sehr interessant finden. Nicht ohne Grund spielt in vielen Abenteuerromanen, Hörspielen und Filmen der »dunkle Zigeuner« eine Rolle. Aber das führt natürlich auch zu einer gewissen Feindseligkeit gegenüber unserem Volk. Unbekannt macht unbeliebt. Das gilt für Einzelne, für Gemeinden und selbst für Staaten.

In den Niederlanden wird man heute nicht mehr so schnell Zeitungsberichte über verjagte Sinti lesen können. Und Familien müssen heute auch nicht mehr auf dem Dreiländereck kampieren, weil kein Land ihnen Zutritt gewährt. Vor allem das 1978 erlassene Verbot des nomadischen Lebensstils hat darauf Einfluss ausgeübt. Heute, da wir nicht mehr umherziehen, sind wir viel stärker in die bürgerliche Gesellschaft integriert. Diskriminierung kommt auch in den Niederlanden immer noch vor – man denke nur an den geringschätzigen niederländischen Begriff »kampers«, mit dem Menschen in einem Wohnwagencamp bezeichnet werden –, aber diese Art von Diskriminierung ist in jedem Falle nicht mehr Teil der offiziellen Politik.

In Osteuropa und auf dem Balkan sieht es anders aus. Dort sind Diskriminierung und Marginalisierung von Roma und Sinti noch immer an der Tagesordnung. Der bulgarische Premierminister Bojko Borissow nannte die Roma 2011 »schlechtes menschliches

Material«. Sein rumänischer Kollege Traian Băsescu verwendete den Ausdruck »stinkender Zigeuner«, um einen Journalisten zu bezeichnen. In vielen osteuropäischen Ländern leben Roma in Gettos, die manchmal, wie etwa in der Slowakei, sogar von einer Mauer umschlossen sind, um sie von der normalen Gesellschaft fernzuhalten.

Sogar die Europäische Union macht sich mittlerweile über die Diskriminierung der Roma und Sinti in den neuen Mitgliedsstaaten im Osten große Sorgen. »In Rumänien ist das anhaltend große Ausmaß der Diskriminierung ein ernstes Problem. Der Fortschritt beschränkt sich auf Programme zur Verbesserung des Bildungszugangs.« Laut Untersuchungen aus dem Jahr 2010 betrachten 83 Prozent der Tschechen Roma als asozial, und 45 Prozent wollen sie aus der Tschechischen Republik vertreiben. Aus einer Studie aus dem Jahr 2011 geht hervor, dass sich 44 Prozent der Tschechen vor den Roma fürchten.

Auch Großbritannien mischt nach Kräften mit. 2012 werden in Nottingham Roma-Kinder ihren Eltern entrissen, ohne dass es dafür einen guten Grund gibt. Die Sache kommt, dank der journalistischen Recherche eines slowakischen Reporters, ans Licht. Kinder aus Roma- und Sinti-Familien herauszureißen, dieses Vorgehen hat eine lange Tradition. Schon im 19. Jahrhundert geschah das oftmals bei dem Versuch, beide Völker zu zivilisieren. Man hegte die Hoffnung, die Kinder würden ohne ihre Eltern ein besseres Leben führen. Offenbar hängen die Briten noch immer diesen Wahnvorstellungen an. Der Fall ist mittlerweile beim Europäischen Gerichtshof für Menschenrechte anhängig.

Daher poche ich weiterhin nachdrücklich auf die Notwendigkeit von Reformen auf europäischer Ebene, nicht nur in früheren Ostblockstaaten wie Rumänien und Bulgarien, sondern auch in vielen älteren Demokratien wie Frankreich und Italien, denn auch dort gibt es noch schrecklich viel zu tun. Das ist eine Botschaft, auf die wir immer und immer wieder Aufmerksamkeit lenken müssen, wenn wir auf absehbare Zeit etwas verändern wollen. Auf meine Weise versuche ich, dazu einen bescheidenen Beitrag zu leisten.

Das tue ich vor allem, indem ich darüber spreche – immer wieder aufs Neue. Da ich als Verfechter der Sinti-Rechte in der Zeit um die Jahrhundertwende bekannter werde, lädt man mich immer häufiger ein, Vorträge über unsere Geschichte und vor allem über die Kriegszeit zu halten. Das mache ich gern, denn die Vergangenheit ist äußerst wichtig; wir können viel daraus lernen. Zum Beispiel darüber, wozu institutionalisierter Rassismus führen kann. Aber ich gehe auch stets auf die Gegenwart ein.

Zum Beispiel 2007. In diesem Jahr organisieren die Vereinten Nationen eine Ausstellung über den Holocaust an den Roma und Sinti und über den anhaltenden Rassismus in Europa. Anlass dazu ist der erste *Holocaust Memorial Day*, ein alljährlicher Gedenktag zum Völkermord während des Krieges.

Die Ausstellung fand im Gebäude der Vereinten Nationen in New York statt. Ein großartiger Ort, um die Botschaft »Nie wieder Auschwitz« verkünden zu können. Persönliche Zeugnisse und Familienfotos stehen im Zentrum dieser Ausstellung, die die einzigartige Geschichte jedes einzelnen Individuums präsentiert. Die deutsche Organisation der Sinti und Roma unter der inspirierenden Leitung ihres Vorsitzenden Romani Rose hat enorm viel Zeit und Energie investiert, um alle Exponate zusammenzutragen, und möchte gerne, dass ich bei der Eröffnung spreche. Eine solche Gelegenheit, auf dieser Ebene für mein Volk einzutreten, lasse ich mir natürlich nicht entgehen.

Abermals erzähle ich meine Kriegsgeschichte und schildere, was unserem Volk widerfahren ist. Es ist eine Geschichte, die, wie ich bemerkt habe, in den Vereinigten Staaten weitgehend unbekannt ist. Viele hören an diesem Tag zum ersten Mal von dem Massenmord an den Roma und Sinti. Ich versuche zu erklären, dass sich

27. Januar 2007. Ansprache bei den Vereinten Nationen in New York, anlässlich der Eröffnung der Ausstellung *The Holocaust against the Roma and Sinti and present day racism in Europe.*

der Holocaust an unserem Volk in ein jahrhundertealtes Muster von Diskriminierung und Verfolgung einfügt, das bis zum heutigen Tag fortbesteht. Auch heute sehen sich die Sinti noch mit Behörden konfrontiert, die ihre Menschenrechte nicht respektieren. Nur, wenn wir uns dagegen wehren, können wir dafür sorgen, dass sich ein Blutbad wie jenes während des Zweiten Weltkrieges nie mehr wiederholt.

Wie ernst es auch heute noch um unsere Rechte im zivilisierten Europa bestellt ist, zeigt sich schon wenige Monate später. In Rom kommen vier Kinder ums Leben, als eine kleine Gruppe von Häusern in Flammen aufgeht. Ich schreibe »Häuser«, aber eigentlich wohnen diese Roma-Kinder in einem Slum, der die Züge eines Dritte-Welt-Landes trägt.

Das Armenviertel hat sich im Laufe der Jahre am Rande der italienischen Hauptstadt gebildet, ohne dass jemand eingegriffen hätte. Die örtlichen Behörden finden es offensichtlich in Ordnung, dass Menschen wie Tiere leben müssen. Sie kümmern sich nicht mehr um diese Gruppe von Menschen und lassen es zu, dass sie in erbärmlichen Zuständen hausen. Eine andere Unterbringung steht den Bewohnern nicht zur Verfügung, daher haben sie keine andere Wahl, als hier zu bleiben.

Als »institutionelle Gleichgültigkeit« bezeichnet Nazzareno Guarnieri vom italienischen Roma-Verband die Art und Weise, in der die Italiener seinem Volk begegnen. Ebenso wie die Sinti im Dreiländereck können sie nur dort leben, wo sie niemandem zur Last fallen. Normale Häuser gibt es für sie nicht, und es besteht auch nicht der politische Wille, diese Minderheit zu unterstützen oder ihre Lebensumstände zu verbessern. Daher fristen sie ihr Dasein in den heruntergekommenen Randbezirken der Stadt in hoch brandgefährdeten Holzbaracken. Der nächste Brand lässt gewiss nicht lange auf sich warten.

Ich werde derartige Missstände weiterhin anprangern, bis eindeutig klar ist, dass alle Einwohner Europas die gleichen Rechte haben. Die Staaten müssen begreifen, dass sie für *alle* ihre Bürger verantwortlich sind.

Der Kampf für eine Verbesserung der Situation der Sinti und Roma muss jedoch an unterschiedlichen Fronten geführt werden. Wir können nicht nur mit dem mahnenden Zeigefinger auf andere zeigen, sondern müssen auch an uns selbst arbeiten. Mitglieder unseres Volkes leben am Rande der Gesellschaft oder jenseits davon. Die Marginalisierung, der Roma und Sinti ausgesetzt sind, hat zu einer Kriminalisierung geführt, und diese führt wiederum zu Diskriminierung – es ist ein Teufelskreis.

Wenn wir wollen, dass die Behörden uns ernst nehmen, müssen wir uns jetzt und in Zukunft für die weitere Entwicklung unserer eigenen Leute im intellektuellen und ökonomischen Bereich einsetzen. Wir müssen politisch aktiv werden, denn erst dadurch gewinnen wir an Einfluss.

Aus diesem Grund setze ich mich in Zusammenarbeit mit den internationalen Sinti- und Roma-Organisationen vor allem für Jugendliche aus osteuropäischen Ländern ein. Seit den Neunzigerjahren unternehme ich regelmäßig Fahrten nach Auschwitz, wo ich junge Sinti und Roma herumführe und ihnen erzähle, was dort geschehen ist. Wie etwa im Jahr 2014, als ich an einem einwöchigen Seminar teilnehme, in dem wir Jugendlichen aus Ländern wie Polen und Deutschland etwas über ihre eigene Kultur und Geschichte erzählen. Der Sinn der Sache besteht darin, sie dazu anzuregen, mehr aus ihrem Leben zu machen, ohne ihren eigenen Hintergrund aus den Augen zu verlieren.

Bei solchen Treffen breche ich immer eine Lanze für die Bildung. Studie um Studie weist nach, dass eine gute Ausbildung für die Lebensqualität entscheidend ist. Ein Abschluss ist nicht nur ein Anhaltspunkt für potenzielle Arbeitgeber, sondern sorgt auch dafür, dass Menschen gesünder sind, mehr Lebensglück erfahren und sogar eine höhere Lebenserwartung haben. In meinem eigenen Fall hat mir Abendschulunterricht die Möglichkeit gegeben, in meinem Metier den Durchbruch zu schaffen. Ohne Ausbildung wäre ich womöglich in einem Beruf ohne Zukunftsperspektive hängen geblieben.

Wissen und Können nehmen hasserfüllten Menschen zudem den Wind aus den Segeln. Wer einen Beruf erlernt oder eine höhere Ausbildung absolviert hat, passt schließlich nicht mehr in das Klischee des dummen Zigeuners. Gegen Vorurteile gibt es nun einmal kein besseres Mittel als Wissen und Können. Gerade in Osteuropa, wo die Armut unter den Roma und Sinti noch immer groß ist, kann Bildung den Unterschied zwischen einer Existenz am Rande der Gesellschaft oder einem erfolgreichen Leben ausmachen. Zum Glück finden sich dort auch immer mehr Politiker, Journalisten, Blogger und Unternehmer, die von den Völkern der Sinti und Roma abstammen.

Auch das ist eine Botschaft, die natürlich nicht beim ersten Hören ankommt. Die Tradition, keine Schule zu besuchen, hält sich hartnäckig unter den Sinti. Wir sind Jahrhunderte ohne Schulbildung zurechtgekommen, deshalb sehen manche Mitglieder unseres Volkes keinen Grund, daran etwas zu ändern. Leider lernen auch in den Niederlanden manche Kinder aus Sinti- und Roma-Familien noch immer nicht lesen und schreiben. Unfassbar. Denn Ausbildung ist schließlich der Schlüssel zur Tür in eine bessere Zukunft.

Zur zukünftigen Entwicklung der Roma und Sinti gehört es auch, dass wir unsere Kultur für unsere Nachfahren endlich aufzeichnen. Der Tod meines Cousins Hannes stößt mich wieder einmal mit der Nase auf die Tatsache, dass bei jedem Todesfall etwas von unserer Kultur verloren geht. Zu viel ist in den vergangenen Jahren verschwunden. Vor allem in dieser Zeit, in der unser Volk sich weiterentwickelt und in immer mehr Ländern sesshaft wird, ist es notwendig, dass wir endlich mit einer Geschichtsschreibung beginnen.

Seit einigen Jahren gibt es eine internationale Initiative, die sich dafür einsetzt, die Sinti- und Roma-Kulturen wissenschaftlich fundiert zu dokumentieren. Sie heißt »RomArchive«, und ihre Aufgabe besteht darin, ein virtuelles Museum zu entwickeln, das man über einen Browser besuchen kann. In dieser frei zugänglichen Datenbank möchten wir alles zusammentragen, was mit unserer Kultur und Geschichte in Zusammenhang steht. Jeder Interessierte kann dann in diesem Cybermuseum Informationen erhalten. Es ist geplant, das Archiv etwa 2019 online zu stellen.

Vorläufig sitze ich für diese Initiative vor allem häufig in Konferenzen. Wie etwa im Frühjahr 2015 in Budapest. In der ungarischen Hauptstadt haben sich Vertreter von Sinti und Roma aus der ganzen Welt versammelt, um zu entscheiden, welche Themen in das virtuelle Museum aufgenommen werden und welche nicht.

Das Goethe-Institut hat uns einen Konferenzraum zur Verfügung gestellt. Er liegt an der Donau, gegenüber der prächtigen Zitadelle und der Fischerbastei. Dort sitzen wir drei Tage zusammen und beraten uns. Von morgens bis abends müssen wir die Knoten durchhauen und entscheiden, was wir in die Sammlung aufnehmen und was nicht. Es sitzen Ungarn, Deutsche, Rumänen, Briten und sogar eine amerikanische Romni mit am Tisch. Ich nehme als Vertreter der niederländischen Sinti teil.

Während der Sitzungen geht es manchmal heiß her. Jeder hat seine eigenen Interessen und Vorlieben, aber unsere finanziellen Mittel sind nicht unbegrenzt. Daher müssen wir schwierige Entscheidungen treffen, vor allem, weil es sich um Forschungsprojekte handelt, die sich über viele Jahre hinziehen. Für individuelle Steckenpferde und persönliche Vorlieben bleibt da kein Raum.

Bis alles endlich aufs richtige Gleis gesetzt ist, werden wohl noch einige Treffen nötig sein. Jedes Projekt, das wir in diesem Rahmen beginnen, muss exakt und wissenschaftlich fundiert beschrieben werden. Um diesen Anspruch zu erfüllen, brauchen wir viel Zeit. Wir erfassen im Archiv gleichzeitig die Geschichte zweier Völker, der Roma und der Sinti, was die Dinge noch komplizierter macht. Wir wollen beiden Kulturen gerecht werden.

Es ist mir ein großes Anliegen, dieses Projekt zu einem erfolgreichen Ende zu bringen. Wenn das »RomArchiv« erst einmal besteht, sind wir nicht mehr auszulöschen. Dann hat unsere Kultur endlich einen Ort bekommen, auch außerhalb der Köpfe unserer Leute.

Während ich in Budapest tage, ereignet sich noch keine 100 Kilometer davon entfernt eine Tragödie. Durch die Kriege in Syrien, Libyen und Afghanistan wurde ein schier ununterbrochener Flüchtlingsstrom in Gang gesetzt. Über die Länder im ehemaligen Ostblock versuchen diese Menschen, Westeuropa zu erreichen. Vor allem Deutschland entpuppt sich für die Scharen, die sich auf den Weg gemacht haben, als das neue Gelobte Land. Wer hätte das je gedacht?

Als ich in meinem Hotelzimmer den Fernseher einschalte, sehe ich Bilder von einem Zug auf einem Bahnhof, irgendwo in Osteuropa. Eine riesige Gruppe will hinein. Das Ziel des Zuges ist Wien oder München oder eine andere Stadt, in der diese Menschen hoffen, Frieden und Wohlstand zu finden.

So schwer der Zug auch ist, kommt er durch den unablässigen Druck der Flüchtenden, die hineindrängen, doch fast zum Kippen. Ein kleiner Junge – er wird wohl höchstens acht sein – wird von zahllosen Händen hochgehoben und verschwindet durch ein offenes Fenster in einem Abteil. Als er drinnen ist, schaut er sich erschreckt um und beginnt, hemmungslos zu weinen, denn sein Vater steckt noch in der Menschenmasse fest. Dem kleinen Jungen ist der Schrecken darüber ins Gesicht geschrieben, dass er gleich allein losfahren wird und seinen Vater für immer verloren hat.

Der kleine Junge schreit es heraus. Er ruft unaufhörlich nach seinem Vater, der verzweifelt versucht, auch in den Zug zu gelangen. Aber das gelingt ihm nicht, denn die Menschenmasse ist zu groß. Jeder will in diesen Zug. Schließlich klettert das Bürschchen wieder aus dem Fenster heraus, und dieselben Hände, die ihn nach drinnen bugsiert haben, reichen ihn wieder zu seinem Vater weiter. Der Zug fährt wenige Minuten danach ohne sie ab. Sie müssen noch etwas länger auf den Transport zu ihrem Bestimmungsort warten.

Ich kann mir solche Bilder nicht gut anschauen. Die Massen auf dem Bahnhof, der Zug, das Chaos – das sind Bilder, die sich schließlich auch in mein Gedächtnis eingebrannt haben. Die Szenen an diesem Zug gleichen zu sehr dem, was mir vor langer Zeit widerfahren ist. Ich kann nicht darüber hinwegsehen, dass all diese Flüchtlinge in erster Linie Menschen sind, Menschen mit ihren Ängsten und Sehnsüchten. Ich erkenne mich selbst in dem kleinen Jungen wieder, sehe in seinen Augen die gleiche Panik, die mich einst erfasst hat. Das Bild macht mir sehr zu schaffen. Schließlich schalte ich den Fernseher aus.

Den Diskussionen über das Flüchtlingsproblem kann ich allerdings nicht entkommen. Sie werden überall geführt, an der Bushaltestelle ebenso wie im Fernsehen. Einige wollen den Flüchtlingen den roten Teppich ausrollen; andere hätten am liebsten die althergebrachten Grenzen zurück, damit wir all diejenigen, die keinen europäischen Pass haben, abweisen können. Was wäre weise? Die meisten Menschen, darunter auch ich selbst, haben auf den großen Zustrom von Menschen keine passende Antwort.

Bei mir überwiegt vor allem ein unangenehmes Gefühl, wenn ich jenen zuhöre, die unerbittlich alle aus dem Land werfen wollen. Einige Politiker sind sehr gewieft darin, ihre Botschaft so zu verpacken, dass sie noch einigermaßen vernünftig erscheint; aber hinter ihren Worten spüre ich jedes Mal aufs Neue einen Bodensatz von widerwärtigem Rassismus. »Wenn es nicht niederländisch ist, dann brauchen wir es nicht«, lautet die Quintessenz ihrer Botschaft.

Damit kehren wir in alte Zeiten zurück.

Da ich viele Vorträge über den Holocaust und die Geschichte der Sinti halte, werde ich seit einigen Jahren oft gefragt, wie ich über die Flüchtlingskrise denke. Ich plädiere dann stets vor allem für Mitmenschlichkeit und Vernunft, denn die haben mir auch geholfen. Und ich warne vor Politikern, die die Flüchtlingsthematik für ihre eigenen Zwecke missbrauchen wollen. Sich die Ängste der Menschen zunutze zu machen, ist eine der ältesten Methoden des

Stimmenfangs. Jeden, der vorgibt, eine einfache Lösung für dieses Problem zu haben, sollte man nicht ganz ernst nehmen.

Was aber sollten wir tun? Uns Zeit nehmen, denke ich. Wie groß ein Problem in dem Moment, in dem es auftaucht, auch zu sein scheint, mit der Zeit kristallisieren sich Lösungswege doch von selbst heraus. Heute spricht jeder über die Flüchtlinge, als seien sie eine homogene Gruppe. Wir müssen uns weiterhin bemühen, Flüchtlinge als Individuen zu sehen, als Menschen mit einer Geschichte.

In meinen Vorträgen über den Holocaust komme ich immer auf die Tatsache zurück, dass das Leiden der einzelnen Person entscheidend ist, nicht die absolute Anzahl. Millionen von Menschen sind in den Gaskammern umgekommen, aber vor allem das eine individuelle Gesicht von Settela Steinbach hinterlässt einen Eindruck. Sobald man beginnt, Menschen als Masse zu sehen, verliert das Leiden sein Gesicht und wird zu einer Abstraktion.

In den überfüllten Asylzentren sitzen echte Menschen. Menschen, die alles hinter sich gelassen haben, weil sie keinen anderen Ausweg mehr sahen. Sie müssen wir »sehen« und ihnen helfen. Das ist schwierig, das ist mir durchaus bewusst. Aber lassen Sie uns im Zweifel zugunsten dieser Menschen entscheiden. Diese Einstellung sind wir uns selbst als zivilisierter Gesellschaft schuldig. Lassen Sie uns unsere Herzen öffnen, das kann viel bewirken.

Ich bin heute Anfang achtzig und furchtbar glücklich. Das Leben hat mir viel geschenkt, unter anderem eine wunderbare Frau, großartige Kinder und liebe Enkelkinder. Früher einmal hat man versucht, meine Familie auszurotten. Ich überlebte durch Zufall. Wenn ich mit meinem Leben eines zu zeigen versucht habe, dann das, dass der Holocaust gescheitert ist. Die Nazis wollten mein Volk auslöschen, jede Spur unserer Kultur tilgen.

Wie mich gab es auch andere, die entkommen konnten. Wir

haben durch unser Leben ein Zeichen dafür gesetzt, dass die Nazis im Unrecht waren. Unsere Kultur ist heute stärker als je zuvor. Trotz aller Widerstände, Diskriminierungen und Beschränkungen, die uns von Regierungen auferlegt wurden.

Vielleicht ist das schönste Symbol für das hartnäckige Überleben unseres Volkes mein Cousin Saani. Seit dem Verbot des nomadischen Lebens im Jahr 1978 sind die Wagen der Sinti aus dem Straßenbild verschwunden, bis auf einen. Saani hat sich um dieses Verbot nie geschert und ist immer weiter herumgezogen. Mit Pferd und Wagen wählte er die abgelegenen Sträßchen auf dem Lande. Mit seinem uralten *Woerda* (Wagen) fuhr er durch die modernen Niederlande der Handys und Staus, als sei das die normalste Sache der Welt. Dabei geschah etwas Seltsames: Kein Polizist hielt ihn auf, weil er das Gesetz missachtete, kein misstrauischer Blick traf ihn. Er war einfach ein alter Sinto, der das tat, was seine Vorfahren Generation um Generation getan haben: reisen. Nicht, um irgendwo anzukommen, sondern um unterwegs zu sein. Saani war für niemanden mehr eine Bedrohung.

Erst 2012 hat er damit aufgehört, durchs Land zu ziehen. Nicht, weil der Staat es wollte, sondern weil seine Gesundheit ihn immer mehr im Stich ließ.

Ich selbst bin noch bei guter Gesundheit. Das bedeutet, dass ich meine Mission einfach weiterverfolge, ebenso wie Saani, der sich von einem Verbot nicht zurückhalten ließ.

Während der letzten Vorbereitungen zu diesem Buch wandern meine Gedanken zu einem Termin Ende Januar 2016. Er war neben der Rede im Deutschen Bundestag meine bisher größte Herausforderung: eine Ansprache vor der Generalversammlung der Vereinten Nationen, auch hier am Holocaust-Gedenktag. Meine Mission bestand darin, darüber zu berichten, wie weit wir seit dem Krieg gekommen sind, aber auch deutlich zu machen, wie viel wir noch leisten müssen, bevor Roma und Sinti sich überall ein gutes Leben aufbauen können.

Es war spannend. Die Augen der ganzen Welt waren auf mich gerichtet. Elly, meine Kinder und Enkelkinder saßen zum Glück im Saal. Ein Mensch vermag oft mehr, als er denkt, vor allem, wenn er ein wirklich lohnenswertes Ziel hat.

Eine lieb gewonnene Erinnerung an einen weit zurückliegenden Moment in meiner Vergangenheit treibt mir die Tränen in die Augen. Wie alt ich bin, weiß ich nicht mehr. Nur, dass mein Vater mir überraschend die Zügel in die Hand legt.

»Hier, halt mal fest.«

Er selbst geht neben dem Pferd her und führt es an seiner Hand den Feldweg entlang. Als kleiner Junge bin ich stolz wie Oskar. Zum ersten Mal in meinem Leben halte ich buchstäblich die Zügel in der Hand, und nach Ansicht meines Vaters bin ich groß genug, um das Pferd zu lenken.

Sein Vertrauen ist immer ein Teil von mir geblieben.

ANLAGEN

STAMMBAUM VON ZONI WEISZ

Telly Weiss   ∞   Johanna Helena Weiss
1875, Vilnius   1880, Klein Osterhausen, Deutschland
† unbekannt, Darmstadt, Deutschland   † 1929, Middelburg, Niederlande

KINDER

Suzanna Weiss (Moezla)   Emilie Weisz
7.5.1898, Sankt Johannitz, Deutschland   25.3.1912, Geburtsort unbekannt

Koen Weiss   Johannes Weisz
Geburtsdatum, -ort unbekannt   8.2.1914, Aengwirden, Niederlande
                             † 13.11.1944, Mittelbau-Dora, Deutschland
Jacob Weiss (Goldeman)
25.1.1910, Putten, Niederlande   Dolfien Weisz
† 29.9.1972   27.11.1915, Zutphen, Niederlande
                             † 28.11.1993, Den Haag
Christina Weiss
30.3.1911, Meppel, Niederlande   Louis Weisz
† 20.2.2004, Berkel en Rodenrijs,   † November 1994, Mittelbau-Dora, Deutschland
Niederlande

Augusta Josephina Weiss (Rakli)
26.6.1919, Schagen, Niederlande
† 13.6.1994, Den Haag

ELTERN VON ZONI

Johannes Weisz   ∞   Jacoba Gerarda Weisz-Vos
8.2.1914, Aengwirden, Niederlande   16.11.1916, Nimwegen, Niederlande
† 13.11.1944, Mittelbau-Dora, Deutschland   † 2.8.1944, Auschwitz

SCHWESTERN UND BRUDER VON ZONI

Augusta Josephina Theresia Weisz (Rakli)   Emile Weisz
20.5.1939, Helmond, Niederlande   7.6.1943, Zutphen, Niederlande
† 2.8.1944, Auschwitz   † 2.8.1944, Auschwitz

Johanna Helena Weisz (Lena)
23.1.1941, Veenendaal, Niederlande
† 2.8.1944, Auschwitz

Petrus Johannes Vos   ∞   Allegonda van Baardewijk
22.8.1874, Amsterdam   4.10.1878, Nimwegen
† 1.3.1966, Nimwegen, Niederlande   † 1966, Nimwegen, Niederlande

KINDER AUS DIESER EHE

Petrus Jacobus   Helena
27.3.1900, Wijnegem, Belgien   22.7.1911, Millingen, Niederlande

Johanna Maria   Hubertina Theresia
24.2.1902, Heesch, Niederlande   10.1.1920, Heesch, Niederlande

Wilhelmus Laurentius   Jacoba Gerarda
2.8.1904, Hatert, Niederlande   16.11.1916, Nimwegen, Niederlande
                            † 2.8.1944, Auschwitz

Jacobus Johannes
22.1.1909, Elst, Niederlande

Johannes Weisz (Zoni)   ∞   Elly Weisz-de Breij
4.3.1937, Den Haag   12.3.1941, Amsterdam

KINDER

Sander Jacob Johannes Weisz   Elvira Augusta Helena Weisz
6.2.1965   18.2.1967

∞   ∞

Egberdina de Vries   Leonardus Theodorus Jacobus
                           Maria Mikkers

ENKELKINDER   ENKELKINDER

Nathalie Weisz   Rosan Eleonora Margaretha
15.10.1996   Mikkers
                            8.8.1996
Robin Weisz
2.11.1999   Leonardus Antonius Johannes
                          Daniël Mikkers
                            16.6.2000

EINE KURZE GESCHICHTE DER
SINTI UND ROMA

Ursprünglich kamen sowohl die Roma als auch die Sinti aus der Grenzregion zwischen dem heutigen Indien und Pakistan. Die Sinti stammen wahrscheinlich aus Sindh, einer Küstenprovinz des modernen Pakistans. Die Roma kommen hauptsächlich aus dem Punjab, einer Region, die sich vom Nordwesten Indiens bis in den Osten Pakistans erstreckt.

Hier nahm die Diaspora beider Völker über weite Teile der Welt ihren Anfang. Es gab mehrere Wellen, deren erste, so vermuten Historiker, etwa im fünften Jahrhundert nach Christus einsetzte. Jüngste genetische Forschungen zeigen, dass Vorfahren der heutigen Roma und Sinti etwa zu dieser Zeit nach Westen gezogen sind, womöglich über Afghanistan.

Warum und mit welchem Ziel, ist nicht bekannt. Sie kamen jedenfalls durch den heutigen Iran und weiter westlich gelegene Länder. Der persische Dichter Abū'l-Qāsim Firdausī berichtet etwa 420 n. Chr. in seinem Buch der Könige, *Schāhnāme*, bereits von einem Volk, das am persischen Hof des Königs Bahrām-e Gūr musizierte und seine Künste darbot. Die Mitglieder dieses Volkes standen dort in hohem Ansehen. Allem Anschein nach waren sie die Vorfahren der heutigen Sinti und Roma.

Nicht alle Mitglieder der beiden Völker gingen im Laufe der darauffolgenden Jahrhunderte freiwillig auf Reisen. Muslimische Herrscher aus der Region deportierten nach ihren Eroberungen von Teilen des indischen Subkontinents im 9. und 10. Jahrhundert eine Vielzahl von Roma und Sinti. Sie schickten sie als Soldaten auf Schlachtfelder im Randgebiet Europas, um gegen die byzantinischen Heere zu kämpfen. Schätzungsweise 500 000 Roma und Sinti wurden auf diese Weise unfreiwillig verschleppt.

Diese Sklaven zogen als Soldaten mit gen Westen. Immer weiter drangen sie nach Europa vor. Zunächst in den Balkan und nach Griechenland. Danach über Rumänien, Serbien, Transsilvanien und die Walachei weiter in Richtung unserer Region. Noch immer werden vor allem Roma in Osteuropa als »Türken« bezeichnet – ein Hinweis darauf, dass sie mit den nach Westen vordringenden osmanischen Herrschern in Verbindung gebracht wurden.

NOMADEN

Als diese Sklaven nach und nach ihre Freiheit gewannen, sei es durch Flucht, sei es, weil sie sich durch ihre langjährige Dienstzeit freikauften, hatten sie kein Gebiet mehr, das sie als das ihrige bezeichnen konnten. In den entfernten indischen Subkontinent zurückkehren konnten sie nicht oder wollten sie auch nicht mehr. Roma- und Sinti-Krieger der zweiten und dritten Generation waren dort nicht einmal geboren. Infolgedessen entwickelten die ehemaligen Soldaten und ihre Nachfahren einen nomadischen Lebensstil, bei dem Handel, Handwerk, Musik und Tanz zu den wichtigsten Einkommensquellen wurden.

In Indien hatten sie oft den niedrigsten Kasten, den sogenannten Unberührbaren, angehört. Daher hatten sie sich vielfach auf Berufe verlegt, die sie in Indien ausüben durften, etwa auf die Metallbearbeitung. Dieses Wissen wurde vom Vater auf den Sohn weitergegeben. Das machte Roma und Sinti zu sehr begehrten Handwerkern, denn Indien war zu dieser Zeit technologisch recht weit fortgeschritten.

Das nomadische Leben führte die ehemaligen Sklaven immer weiter durch Europa. Im Frühmittelalter tauchten die ersten Wagen und Zelte von Roma und Sinti nördlich der Alpen auf. Dort war ihr großer Zug noch nicht zu Ende; beide Völker zogen weiter nach Norden. 1407 wurden Roma und Sinti in einem Dokument erwähnt, das in Hildesheim (Niedersachsen) verfasst wurde. Im Staatsarchiv der Stadt Deventer sind in dem Gebiet, das heute die Niederlande umfasst, zum ersten Mal Sinti und Roma im Jahr 1420 erwähnt. Das macht sie zu der ältesten Minderheit in den Niederlanden.

Anfangs waren Roma und Sinti in Nordeuropa willkommen. Im 15. Jahrhundert verfasste Friedrich III., König (und späterer Kaiser) des Heiligen Römischen Reiches, ein Dokument, das die »Zigeuner« in seinem Reich vor Gewalt schützen sollte. Er gestand ihnen auch das Recht zu, Konflikte innerhalb ihres Stammes durch eigene Rechtsprechung beizulegen. Damit bildeten sie ein unabhängiges Volk innerhalb des Reiches – ein Volk ohne Land:

Als sich der gegenwurtig Michaell, der Czygenier Graff, antwurtet diss brieffs mitsambt anderen seynen gesellen in unsere und des heiligen reichs land und andere unsere furstendom fugen wirdet, begeren wir an ew mit sunderen fleys den unsern unser furstendom um gutleich ernstleich gebietend, dasz ir derselben Michell mit sampt seyner gesellschaft durch uwer und unser land sicher und ungehindert ziehen, auch sij umb ir gelt all ir noitdurfft kauffen und bestellen lasset und sij wider recht nicht besweret noch des yemand anderen gestattet zo tun. Darin tut ir uns gut gevallen.[3]

Diese ausgesprochen liberale Einstellung gegenüber den Nomaden ging auf ihre Popularität unter dem Adel zurück. Roma und Sinti trugen mit ihrer Musik und ihrem Tanz zum Amüsement der Herrscher bei. Außerdem bauten sie die besten Saiteninstrumente

---

3 Schutzbrief König Friedrichs III. für den »Zigeuner-Grafen« Michael von 1442. Aus: Michael Ruch, ›Zur Wissenschaftsgeschichte der deutschsprachigen »Zigeunerforschung« von den Anfängen bis 1900‹. Diss., Freiburg 1986, S. 38 f.

in dieser Zeit, wodurch sie Zugang zum Hof erhielten. Doch vor allem ihre Kenntnisse in der Metallbearbeitung sorgten dafür, dass sie relativ sicher durchs Land ziehen konnten. Friedrich wusste, dass ihm der Einsatz von Sinti und Roma einen strategischen Vorsprung verschaffen konnte. In seinem Reich waren »Zigeuner« oft mit der Herstellung von Waffen befasst, ein sehr wichtiger und hochangesehener Beruf.

Diese Sonderstellung weckte natürlich einige Missgunst unter den einheimischen Handwerkern und Gilden und so wurden Sinti und Roma mit der Zeit immer mehr aus dem Markt verdrängt.

Darüber hinaus opponierten die Kirchen gegen die Wahrsagerei und die anderen schwarzen Künste, mit denen sich vor allem die Sinti-Frauen befassten. Solche Aktivitäten wurden als Teufelswerk angesehen, das mit der christlichen Lehre unvereinbar war. Nicht ohne Grund nannte der gemeine Bürger die Roma wohl auch »den Stamm Kains«. Nach der Bibel ermordete dieser Sohn Adams seinen Bruder Abel, woraufhin Kain von Gott verdammt und zu einem unsteten Leben verurteilt wurde (Genesis 4,11).

Der Einfluss der Kirche und der Gilden wuchs schnell. Ein Jahrhundert später wurden daher die Schutzbriefe, in denen der Sonderstatus der »Zigeuner« geregelt war, in großen Teilen des Römischen Reiches annulliert. Damit wurden Sinti und Roma in diesen Gebieten faktisch für vogelfrei erklärt. Von nun an durfte ein Bürger, der auf einen »Zigeuner« traf, diesen ungestraft ermorden.

1551 wurde das Dekret von Augsburg erlassen. Es besagte, dass alle »Zigeuner« das Römische Reich binnen drei Monaten verlassen mussten. Offenbar hielten sich auch danach noch Roma und Sinti im Reich auf, denn dreißig Jahre darauf trat in großen Teilen des heutigen Deutschlands ein Gesetz in Kraft, das den Behörden auftrug, jeglichen Besitz der »Zigeuner« zu beschlagnahmen und sie des Landes zu verweisen. Dies bildete den Auftakt zu Jahrhunderten der Verfolgung.

Sogar die bloße Tatsache, dem Volk der Sinti und Roma anzu-
gehören, zog in vielen Ländern schon die Todesstrafe nach sich.
Karl VI. etwa erließ als Kaiser des Heiligen Römischen Reiches
1726 ein Gesetz, in dem die Tötung aller Männer der Sinti und
Roma befohlen wurde. Er zeigte sich so gnädig, Frauen und Kinder am Leben zu lassen. Ihnen sollte nur ein Ohr abgeschnitten
werden, damit man sehen konnte, was sie waren.

Derlei Gesetze kamen nicht aus heiterem Himmel. Ebenso wie
den Juden gab man den Sinti und Roma die Schuld an einer Vielzahl von sozialen und gesundheitlichen Problemen in Europa. Sie
wurden für Epidemien wie Pest und Cholera verantwortlich gemacht. Außerdem verdächtigte man sie, als Spione für die Türken
tätig zu sein und im Auftrag des Teufels schwarze Magie zu betreiben. Herrscher, die mit sozialen Unruhen konfrontiert waren,
sahen in ihnen willkommene Sündenböcke. Eine Rolle, die sie in
einigen Ländern bis zum heutigen Tag einnehmen.

Diese Feindseligkeit hatte zur Folge, dass vor allem die Sinti
sich erneut für ein rein nomadisches Leben entschieden. Sie ver-
ließen ihre festen Wohnsitze und zogen mit Wagen, Zelten und
Karren in die Außenregionen der großen Reiche, wobei sie für
ihre Reisen mit Vorliebe stille Feldwege und dunkle Wälder wähl-
ten. Dort waren sie am sichersten.

Nur während des Dreißigjährigen Krieges (1618–1648) im Heiligen Römischen Reich nahmen verschiedene Herrscher die Nomaden wieder in Gnaden auf. Denn wegen ihrer Kenntnisse in der
Metallverarbeitung wurden die Sinti zur Waffenproduktion gebraucht. Diese Gastfreundschaft erwies sich jedoch als ein vorü-
bergehendes Phänomen.

IN DIE NIEDERLANDE

Ab und an besuchten die Sinti auf ihren Rundreisen auch die Niederlande. Das Land war im 17. Jahrhundert ein Freistaat für viele Völker, die im übrigen Europa verfolgt wurden. Aber es sollte bis ins 19. Jahrhundert dauern, bevor eine größere Anzahl von Roma und Sinti sich endgültig in den Niederlanden niederließ. *Bohemiens* wurden sie in diesen Jahren in den Niederlanden auch genannt, nach der Region Böhmen im heutigen Tschechien. Die Niederländer glaubten, dass sie ursprünglich von dort stammten. Es war einer der vielen unkorrekten Namen, mit denen die beiden Völker belegt wurden. In Südeuropa wurden sie *Egyptano* genannt, Einwohner von Ägypten. Ein Name, der später zu *Gypsy* und *Gitanes* verballhornt wurde. In deutschsprachigen Landen bezeichnete man sie als *Zigeuner*, was sich wahrscheinlich von *ziehenden Gaunern* ableitet.

Die Vorfahren vieler niederländischer Roma hielten sich schon seit dem 15. Jahrhundert in Zentraleuropa auf. Sie stammten vornehmlich aus Deutschland und Österreich sowie aus Nachbarregionen wie Norditalien, Slowenien, Böhmen und Lothringen. Wann sie genau in den Niederlanden eintrafen, lässt sich nicht mehr gut rekonstruieren, da keine schriftlichen Quellen vorliegen. Wahrscheinlich waren sie seit Anfang des 19. Jahrhunderts regelmäßig in unserem Land zu Gast. Sie hatten sofort einen schlechten Ruf.

Eine niederländische Zeitung aus dem Jahr 1837 schrieb:

> Wer hätte nicht schon von den umherziehenden Banden gehört, die unter dem Namen Heiden, Ägypter, Zigeuner usw. in Deutschland, Frankreich sowie auch in unseren Regionen herumzogen und Neugierigen und Leichtgläubigen aus den Linien der Hand oder dem Antlitz die Zukunft vorhersagen. In den Niederlanden wurden sie Heiden genannt, weil sie als religionslos galten.
> ›De Avondbode‹, 23. Dezember 1837

Die erste Gruppe der Roma, die sich mehr oder weniger dauerhaft in den Niederlanden aufhielt, waren Metallhandwerker aus Ungarn, die im Frühjahr 1868 bei Oldenzaal die Grenze überquerten. Im selben Jahr sah man auf den Jahrmärkten zum ersten Mal tanzende Braunbären, die Sinti wahrscheinlich aus Osteuropa mitgebracht hatten. In den Niederlanden waren Bären damals schon seit Jahrhunderten ausgestorben. Wie uns Zeitungsartikel aus dieser Zeit lehren, wurden beide Völker allgemein als Gesindel betrachtet, das stiehlt und betrügt.

In der zweiten Hälfte des 18. Jahrhunderts veränderte sich vor allem in Westeuropa allmählich der Blick auf die Roma und Sinti. Es war die Zeit der Romantik, in der der nomadische Lebensstil, den vor allem die Sinti pflegten – Roma waren häufiger sesshaft –, Schriftsteller, Dichter und Maler sehr anzog. Sie sahen darin ein einfacheres Leben, das den Sorgen der wohlanständigen Bürger, die unter der Last ihrer Sesshaftigkeit ächzten, enthoben war. Komponisten klassischer Musik ließen sich von den aufpeitschenden Melodieführungen der Musik der Roma und Sinti inspirieren und verarbeiteten sie mit der Zeit immer häufiger in eigenen Kompositionen. Eine *Gitanerie* nannten Musikkenner eine solche Komposition.

Die Maler der Romantik hielten gern das Leben der *Gitanes* fest. Die farbenfrohe Kleidung der Frauen, die wettergegerbten Gesichter und die imposanten Wagen machten sich gut auf der Leinwand. Vincent van Gogh war nur einer von vielen Malern, der die Sinti als Inspirationsquelle nutzte. Zahllose Künstler – talentierte und weniger talentierte – folgten seinem Vorbild. Das Bild der verführerischen Zigeunerin, die herausfordernd und in kaum verhüllenden Kleidern ein Gemälde zierte, wurde schon bald zu einem Klischee für Kunstliebhaber mit kleinem Geldbeutel.

Bewunderung schlug schon bald in ein Verlangen um, diese »edlen Wilden« zu zähmen. Denker des ausgehenden 19. Jahrhunderts brachten die Theorie auf, die Sinti seien Opfer ihres nomadischen Lebens. Gäbe man ihnen einen festen Wohnsitz und ließe man sie einen Beruf erlernen, sollte man sie zu normalen und anständigen Bürgern machen können.

Vor allem in Deutschland und dem Habsburger Reich experimentierte man mit der Ansiedlung von Sinti und Roma. Entweder im Guten oder mit Gewalt. So wurden in Deutschland »Zigeunerkinder« schon in jungen Jahren ihren Eltern entrissen, um sie mit einem zivilisierteren Lebensstil vertraut zu machen. Man hoffte, sie so zu guter Letzt zu vorbildlichen Steuerzahlern erziehen zu können.

Das Experiment schlug fehl, vor allem, weil Sinti und Roma überhaupt kein Bedürfnis nach einem solchen Lebensstil hatten. Sie waren nicht bereit, ihre kulturelle Identität aufzugeben, und widersetzten sich natürlich dem Raub ihrer Kinder.

Kaiserin Maria Theresia von Österreich unternahm einen letzten beherzten Versuch. Sie ließ unter Roma und Sinti Saatgut verteilen und gab ihnen die Möglichkeit, in abgelegenen Regionen feste Häuser zu errichten. Um Ackerbau zu betreiben, durften sie dort ein Stück Land beanspruchen. Die Kinder dieser neuen Bauern sollten Militärdienst leisten, um Disziplin zu lernen. Nach einigen Jahren wurde das Projekt jedoch aufgegeben, da es völlig gescheitert war.

HEIDNISCHE CHRISTEN

Da diese Zivilisationsoffensive misslungen war, ließ die Obrigkeit von den Roma und Sinti ab. Sie galten den Beamten als unangepasste Menschen, die sich durch ihren Lebensstil außerhalb der normalen Gesellschaftsordnung stellten. Das Einzige, was ihnen noch zu tun blieb, war der Versuch, das Problem beherrschbar zu machen.

Die öffentliche Meinung wandte sich erneut gegen die Sinti und Roma. Erzählungen von »Zigeunern«, die Kinder raubten, machten nun in ganz Europa die Runde. Dieses Gerücht ging wahrscheinlich darauf zurück, dass einige Sinti-Familien ihre eigenen Kinder aus den Pflegefamilien oder Waisenhäusern, in denen die Kaiserin sie im Rahmen des Sozialexperiments untergebracht hatte, zurückholten.

Es herrschte die allgemeine Auffassung, solche Leute könnten keine Christen sein. In den Niederlanden wurden Zigeuner auch in der Zeitung ständig als Heiden beschrieben. Dies war ein Vorwand, um sie gesellschaftlich ausgrenzen zu können. Obwohl viele Roma und Sinti Christen waren (es gibt allerdings auch Muslime), blieb dieses Etikett an ihnen hängen.

> Man hat zwar zu allen Zeiten und in allen Ländern dem wettergegerbten Völkchen der Heiden Interesse gewidmet und viele seinetwegen vorgebrachte Bemerkungen zu Papier gebracht, und doch bieten sein originelles Leben und die Art seines Handelns so viel attraktiven Stoff, dass es in gewissem Maße einer regelmäßigen Betrachtung nicht unwürdig ist. Unserem Teil der Welt sind sie fremd, ebenso wie auch den Ländern am Ursprung von Euphrat und Tigris, in denen ihrer eigenen Überlieferung nach ihr Herkunftsort liegt, doch im Norden und Osten des Osmanischen Reiches sind sie gewissermaßen in ihrem Vaterland.
> ›Algemeen Handelsblad‹, 3. Juli 1854

Von Außenstehenden wurden Sinti und Roma immer über einen Kamm geschoren. So werden sie beispielsweise mit dem gleichen Namen benannt, ob sie nun als *Zigeuner*, *Manouche*, *Kale* oder *Gitanes* bezeichnet werden. Doch es gibt durchaus große Unterschiede zwischen beiden Völkern. Um es noch komplizierter zu machen: Die Sinti selbst betrachten sich als eigenständiges Volk, während die Roma sie als einen Teilstamm der Roma-Stämme begreifen. Die Debatte darüber währt schon Jahrhunderte. Ein großer Unterschied zwischen ihnen liegt darin, dass die Sinti bis in die jüngste Zeit hinein ein nomadisches Volk waren, wohingegen sich Roma manchmal jahrelang an einem Ort niederließen.

Im Gegensatz zu den Sinti bilden die Roma nicht *eine* homogene Gruppe, das Volk besteht vielmehr aus vielen unterschiedlichen Stämmen mit unterschiedlichen Namen, die sich oft von früher ausgeübten Berufen herleiten. So gibt es die Kalderasch (Kupferschmiede), die Ursari (Bärenführer) und die Lowara (Pferdehändler).

All diese unterschiedlichen Gruppen haben ihren eigenen Dialekt einer gemeinsamen Sprache: des Romanes. Der Wortschatz und die Aussprache sind stark von dem Land oder der Region geprägt, in der die jeweiligen Stämme leben. Roma dürfen ihre Sprache schreiben und Außenstehenden zugänglich machen; Sinti dürfen das nicht. Es ist für sie ein großes Tabu.

INDUSTRIALISIERUNG

In manchen Ländern Osteuropas war Sklaverei und Leibeigenschaft bis weit ins 19. Jahrhundert hinein gestattet. Als soziale Unterklasse mussten vor allem die Roma oft wie Sklaven oder Leibeigene leben. Als die Sklaverei in den Sechzigerjahren des 19. Jahrhunderts endlich abgeschafft wurde, zogen viele Roma nach Westen.

Dort gab es für sie genug Arbeit, denn die Industrielle Revolution gierte nach Arbeitskräften. Viele Roma, die anfangs aus Rumänien, später auch aus Polen kamen, siedelten sich in der Nähe der neuen Industriegebiete wie dem deutschen Ruhrgebiet an. In den Niederlanden erwiesen sich die Bergwerke Limburgs als Magnet für die Roma. Andere wagten die Überfahrt nach den USA und Brasilien, wo sich ebenfalls Gemeinschaften von Roma und Sinti bildeten.

In den industrialisierten Gesellschaften unternahmen die Behörden erneut einen Versuch, Roma und Sinti zu richtigen Staatsbürgern zu formen und zu Höherem zu erziehen. Volkszähler suchten sie auf, um ihre Anzahl festzustellen. Manche Länder führten auch eine Steuerpflicht für »Zigeuner« ein. Immer wieder versuchte man, den nomadischen Lebensstil der Sinti zu verbieten. Vergebens, denn sie zogen weiter über Land.

Die Behörden des Habsburgerreiches trugen den Gemeindeverwaltungen auf, möglichst vielen Sinti und Roma Arbeit zu verschaffen und die Kinder am schulischen Unterricht teilnehmen zu lassen. In Ungarn wurden eigene Schulen für »Zigeuner« errichtet. Mit dem Ziel, die Kinder zumindest lesen und schreiben zu lehren. Obwohl die Ungarn damit einige Fortschritte erzielten, ging es nur langsam voran. In vielen anderen Ländern gab es für Roma und Sinti jedoch keine Schulbildung.

In den dicht bevölkerten Gebieten Europas gerieten Roma und Sinti immer häufiger mit den »normalen« Bürgern in Konflikt. Das führte vermehrt zu Problemen. Schon bald kursierten vielerlei Gerüchte über die Nomaden. In ihnen wurden Sinti und Roma der systematischen Vergewaltigung, des Kindesraubes und des Diebstahls beschuldigt. Ein anderes Gerücht, das umging, war die Mär, Zigeuner hätten die Nägel geliefert, mit denen Jesus ans Kreuz genagelt wurde. Obwohl das zeitlich und örtlich unmöglich ist, erwies es sich als sehr hartnäckig.

Die Boulevardpresse heizte die Stimmung noch weiter an, indem sie mit Eifer Geschichten druckte, die die Verdorbenheit der Roma und Sinti herausstellen sollten. Kannibalismus spielte darin eine Hauptrolle:

> Ein Mitarbeiter der ›Osttrauer Morgenzeitung‹ hat dem mit der Untersuchung betrauten Justizbeamten einen Besuch abgestattet, bei dem ihm dieser erklärte, es beständen keine Zweifel mehr, dass die Zigeunerbande unter dem Anführer Filko seit einigen Jahren Menschenfleisch gegessen hätten. – Es ist unglaublich, dass ein solcher

Kannibalismus in der Slowakei möglich ist; aber die Tatsachen lassen sich nicht leugnen. Augenblicklich sitzen zwölf männliche Mitglieder der Bande in Haft, nebst 14 Frauen und Kindern.
›Leeuwarder Nieuwsblad‹, 28. Mai 1927

Der Ruf danach, diese gefährlichen Leute im Zaum zu halten, wurde immer lauter. Deutschland führte 1899 eine systematische Erfassung der Roma und Sinti ein. Die Initiative ging von Bayern aus (»Nachrichtendienst für die Sicherheitspolizei in Bezug auf Zigeuner«, gegründet in der Polizeidirektion München), aber schon bald galt dieses Gesetz in ganz Deutschland. Damit sollte nicht nur die normale Bevölkerung beruhigt, sondern auch die Roma und Sinti unter Kontrolle gebracht werden.

Dieses System brachte als weiterer Vorteil mit sich, dass die Roma und Sinti dem deutschen Heer eingegliedert werden konnten. Im Ersten Weltkrieg dienten dann auch recht viele Sinti und Roma, vor allem in den Armeen der Deutschen und Habsburger. Einige Roma und Sinti erhielten für ihren Mut und ihre Treue sogar hohe Auszeichnungen vom Deutschen Kaiserlichen Heer. Die Männer beider Völker galten als tapfere Soldaten, die sich auf dem Schlachtfeld nicht vor ihrer Verantwortung drückten.

Das trug jedoch wenig zur Akzeptanz dieser Gruppen in den Wirren der deutschen Nachkriegszeit bei. Der Ruf nach noch strengeren Maßnahmen wurde lauter. Im Juli 1926 verabschiedete der Bayrische Landtag ein »Gesetz zur Bekämpfung von Zigeunern, Landfahrern und Arbeitsscheuen«, die bayrische Polizei richtete eine Spezialeinheit zur Kontrolle der Sinti und Roma in ganz Deutschland ein, diese wurde schon bald unter dem Namen »Zigeunerpolizei« bekannt. Diese Einheit errichtete ein engmaschiges Verwaltungssystem, um die Sinti und Roma in ganz Deutschland im Auge behalten zu können. Von großen Gruppen der Roma und Sinti wurden die Fingerabdrücke in einer Kartei erfasst.

Als die Nazis in den Dreißigerjahren an die Macht kamen, hatten sie daher beim Aufspüren der Sinti und Roma leichtes Spiel. Dennoch begann die Verfolgung mit Verzögerung. Innerhalb der nationalsozialistischen Ideologie herrschte einige Verwirrung, was den Status der beiden Völker anging. Sie wurden als asozial angesehen, als eine Klasse von »Untermenschen«. Gleichzeitig verwiesen einige Nazis auf ihre ursprüngliche Herkunft aus dem alten Indien. Die Einwohner dieses Landes galten innerhalb der nationalsozialistischen Rassenideologie als Arier, nicht anders als gewöhnliche Deutsche.

Die »Rassenbiologische Forschungsstelle des Reichsgesundheitsamtes« musste hinzugezogen werden. Diese Behörde war schon einige Jahre damit zugange, die Schädel von Sinti und Roma zu vermessen, um auf »wissenschaftliche« Weise zu bestimmen, wer welchem Volk angehörte. Sie machten dabei dankbaren Gebrauch vom Zigeunerregister der Polizei.

Letztendlich wurden Sinti und Roma doch zu den unerwünschten Elementen in der Gesellschaft gezählt. Am 26. November 1935 nahmen die Nazis in den Nürnberger Rassengesetzen »Zigeuner« als »Feinde der rassenreinen Gesellschaft« in die Kategorie auf, in die auch die Juden eingeteilt wurden. Gemeinsam mit den Homosexuellen, Kommunisten und Behinderten stellten sie ein »Problem« dar, das gelöst werden musste. In der Praxis bedeutete das, dass diese Gruppen aus der Gesellschaft entfernt werden sollten.

Der deutsche Innenminister erließ am 19. März 1936 den Befehl, »Landesfahndungstage« zu organisieren. An diesen Tagen nahm die Polizei im Zuge von Razzien eine große Zahl Roma und Sinti auf einmal fest. Am Ende jedes Tages verbrachten sie ganze Familien in ein Lager in der Nähe von München. Das Lager lag am Rande des Städtchens Dachau.

Für die Öffentlichkeit sah es so aus, als würden die Roma und Sinti zur Verrichtung von Zwangsarbeit dorthin geschickt. Nicht ohne Grund hing über der Eingangspforte von Dachau, wie in fast allen Konzentrationslagern, das Motto »Arbeit macht frei«. Es war auf Befehl des SS-Obersturmbannführers Rudolf Höß angebracht worden. Er war davon überzeugt, dass die Zwangsarbeit im Lager eine Möglichkeit sein könnte, gewisse asoziale Tendenzen auszumerzen. Das Ziel der Nazis bestand jedoch von Beginn an darin, beide Völker auszurotten.

Auch in anderen europäischen Ländern schränkten die Behörden die Bewegungsfreiheit der Roma und Sinti immer stärker ein. Mehr und mehr Staaten verboten ihnen, über Land zu ziehen, und es kam zunehmend zu Schikanen der Polizei und anderer Beamter.

Die Tschechen (später auch die Ungarn) stellten beispielsweise Badewannen an den Grenzposten auf. Meldete sich dort ein Sinto, musste er sich zunächst waschen lassen, bevor er weiterziehen durfte. Wer sich weigerte – und das taten viele Sinti –, den ließ man einfach nicht ins Land hinein.

Überhaupt wurden die Grenzen zu einem immer größeren Problem für die Nomaden. Auch die Niederlande versuchten die Sinti immer häufiger außerhalb ihrer Landesgrenzen zu halten. Vergebens, denn oftmals gelang es den Sinti irgendwo an abgelegenen Orten, doch über die Grenzen zu schlüpfen. In den Zeitungen erschienen solche Artikel:

> Seit vorgestern ist die Zigeunergefahr an der belgischen Grenze wieder akut geworden. Aus diesem Grund ist die Wache an den Grenzpfosten am Poppelscheweg wieder mit Mannschaften der Tilburger Grenzschutz-Brigade besetzt worden. Gestern befanden sich zu Turnhout sieben Wagen mit dem unerwünschten Völkchen.
>
> ›Nieuwe Tilburgsche Courant‹, 17. Januar 1935

Dennoch genossen sowohl Roma als auch Sinti, zumindest im Vergleich zu Deutschland, in diesen Jahren in den Niederlanden noch ein beträchtliches Maß an Freiheit. Mehr noch, in manchen

Kreisen waren sie überaus populär. Das lag vornehmlich an ihrer Musik. Vergnügungssuchende in Amsterdam und Rotterdam tanzten gern zu den Liedern der Zigeunerorchester.

ZWEITER WELTKRIEG

Die Besessenheit, mit der die Nazis ihre Politik der Rassenreinheit verfolgten, erreichte im Zweiten Weltkrieg ihren Höhepunkt. In den von Deutschland besetzten Gebieten durften Sinti und Roma schon bald nicht mehr reisen. Im Osten pferchten die Deutschen »Zigeuner« und Juden im Warschauer Getto zusammen.

Ende 1942 unterzeichnete Heinrich Himmler einen Befehl, dass alle Roma und Sinti in Vernichtungslager deportiert werden sollten. Er wollte beide Völker in Europa ausrotten. Diesem Befehl wurde von den Deutschen nicht überall gleich schnell Folge geleistet. In Deutschland selbst setzten die Deportationen drei Monate darauf ein. In den besetzten Gebieten hatten die lokalen Befehlshaber ihr eigenes Tempo.

Aus Frankreich und Belgien wurden schon Sinti und Roma deportiert, als in den Niederlanden von einer organisierten oder groß angelegten Verfolgung noch keine Rede war. In Osteuropa machte sich die SS oft gar nicht erst die Mühe, Roma und Sinti in die Vernichtungslager zu deportieren. Ganze Siedlungen (vor allem der Roma) wurden mit Maschinengewehren und Flammenwerfern niedergemetzelt. Wagen und Häuser steckten sie in Brand.

Es waren nicht überall die Deutschen, die Jagd auf die Roma und Sinti machten. In der Slowakei überließen die Nazis das Abschlachten den örtlichen Militärs. Die kroatische Ustascha ermordete in einem eigenen Konzentrationslager Zehntausende Roma und Sinti. In den meisten besetzten Ländern spielte die dortige Polizei bei der Festnahme der Menschen, die deportiert werden sollten, eine bedeutende Rolle.

In den Niederlanden dauerte es bis 1944, dem letzten vollständigen Kriegsjahr, bis die Polizei damit begann, Roma und Sinti zu arretieren. Die Deutschen beschlossen, alle Zigeuner in einer einzigen gezielten Aktion festzunehmen und sie über Westerbork nach Auschwitz zu deportieren, wo mittlerweile eine Sonderabteilung eingerichtet worden war: das »Zigeunerlager Auschwitz«. Am 14. Mai 1944 erhielten alle Polizeieinheiten ein Fernschreiben vom Befehlshaber der Sicherheitspolizei und des Sicherheitsdienstes des Reichsführers SS. In diesem wurde zu einer koordinierten Überraschungsaktion aufgerufen:

> Mit dem Ziel einer zentralen Verhaftung aller in den Niederlanden befindlichen Personen, die die Merkmale von Zigeunern besitzen, sollen in Absprache mit dem Befehlshaber der Ordnungspolizei am Dienstag, dem 16. Mai 1944, um 7:00 Uhr alle Zigeunerfamilien, inklusive aller Kinder, von den Mitarbeitern der niederländischen Polizei unverzüglich ins Lager Westerbork überführt werden, und zwar bis spätestens 20:00 Uhr.
>
> Unter die obenstehende Anordnung fallen alle Personen, die aufgrund ihres äußeren Erscheinungsbildes, ihrer Sitten und Gebräuche als Zigeuner oder Zigeunermischlinge bezeichnet werden können, sowie alle Personen, die nach Art der Zigeuner umherziehen. Die für den Transport vorgesehenen Familien dürfen die erforderliche Unter- und Oberbekleidung sowie einen Mundvorrat – sofern dies von ihnen selbst getragen wird – mitnehmen.
>
> Ausweispapiere müssen pro Familie eingesammelt und mit einer Liste der eingelieferten Personen bei der Übergabe im Lager abgegeben werden.
>
> Das zurückgelassene Eigentum der oben benannten Personen wird beschlagnahmt und ist – zum Zwecke einer späteren Inventarisierung – vor seiner Beseitigung usw. sicherzustellen. Gebäude, Räume und Wohnwagen sind zu versiegeln. [...]
>
> Ich ordne hiermit an, dass die Aktion zur Festnahme überall im Land zum selben Zeitpunkt beginnen soll, und zwar am Dienstag, dem 16. Mai 1944, um 4:00 Uhr.
>
> Ich fordere Sie nachdrücklich auf, dafür Sorge zu tragen, dass

überall, wo Verhaftungen zu erwarten sind, genügend Personal für die Festnahme und den Transport vorhanden ist.

Besonders in Ijsselstein (Utrecht) sollen sich viele Zigeuner (20 Familien) aufhalten.

Erforderlichenfalls muss auch für den Transport vorab eine Regelung getroffen werden (zum Beispiel reservierte Bereiche oder Waggons in den Zügen), allerdings ohne die Geheimhaltung zu gefährden. Ich fordere Sie auf, dafür das Nötige zu erledigen und zu veranlassen.

Überall im Land wurden am Morgen des 16. Mai Roma, Sinti und Wohnwagenbewohner verhaftet und in den Zug nach Westerbork gesetzt. Gegen Mittag fuhren dort die ersten Transporte ein. Insgesamt wurden 578 Menschen verhaftet und ins Lager Westerbork deportiert. Die Wohnwagenbewohner wurden schon bald wieder freigelassen, weil sie sich als Niederländer erwiesen. Die Polizei nahm den Befehl (»alle Personen, die nach Art der Zigeuner umherziehen«) also nicht allzu wörtlich. Auch Sinti und Roma mit dem Pass eines neutralen Landes durften wieder gehen.

Drei Tage danach, am Freitag, dem 19. Mai 1944, brach ein Transport von Westerbork nach Auschwitz auf. An Bord waren 453 Menschen; 245 von ihnen waren während der Zigeunerrazzia verhaftet worden. Im Zug befanden sich auch 208 Juden, die schon länger in Westerbork interniert waren. Der Zug traf schließlich am 22. Mai 1944 in Auschwitz ein. Die meisten Roma und Sinti wurden nicht sofort in die Gaskammern geschickt, sondern zunächst in das Lager Birkenau, auch als Auschwitz II bekannt, wo ein eigenes Lager für sie eingerichtet worden war.

Die Bedingungen im Lager waren grauenhaft. Die meisten Roma und Sinti kamen durch Hunger, Krankheit und Erschöpfung ums Leben. Manche Männer wurden aus dem Lager geholt, um in der deutschen Waffenindustrie zu arbeiten. Nur wenige von ihnen überlebten den Krieg. Den Frauen und Kindern, die zurückblieben, erging es nicht besser. Am 2. August 1944 beschlossen die

Deutschen, das Zigeunerlager Birkenau aufzugeben, um Platz für ungarische Juden zu schaffen, die bereits auf dem Weg ins Lager waren. An diesem Tag schickte der Lagerkommandant die 2897 verbliebenen Roma und Sinti in die Gaskammern.

FRIEDEN, ABER KEINE GERECHTIGKEIT

Die Schätzungen, wie viele Roma und Sinti von den Nazis ermordet wurden, gehen weit auseinander, sie reichen von 200 000 bis 1,5 Millionen. Viele, die ermordet wurden, waren in keinem Melderegister erfasst. Vor allem bei den Gemetzeln der SS in Osteuropa ist eine große Anzahl von Menschen umgekommen, ohne dass man ihre genaue Zahl angeben könnte. Obwohl die Deutschen in den Lagern akribisch Buch führten, war das bei den Einsatzgruppen der SS nicht der Fall.

Eine Reihe derer, die an den massenhaften Ermordungen die Schuld trugen, wurde nach dem Krieg verhaftet und vor Gericht gestellt, unter ihnen Rudolf Höß, der Kommandant des Lagers Auschwitz. Er wurde erst ein Jahr nach dem Krieg gefasst und im darauffolgenden Jahr im Lager gehängt. Die wichtigsten Anstifter zu diesem Völkermord bzw. *Porajmos* begingen jedoch Selbstmord. Zu ihnen gehörte der Reichsführer SS Heinrich Himmler, der eine Zyankalikapsel zerbiss, als ihn die Alliierten nach der Kapitulation verhören wollten.

Andere Schuldige kamen davon. Vor allem die Mitarbeiter der »Rassenbiologischen Forschungsstelle« des Reichsgesundheitsamtes, dem Institut, das in der Vorkriegszeit Untersuchungen zum rassischen Ursprung der Roma und Sinti anstellte, blieben auf freiem Fuß. Manche fuhren noch Jahrzehnte mit den Schädelvermessungen im Namen der Wissenschaft fort.

Eine prominente Wissenschaftlerin, die mit ihrer Arbeit einfach so fortfahren konnte, war die Zoologin Sofie Ehrhardt. Kurz nach

dem Krieg leitete die Staatsanwaltschaft zwar ein Untersuchungs-
verfahren gegen sie ein, aber für eine Anklage hatte sie nicht genug
Beweise. Ehrhardt verwendete das in der Nazizeit gesammelte
Material noch jahrelang für Publikationen über die rassische Ab-
stammung der »Zigeuner«.

Die Universität von Tübingen ernannte sie sogar zur Professo-
rin. Bis 1974 durfte sie ihre pseudowissenschaftlichen Forschungen betreiben und publizieren. Erst nach wiederholten Protesten
von Roma und Sinti nahm die Polizei ihr Archiv in Beschlag. Es
wird bis heute verwahrt, um als Quellenmaterial für Studien zum
Rassenwahn der Nationalsozialisten zur Verfügung zu stehen.

Der deutsche Staat leistete nach dem Krieg Entschädigungszahlungen an jüdische Überlebende des Holocausts, jedoch nicht an
die Sinti und Roma. Auch wurde nie eine internationale Konferenz zu der Frage organisiert, ob Sinti und Roma ein Recht auf
derartige Zahlungen hätten. Der deutsche Staat behauptete noch
1961, dass Sinti und Roma dafür nicht in Betracht kämen. Mit dem
Argument: »Zigeuner« wurden nicht wegen ihrer rassischen Herkunft verfolgt, sondern weil sie asoziale und kriminelle Elemente
waren. Das Konzentrationslager war dieser Auffassung zufolge
also eine Art gerechte Gefängnisstrafe.

Die Bundesrepublik Deutschland erkannte den Genozid an den
Roma und Sinti erst 1982 an. Seither ist der *Porajmos* mit der
Shoah, dem Massenmord an den Juden, gleichgestellt, und die
Opfer kommen für eine Entschädigung in Betracht.

In den Jahrzehnten nach dem Krieg nahmen viele Sinti und Roma
ihr altes Leben wieder auf. Die Geschehnisse in der Nazizeit un-
terstrichen jedoch die Notwendigkeit einer besseren Organisation
beider Völker. Anfang der Fünfzigerjahre machten französische
Roma damit einen vorsichtigen Anfang, es sollte allerdings noch
Jahre dauern, bis eine effektive internationale Organisation auf die
Beine gestellt war.

Im Gegensatz zu den Juden setzten sich die Roma und Sinti in den Fünfziger-, Sechziger- und Siebzigerjahren beispielsweise viel weniger für Entschädigungszahlungen ein. Soziologen und Historiker schreiben diese Haltung der langen Geschichte von Rassismus und Verfolgung zu, die die Sinti und Roma in den vergangenen Jahrhunderten zu erdulden hatten. Sie betrachten den *Porajmos* nicht als ein einzigartiges Ereignis, sondern als eines unter vielen Massakern an ihrem Volk. Dass man dafür eine Kompensation bekommen könnte, kam vielen nicht einmal in den Sinn.

Analphabetismus spielte dabei auch eine wichtige Rolle. Manche Überlebende des Krieges konnten ihre Erinnerung nicht zu Papier bringen. Das komplexe System von Tabus sorgte zudem dafür, dass sie lieber nicht über dieses Thema sprachen.

Dennoch kam in den Sechzigerjahren allmählich eine Bewegung in Gang, die forderte, als ein Volk anerkannt zu werden. 1971 kamen Roma und Sinti aus verschiedenen europäischen Ländern in Großbritannien auf dem *World Romani Congress* zusammen. Es war der erste Versuch, mit einer Stimme zu sprechen. Verschiedene Komitees befassten sich auf dem Kongress mit Themen wie Entschädigungszahlungen, sozialen Verhältnissen und Sprache.

Im Jahr 1978 hielten Sinti und Roma erneut eine Konferenz ab. Dieses Mal gründeten sie die *Romano Internacionalno Jekhetanipe* (»Internationale Romani Union«, IRU). Diese Organisation sollte die Gemeinschaft der Sinti und Roma international stärken. Das tat sie unter anderem, indem sie Entwicklungen im kulturellen und sprachlichen Bereich förderte und Sinti und Roma Hilfe bei der Bewältigung unterschiedlichster ökonomischer und sozialer Probleme anbot. Ein zentraler Punkt wurde der Schutz der Menschenrechte aller Mitglieder.

1986 schloss sich die IRU als offizielle Non-Government-Organisation der UNICEF an. Sieben Jahre darauf erhielt die Union einen speziellen Beraterstatus bei den Vereinten Nationen. Um diese Zeit herum gründeten Sinti in den Niederlanden die *Lande-*

lijke Sinti Organisatie (»Nationale Sinti-Organisation«, LSO). Damit hatten die Behörden zum ersten Mal einen Ansprechpartner, wenn es um die Rechte und Pflichten der Sinti-Gemeinschaft ging. Zu den Errungenschaften der LSO zählen eine Schule für Sinti-Kinder sowie Entschädigungszahlungen für die Überlebenden des Zweiten Weltkriegs.

In den Niederlanden leben momentan zwischen 35 000 und 40 000 Menschen, die sich als Roma und Sinti betrachten, in Deutschland sind es zwischen 80 000 und 120 000, dazu kommen ca. 50 000 Flüchtlinge. Das ist eine bescheidene Anzahl, verglichen mit den Gruppen in Frankreich (500 000), Ungarn (eine Million) und Brasilien (800 000). Insgesamt gibt es in Europa ungefähr zwölf Millionen Mitglieder beider Völker.

GLOSSAR ROMANES

Sinti – das Volk
Mehrzahl Sinti

Sinto – Mann
Sintezza – Frau

Roma – das Volk
Mehrzahl Roma

Rom – Mann
Romni – Frau

gadje – Bürger
Mehrzahl gadje

gadjo – Mann
gali – Frau

Bibi – Tante
Glandiri – Spiegel
Gray – Pferd
Kakoe – Onkel
Mama – Mutter
Mami – Großmutter
Miri – mein (weiblich)
Miro – mein (männlich)
Miro chi – mein Herz
O Lungo Drom – die lange
Reise

Papoe – Großvater
Porajmos – Versuch der Nazis,
die Sinti und Roma zu ver-
nichten
Romani Yak – wörtlich ›Feuer
der Zigeuner‹, Lagerfeuer
Stiep – Holzpfosten
Tata – Vater
Woerda/wagoe – Wagen

GEBIET	JAHR
Indien	Beginn
Persien	900
Anatolien	1100
Kreta	1322
Konstantinopel	1322
Korfu	1346
Serbien	1348
Dubrovnik	1362
Moldawien	1370
Kroatien	1378
Walachei	1385
Böhmen	1399
Basel	1414
Brasov (Kronstadt)	1415
Straßburg	1418
Brügge	1419
Deutsche Städte	1420
Brüssel	1420
Niederlande	1421
Paris	1421
Bologna	1422
Rom	1423
Barcelona	1425
Wales	1448
England	1501
Schottland	1505
Dänemark	1509
Polen	1509
Russland	1510
Baltische Staaten	1512
Schweden	1512
Norwegen	1544
Finnland	1597

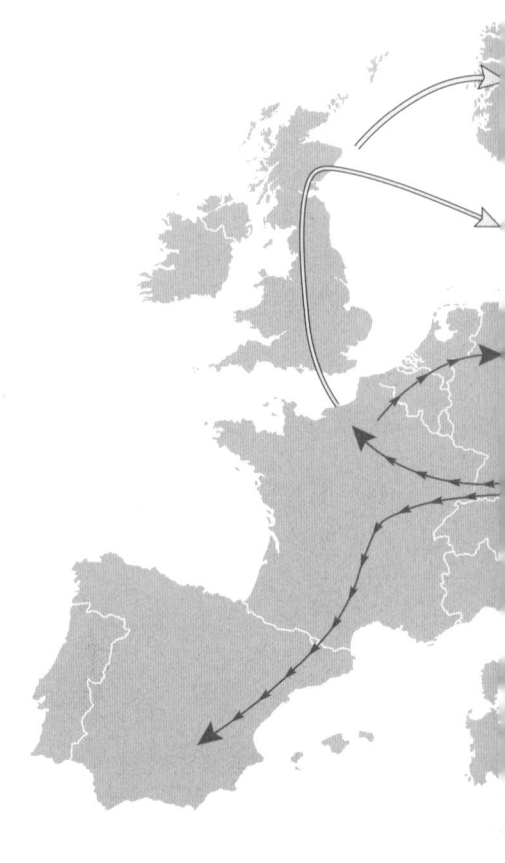

www.eliznik.org.uk

Die Migration der Roma und Sinti in Europa

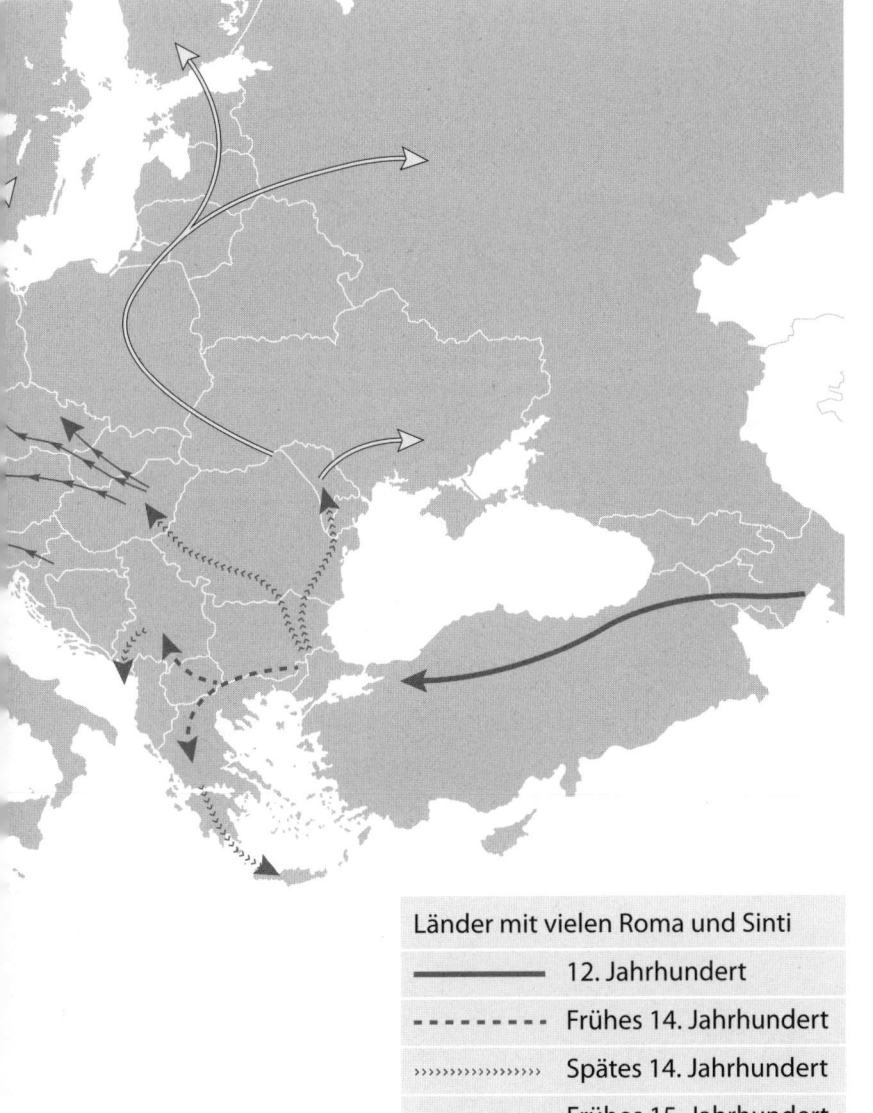

Länder mit vielen Roma und Sinti

———————— 12. Jahrhundert

- - - - - - - - - Frühes 14. Jahrhundert

>>>>>>>>>>>>>> Spätes 14. Jahrhundert

—➤—➤—➤ Frühes 15. Jahrhundert

======== 16. Jahrhundert

DER PORAJMOS

SCHWEDEN

GROSS-
BRITANNIEN

DÄNEMARK

NIEDERLANDE

Neuengamme
Ravensbrück
Westerbork   Esterwegen
Sachsenhausen
Bergen-Belsen   Berlin   Marzahn
Gelsenkirchen   Wewelsburg   Magdeburg
s'Hertogenbosch   Moringen
(Herzogenbusch)   Düsseldorf
Malines (Mecheln)   Köln   Mittelbau-Dora

BELGIEN   DEUTSCHES   REICH
Buchenwald   Groß-Rose
Fulda

Compiègne
Paris   Drancy   LUX.B.   Frankfurt   Flossenbürg   Prag
Barenton   Montlhery Linas   Rotyna   Pardubice
Coray   Rennes   Montsurs   Maisonne   Pithiviers   Osthofen   SCHECH.
Chateaubriant   La Mauditière   Jargeau   Laty
Coudrecieux   Lamotte-Beavron   Protektorat Böhmen und
Moisdon-la-Rivière   Hedonin

Peigney   Natzweiler   Dachau   Linz   Wien
Avrillé-les-Ponceaux   Ravensburg   Mauthausen
Montreuil-Bellay   La Morellerie   Leopoldskron/Maxglan
Boussais   Poitiers   Maloy   Weyer   ÖSTERREICH   Lackenbh.
FRANKREICH   SCHWEIZ   Alpen- und   Donaugaue   Hopfgarten   Knittelfeld   Fürstenfeld
Angoulême   Bozen   Maribor (Marburg)
Montendre   Vichy   ITALIEN
Breos

KR

Beaucaire   Berra
Gurs   Tarbes   Lannemezan   Noé
Semeac   Rivesaltes   Saliers
Argelès-sur-Mer   Les Milles

Colleflorito
Viterbo   Tossicia
Poggio Mirteto   Montopoli di Sabina   Isole Tren
Rom   Agnone

Pordasdefogu

LETTLAND
Salaspils

LITAUEN

Königsberg

utthof

w
lza)

"Bezirk Bialystok"
Bialystok

S O W J E T U N I O N

TREBLINKA
Wegrow   Sornaki
Warschau   Siedlce   Brest-Litowsk
Tomaszow-Mazowiecki   Biala Podlaska
odz
Piotrkow   Radom   Lublin
skorzysko-Kamienna   SOBIBOR
anowice   Starachowice   Chelm
Kielce   MAJDANEK
stochau   Nowe Kanice Zamosc   Krychow
P O L E N   BELZEC
       "Generalgouvernement"   Lemberg
Krakau   Plaszow   Przemysl
Rabka Zaryte   Zaslaw
Zakopane
       Hannsovce   Bystré
S L O W A K E I Jaraba
       Nizny
Revuca   Hrabovec

"Transnistrien"

U N G A R N
Budapest

R U M Ä N I E N
                    Bukarest

Sajmiste Banjica
       Belgrad
Sabac
S E R B I E N

A W I E N
              Crveni Krst

B U L G A R I E N

A L B A N I E N

G R I E C H E N L A N D

VERNICHTUNGSLAGER

KZ-Hauptlager

Nebenlager

Weitere KZs, in denen
Sinti und Roma inhaftiert waren

Deportationen in die
Konzentrations- und Vernichtungslager

Massenerschießungen

„Großdeutsches Reich" mit
annektierten Gebieten

Besetzte Gebiete
(weitester militärischer Machtbereich des
„Großdeutschen Reiches" und seiner Verbündeten, Ende 1942)

Verbündete des
„Großdeutschen Reiches"

Neutrale Staaten

Alliierte Gebiete

BIBLIOGRAFIE

Bastian, Till, *Sinti und Roma im Dritten Reich: Geschichte einer Verfolgung*, C.H. Beck, München 2001.

Chagoll, Lydia, *Zigeuners, Roma en Sinti onder het hakenkruis*, FEPO, Antwerpen 2008.

Cottaar, Annemarie, Leo Lucassen, Wim Willems, *Mensen van de reis: woonwagenbewoners en zigeuners in Nederland 1868–1995*, Waanders, Zwolle 1995.

Fonseca, Isabel, *Begrabt mich aufrecht: auf den Spuren der Zigeuner*, Knaur, München 1998.

Lucassen, Leo, *En men noemde hen zigeuners: de geschiedenis van Kaldarasch, Ursari, Lowara en Sinti in Nederland: 1750–1944*, Stichting Beheers IISG, Amsterdam 1990.

Luijters, Guus, *In Memoriam, De gedeporteerde en vermoorde Joodse, Roma en Sintikinderen 1942–1945*, Nieuw Amsterdam, Amsterdam 2012.

Matras, Yaron, *Romani: A Linguistic Introduction*, Cambridge University Press, Cambridge 2002.

Pusca, Anca, *Eastern European Roma in the EU: Mobility, Discrimination, Solutions*, Central European University Press, Budapest 2012.

Rens, Herman van, Vervolgd in Limburg. *Joden en Sinti* in Nederlands-Limburg *tijdens de Tweelde Wereldoorlog* Uitgeverij Verloren, 2013.

Rose, Romani (Hg.), *Der nationalsozialistische Völkermord an den Sinti und Roma*: Katalog zur ständigen Ausstellung im Staatlichen Museum Auschwitz [Dokumentations- und Kulturzentrum Deutscher Sinti und Roma], 2003.

Sijes, Ben, *Vervolging van zigeuners in Nederland 1940–1945*, Martinus Nijhoft, Den Haag 1979.

EIN SINTI-LIED

DJINEE TU NOCH KOWA ZIRO

Djinee tu noch kowa ziro
Gai mer dui dikam-men
Ap goi schuker platza
Kotte gai giwal tiri gili
Pasch i jaak gai hams lauter goi
Hau heimligo kowa his kowa

Me djaim an o wago
Me laim miri gaiga win
Me bascheraim tiri gili
Tu fangrail an te sannel

Tire eltere passerenna pre
Kowa haiwau doch me
Tu hal i schuker tschai
Kowa djinau doch me

Gana dika-men pale
Ersch pape o niale
Na, na, ko' djalla gar
Kowa hi mange zu raha

Titi, gai dja kann goi

314

Me djau te baschrenn
Mit mire malentsa
Gola gai baschrenn mit mantsa

Tu naschte wee doch mit
Tu giwee tiri gili
Na, na, ko' djalla gar
Me darau mire elterenda

Schuker tschai, gai dja kann goi
Me djau te mangel
An ko' gaab gai dikam-men
O erschto molo ap goi platza

Text: Titi Winterstein

ERINNERST DU DICH NOCH AN DIE ZEIT?

Erinnerst du dich noch an die Zeit
als wir zwei uns zum ersten Mal sahen
auf jenem schönen Lagerplatz
dort, wo du dein Lied gesungen hast
am Feuer, an dem wir alle beieinander saßen
wie wohl vertraut das war

Ich ging in den Wohnwagen
holte meine Geige heraus
ich spielte dein Lied
du begannst zu lächeln

Deine Eltern passen auf dich auf
das spür ich schon
du bist ein schönes Mädchen
das ist mir klar

Wann sehen wir uns wieder
wohl erst im nächsten Sommer
nein, nein, das darf nicht sein
das dauert mir viel zu lange

Titi, wo gehst du denn hin? –
ich gehe Musik machen
mit meinen Freunden
denen, die mit mir (in der Gruppe) spielen

Du kannst doch mitkommen
du singst einfach dein Lied –
nein, nein, das geht nicht
ich trau' mich nicht wegen meiner Eltern

Schönes Mädchen, wohin gehst du? –
ich gehe hausieren
in das Dorf, in dem wir uns
zum ersten Mal auf jenem Lagerplatz begegneten

Übersetzung aus dem Romanes: Siegfried Maeker

BILDNACHWEIS